Schweigepflicht im Behandlungsvollzug

Europäische Hochschulschriften
Publications Universitaires Européennes
European University Studies

Reihe II
Rechtswissenschaft

Série II Series II
Droit
Law

Bd./Vol. 3908

PETER LANG
Frankfurt am Main · Berlin · Bern · Bruxelles · New York · Oxford · Wien

Jan Hildebrandt

Schweigepflicht im Behandlungsvollzug

Zur Neuregelung des § 182 Abs. 2 StVollzG

PETER LANG
Europäischer Verlag der Wissenschaften

Bibliografische Information Der Deutschen Bibliothek
Die Deutsche Bibliothek verzeichnet diese Publikation in der Deutschen Nationalbibliografie; detaillierte bibliografische Daten sind im Internet über <http://dnb.ddb.de> abrufbar.

Zugl.: Mainz, Univ., Diss., 2003

D 77
ISSN 0531-7312
ISBN 3-631-51503-0

www.peterlang.de

Vorwort

Diese Arbeit ist die geringfügig überarbeitete und aktualisierte Fassung meiner Dissertation, die im Frühjahr 2003 vom Fachbereich Rechts- und Wirtschaftswissenschaften der Johannes Gutenberg-Universität in Mainz angenommen wurde. Zahlreiche Personen hatten Anteil an ihrem Gelingen.

Danken möchte ich meinem Doktorvater Herrn Prof. Dr. Dr. Michael Bock für die Betreuung des Promotionsvorhabens und die Erstbegutachtung sowie Herrn Prof. Dr. Alexander Böhm für die Zweitbegutachtung der Arbeit.
Herrn Priv.-Doz. Dr. Hendrik Schneider danke ich für die Unterstützung bei der Themensuche.

Sehr dankbar bin ich Herrn Dr. Andreas Mertens, der den Entstehungsprozeß dieser Arbeit mit zahlreichen Ratschlägen, kritischen Hinweisen und vielfältigen Ermunterungen begleitet und hierdurch wesentlich zu ihrem Gelingen beigetragen hat. Eine große Hilfe bei der Endüberarbeitung sowie der Formatierung des Manuskriptes war mir Herr Matthias Jaeger.

Meiner Mutter, Frau Dr. Ludmila Hildebrandt-Kujawski, die mich während der Promotionszeit finanziell unterstützt hat, möchte ich auf diesem Wege danken.

Nicht zuletzt gilt mein Dank all jenen Freunden und Verwandten, die mir durch ihre persönliche Unterstützung die Energie und das Durchhaltevermögen gegeben haben, die zum erfolgreichen Abschluß der Promotion erforderlich waren.

Mainz, im Dezember 2003 Jan Hildebrandt

Inhaltsübersicht

Inhaltsverzeichnis

Literaturverzeichnis

Abel, Gene C. / Mittelman, Mary S. / Becker, Judith V.: Sexual Offenders: Results of Assessment and Recommendation for Treatment. In: Ben-Aron, Mark / Hucker, Stephen J. / Webster, Christopher D. (ed.): Clinical Criminology. The Assessment and Treatment of Criminal Behaviour. Toronto 1985, S. 191 ff.

Abel-Schepping, Eva Maria / Goldhorn, Traude et al.: Sozialgeheimnis. Sozialmagazin 1981, Heft 3, S. 26 ff.

Adt, Margarete: Schweigepflicht und die Entbindung von der Schweigepflicht. ZfStrVo 1998, S. 328 ff.

Adt, Margarete: Leserbrief zu Schöch 1999. ZfStrVo 2000, S. 128.

AE-StVollzG: Alternativentwurf eines Strafvollzugsgesetzes, vorgelegt von einem Arbeitskreis deutscher und schweizerischer Strafrechtslehrer. Bearbeitet von Baumann, Jürgen et al., Tübingen 1973.

Aichhorn, August: Verwahrloste Jugend. Die Psychoanalyse in der Fürsorgeerziehung. 3. Aufl. Bern 1951.

Andrews, Donald Arthur / Bonta, James: The Psychology of Criminal Conduct. 2. ed. Cincinnati, 1998.

Andrews, D. A. / Zinger, Ivan / Hoge, Robert D. / Bonta, James / Gendreau, Paul / Cullen, Francis T.: Does correctional treatment work ? A clinically relevant and psychologically informed meta-analysis. Crimonology 1990, S. 369 ff.

Arloth, Frank: Arztgeheimnis und Auskunftspflicht bei AIDS im Strafvollzug. MedR 1986, S. 295 ff.

Ayllon, F. / Cole, A.: Münzverstärkung. In: Linden, Michael / Hautzinger, Martin (Hrsg.): Verhaltenstherapie. Techniken, Einzelverfahren und Behandlungsanleitungen. 3. Aufl. Berlin, Heidelberg, New York 1996, S. 240 ff.

Bandura, Albert: Verhaltenstheorie und die Modelle des Menschen. In: Bandura, Albert: Lernen am Modell. Ansätze zu einer sozial-kognitiven Lerntheorie. 1. Aufl. Stuttgart 1976, S. 205 ff.

Baulitz, Ursula / Flöttmann, Ulrich / Lohse, Hartwig: Gesprächspsychotherapie bei Delinquenten in der sozialtherapeutischen Anstalt. Indikation, Organisationsbedingungen und Erfolg. Informationsblätter der Gesellschaft für Wissenschaftliche Gesprächspsychotherapie 1978, S. 4 ff.

Beier, Klaus M. / Hinrichs, Günter (Hrsg.): Psychotherapie mit Straffälligen. Standorte und Thesen zum Verhältnis Patient – Therapeut – Justiz. Stuttgart, Jena, New York 1995.

Beier, Klaus M. / Hinrichs, Günter (Hrsg.): Die Sankelmarker Thesen zur Psychotherapie mit Straffälligen. MschrKrim 1996, S. 25 ff.

Berner, Wolfgang / Bolterauer, Johanna: Das Problem der Leitung im forensisch-sozialtherapeutischen Bereich. In: Wagner, Elisabeth / Werdenich, Wolfgang (Hrsg.).: Forensische Psychotherapie. Therapeutische Arbeit im Zwangskontext von Justiz, Medizin und sozialer Kontrolle. Wien 1998, S. 153 ff.

Beyer, Willibald: Vollzugslockerungen – aus der Sicht eines Anstaltspsychologen. In: Walter, Michael / Rotthaus, Karl-Peter / Geiter, Helmut (Hrsg.): Bruchstücke. Strafvollzugsprobleme aus der Sicht der Beteiligten. Pfaffenweiler 1992, S. 85 ff.

Blackburn, Ronald: The Psychology of Criminal Conduct. Theory, Research and Practice. Chichester 1993.

Blau, Günter: Die Mitwirkung des Richters beim Vollzug. In: Ehrhardt, Helmut F. (Hrsg.): Straf- und Maßregelvollzug. Stuttgart 1974, S. 94 ff.

Bock, Michael: Recht ohne Maß. Die Bedeutung der Verrechtlichung für Person und Gemeinschaft. Berlin 1988.

Bock, Michael: Schädlich, überflüssig, schmutzig. Die Argumentationen der kriminologischen Verächter der Resozialisierung. In: Feuerhelm, Wolfgang / Schwind, Hans-Dieter / Bock, Michael (Hrsg.): Festschrift für Alexander Böhm zum 70. Geburtstag am 14. Juni 1999. Berlin, New York 1999, S. 285 ff.

Bock, Michael: Kriminologie. 2. Aufl. München 2000.

Bockelmann, P.: Das Strafrecht des Arztes. In: Ponsold, A. (Hrsg.): Lehrbuch der Gerichtlichen Medizin. 3. Aufl. Stuttgart 1967, S. 1 ff.

Böhm, Alexander: Gedanken zur Rückfallprävention durch Strafvollzug. In: Schwind, Hans-Dieter / Berckhauer, Friedhelm / Steinhilper, Gernot (Hrsg.):

Präventive Kriminalpolitik. Beiträge zur ressortübergreifenden Kriminalprävention aus Forschung, Praxis und Politik. Heidelberg 1980, S. 91 ff.

Böhm, Alexander: Strafvollzug. 3. Aufl. Neuwied, Kriftel 2003.

Böllinger, Lorenz: Psychoanalyse und die Behandlung von Delinquenten. Heidelberg, Karlsruhe 1979.

Böllinger, Lorenz: Ein Schlag gegen das Resozialisierungsprinzip. Offenbarungspflicht der Therapeuten im Strafvollzug. ZfSexualforsch 1999, S. 140 ff.

Böllinger, Lorenz: Offenbarungspflicht der Therapeuten im Strafvollzug – ein Schlag gegen die forensische Psychotherapie. MschrKrim 2000, S. 11 ff.

Bohling, Horst / Kunze, Roland: Der Psychologe. In: Schwind, Hans-Dieter / Blau, Günter (Hrsg.): Strafvollzug in der Praxis. 2. Aufl. Berlin, New York 1988. S. 172 ff.

Bringewat, Peter: Anmerkung zu OLG Karlsruhe (NStZ 93, 405). BewHi 1993, S. 455 ff.

Bruns, Manfred: AIDS und Strafvollzug. StV 1987, S. 504 ff.

Calliess, Rolf-Peter: Strafvollzugsrecht. 2. Aufl. München 1992.

Calliess, Rolf-Peter / Müller-Dietz, Heinz: Strafvollzugsgesetz. 7. Aufl. München 1998.

Calliess, Rolf-Peter / Müller-Dietz, Heinz: Strafvollzugsgesetz. 9. Aufl. München 2002.

Comer, Ronald J.: Klinische Psychologie. Heidelberg, Berlin, Oxford 1995.

Cox, Murray: The Psychotherapist's Anxiety: Liability or Asset? British Journal of Criminology 1974, S. 1 ff.

Dahle, Klaus Peter: Therapiemotivation und forensische Psychotherapie. In: Wagner, Elisabeth / Werdenich, Wolfgang (Hrsg.): Forensische Psychotherapie. Therapeutische Arbeit im Zwangskontext von Justiz, Medizin und sozialer Kontrolle. Wien 1998, S. 97 ff.

Dargel, Helmut: Die rechtliche Zulässigkeit der Bekanntgabe von HTLV III-Infektionen oder AIDS Erkrankungen der Gefangenen durch die Vollzugsbehörde. ZfStrVo 1987, S. 156 ff.

Dargel, Helmut: Die rechtliche Behandlung HIV-infizierter Gefangener. NStZ 1989, S. 207 ff.

Davison, Gerald C. / Neale, John M.: Klinische Psychologie. Ein Lehrbuch. 3. Aufl. München, Weinheim 1988.

Deichgräber, Karl: Der hippokratische Eid. Text griechisch und deutsch – Interpretation – Nachleben. 4. Aufl. Stuttgart 1983.

Deutsch, Erwin: Medizinrecht. 3. Aufl. Berlin, Heidelberg New York 1997.

Deutsche Gesellschaft für Sexualforschung: Stellungnahme zur Offenbarungspflicht der Therapeuten im Strafvollzug. MschrKrim 1999, S. 340 f.

Devereux, Georges: Angst und Methode in den Verhaltenswissenschaften. 2. Aufl. Frankfurt/M. 1988.

Dippel, Karlhans: Die Stellung des Sachverständigen im Strafprozeß. Heidelberg 1986.

Dölling, Dieter: Täterbehandlung: Ende oder Wende? Eine Bilanz. In: Jehle, Jörg-Martin (Hrsg.): Täterbehandlung und neue Sanktionsformen. Kriminalpolitische Konzepte in Europa. Mönchengladbach 2000, S. 21 ff.

Dreher: Anmerkung zu OLG Köln, Beschl. vom 19. 10. 1961, Zs 859/60. MDR 1962, S. 592.

Duncker, H. / Cierpka, M. / Schüler-Springorum, H. (Hrsg.): Vorwort - Zum 10jährigen Bestehen des Westfälischen Therapiezentrums Marsberg „Bilstein“. Tagungsbericht „Psychoanalyse zwischen Gutachten, Prognose und Jurisprudenz.“ R&P 1994, S. 47 ff.

Eberbach, Wolfram H.: Arztrechtliche Aspekte bei AIDS. AIFO 1987, S. 281 ff.

Eberbach, Wolfram H.: AIDS im Strafvollzug. In: Schünemann, Bernd / Pfeiffer, Gerd (Hrsg.): Die Rechtsprobleme von AIDS. Baden-Baden 1988, S. 249 ff.

Egg, Rudolf: Straffälligkeit und Sozialtherapie. Konzepte, Erfahrungen, Entwicklungsmöglichkeiten. Köln, Berlin, Bonn 1984

Egg, Rudolf: Der Streitfall Sozialtherapie. Praxis und Ergebnisse behandlungsorientierter Einrichtungen des Justizvollzuges. In: Müller-Dietz, Heinz / Walter, Michael (Hrsg.): Strafvollzug in den 90er Jahren. Perspektiven und Herausforderungen. Festgabe für Karl Peter Rotthaus. Pfaffenweiler 1995, S. 55 ff.

Egg, Rudolf: Institutionen der Straftäterbehandlung. In: Steller, Max / Volbert, Renate (Hrsg.): Psychologie im Strafverfahren. Ein Handbuch. 1. Aufl. Bern, Göttingen, Toronto 1997, S. 160 ff.

Einsele, Helga: Die sozialtherapeutische Anstalt. In: Kaufmann, Arthur (Hrsg.): Die Strafvollzugsreform. Eine kritische Bestandsaufnahme. Karlsruhe 1971, S. 145 ff.

Eisenberg, Ulrich: Kriminologie. 5. Aufl. München 2000.

Engel, S. W.: Zur Metamorphose des Rechtsbrechers. Grundlagen einer Behandlungslehre. Stuttgart 1973.

Eysenck, Hans Jürgen: Kriminalität und Persönlichkeit. Wien 1977.

Feest, Johannes: „Behandlungsvollzug" – Kritik und vollzugspolitische Konsequenzen. JA 1990, S. 223 ff.

Feest, Johannes (Hrsg.): Kommentar zum Strafvollzugsgesetz. Reihe Alternativkommentare (AK-StVollzG). 4. Aufl. Neuwied, Kriftel 2000.

Foerster, Klaus / Poremba, Merita: Psychotherapie im Strafvollzug – Paradoxon, Utopie oder realistische Möglichkeit? In: Leygraf, N. / Volbert, R. / Horstkotte, H. / Fried, S. (Hrsg.): Die Sprache des Verbrechens – Wege zu einer klinischen Kriminologie. Festschrift für Wilfried Rasch. Stuttgart, Berlin, Köln 1993, S. 284 ff.

Foth, Heinrich: Zur Schweigepflicht der freien Sozialdienste im Strafprozeß. JR 1976, S. 7 ff.

Freese, Roland: Psychotherapie bei Minderbegabten im therapeutischen Maßregelvollzug. In: Wagner, Elisabeth / Werdenich, Wolfgang (Hrsg.): Forensische Psychotherapie. Therapeutische Arbeit im Zwangskontext von Justiz, Medizin und sozialer Kontrolle. Wien 1998, S. 210 ff.

Freud, Sigmund: Geleitwort zur Ersten Auflage (1925). In: Aichhorn, August: Verwahrloste Jugend. Die Psychoanalyse in der Fürsorgeerziehung. Bern 1951, S. 7 f.

Freud, Sigmund: Einige Charaktertypen aus der Psychoanalytischen Arbeit. In: Mitscherlich, Alexander / Richards, Angela / Strachey, James (Hrsg.): Freud-Studienausgabe. Bd. 10: Bildende Kunst und Literatur. Frankfurt/M. 1969, S. 229 ff.

Freud, Sigmund: Vorlesungen zur Einführung in die Psychoanalyse. III. Teil: Allgemeine Neurosenlehre. In: Mitscherlich, Alexander / Richards, Angela / Strachey, James (Hrsg.): Freud-Studienausgabe. Bd. 1: Vorlesungen zur Einführung in die Psychoanalyse Und Neue Folge. Franfurt/M. 1969 (=1969a), S. 245 ff.

Freud, Sigmund: Die psychoanalytische Technik. In: Mitscherlich, Alexander / Richards, Angela / Strachey, James (Hrsg.): Freud-Studienausgabe. Ergänzungsband: Schriften zur Behandlungstechnik. Frankfurt/M. 1975, S. 407 ff.

Freud, Sigmund: Über Psychotherapie. In: Mitscherlich, Alexander / Richards, Angela / Strachey, James (Hrsg.): Freud-Studienausgabe. Ergänzungsband: Schriften zur Behandlungstechnik. Frankfurt am Main 1975 (=1975a), S. 107 ff.

Freud, Sigmund: Das Ich und das Es. In: Mitscherlich, Alexander / Richards, Angela / Strachey, James (Hrsg.): Freud-Studienausgabe. Bd. 3: Psychologie des Unbewußten. Frankfurt/Main 1975 (=1975b), S. 273 ff.

Frielinghaus, Volker: Hörfunk und Fernsehen in Strafhaft (§ 69 StVollzG). Technische, rechtstatsächliche, strafvollzugsrechtliche und verfassungsrechtliche Gesichtspunkte. BlStV 4/5 1979, S. 1 ff.

Frottier, Patrick / Frühwald, Stefan: „Sei standhaft, duldsam und verschwiegen." Ein Beitrag zur Verschwiegenheitspflicht in der forensischen Psychotherapie. In: Wagner, Elisabeth / Werdenich, Wolfgang (Hrsg.): Forensische Psychotherapie. Therapeutische Arbeit im Zwangskontext von Justiz, Medizin und sozialer Kontrolle. Wien 1998, S. 81 ff.

Geppert, Klaus: Freiheit und Zwang im Strafvollzug. Tübingen 1976.

Geppert, Klaus: Die gegenwärtige gesetzliche Regelung der Zwangsernährung von Gefangenen (§ 101 StVollzG). Jura 1982, S. 177 ff.

Geppert, Klaus: Die ärztliche Schweigepflicht im Strafvollzug. Berlin, New York 1983.

Geppert, Klaus: AIDS und Strafvollzug. In: Szwarc, Andrzej J. (Hrsg.): AIDS und Strafrecht. Berlin 1996, S. 235 ff.

Glover, Edward: The Roots of Crime. New York 1960.

Göppinger, Hans: Möglichkeiten und Grenzen einer Resozialisierung mit Mitteln der Psychiatrie, Psychologie und Psychotherapie. BewHi 1964, S. 244 ff.

Göppinger, Hans: Das Verfahren. In: Göppinger, Hans / Witter, Hermann (Hrsg.): Handbuch der forensischen Psychiatrie II. Berlin, Heidelberg, New York, 1972, S. 1531 ff.

Göppinger, Hans: Der Täter in seinen sozialen Bezügen. Ergebnisse aus der Tübinger Jungtäter-Vergleichsuntersuchung. Berlin, Heidelberg, New York 1983.

Göppinger, Hans: Kriminologie. 5. Aufl. München 1997.

Goudsmit, Walter: Sozialtherapie in der Praxis. In: Stuttgarter Akademie für Tiefenpsychologie und analytische Psychotherapie e. V. (Hrsg.): Individuum und Gesellschaft. Familie, Schule, Politik, Strafvollzug. Stuttgart 1973, S. 45 ff.

Goudsmit, Walter: Bemerkungen zur Indikation der Psychoanalyse bei Tätern von sehr schweren Delikten. Psyche 1974, S. 684 ff.

Gretenkord, Lutz: Sollte der Therapeut zu „63er-Patienten" Beurteilungen abgeben? In: Beier, Klaus M. / Hinrichs, Günter (Hrsg.): Psychotherapie mit Straffälligen. Standorte und Thesen zum Verhältnis Patient – Therapeut – Justiz. Stuttgart, Jena, New York 1995, S. 124 ff.

Gretenkord, Lutz: Der Therapeut als Doppelagent. Zum Rollenkonflikt des Psychotherapeuten in einer forensischen Institution. In: Wagner, Elisabeth / Werdenich, Wolfgang (Hrsg.): Forensische Psychotherapie. Therapeutische Arbeit im Zwangskontext von Justiz, Medizin und sozialer Kontrolle. Wien 1998, S. 68 ff.

Grunau, Theodor / Tiesler, Eberhard: Strafvollzugsgesetz. 2. Aufl. Köln, Berlin, Bonn 1982.

Haas, Hans-Dieter: Ein Vorschlag zur rechtsverbindlichen Regelung der Entscheidungsbefugnisse der Anstaltspsychologen. In: Mai, Klaus (Hrsg.): Psychologie hinter Gittern. Probleme psychologischer Tätigkeit im Strafvollzug. Weinheim, Basel 1981, S. 35 ff.

Haeser, Heinrich: Lehrbuch der Geschichte der Medizin und der epidemischen Krankheiten. I. Band. 3. Bearb. Jena 1875.

Hartmann, Thomas: Offenbarungspflicht im Strafvollzug. Ergebnisse einer Umfrage bei den Psychologischen Diensten in den Justizvollzugsanstalten der BRD zum neuen Paragrafen 182: „Schutz besonderer Daten“. PsychotherapeutenForum 1999, Heft 5, S. 49 ff.

Hartmann, Thomas: Zu den Rahmenbedingungen von Psychotherapie mit (Sexual-)Straftätern im Regelstrafvollzug. R&P 1999 (=1999a), S. 70 ff.

Hartmann, Thomas: Paradigmenwechsel im Strafvollzug? Ist die Diskussion um die Offenbarungspflicht des Psychologen nach § 182 StVollzG auch Ausdruck unterschiedlicher Betrachtungsweisen von Straffälligkeit und ihrer Behandlung? ZfStrVo 2000, S. 204 ff.

Haß, Gerhard: Bemerkungen zum ärztlichen Zeugnisverweigerungsrecht nach der StPO. SchlHA 1973, S. 42.

Hauptmann, Walter: Psycholytische Therapie an persönlichkeitsgestörten Delinquenten. MschrKrim 1973, S. 246 ff.

Hautzinger, Martin: Löschung. In: Linden, Michael / Hautzinger, Martin (Hrsg.): Verhaltenstherapie. Techniken, Einzelverfahren und Behandlungsanleitungen. 3. Aufl. Berlin, Heidelberg, New York 1996, S. 223 ff.

Hinrichs, Günter: Psychotherapie mit Gewalttätern im Jugendstrafvollzug. MschrKrim 1991, S. 17 ff.

Hinrichs, Günter: Zur intramuralen Psychotherapie junger Straftäter. In: Beier, Klaus M. / Hinrichs, Günter (Hrsg.): Psychotherapie mit Straffälligen. Standorte und Thesen zum Verhältnis Patient – Therapeut – Justiz. Stuttgart, Jena, New York 1995, S. 71 ff.

Hobbes, Thomas: Leviathan oder Wesen, Form und Gewalt des kirchlichen und bürgerlichen Staates. Leck/Schleswig 1965.

Hoeck-Gradenwitz, Erik: Sozialpsychologische Behandlungsmethoden und ihre Ergebnisse – ein Erfahrungsbericht mit kriminellen Psychopathen. In: Nass, Gustav (Hrsg.): Prognose und Bewährung. Berlin 1966, S. 59 ff.

Hoffmann, Sven Olaf: Psychoanalyse. In: Asanger, Roland / Wenninger, Gerd (Hrsg.): Handwörterbuch Psychologie. 5. Aufl. Weinheim 1994, S. 579 ff.

Huber, Gerd: Psychiatrie. Lehrbuch für Studium und Weiterbildung. 6. Aufl. Stuttgart, New York 1999.

Jacobs, Stefan / Lohse, Hartwig: Gesprächspsychotherapie mit erwachsenen Delinquenten im Rahmen der Sozialtherapeutischen Anstalt. Die Entwicklung spezifischer Interventionsstrategien. Informationsblätter der Gesellschaft für Wissenschaftliche Gesprächspsychotherapie 1978, S. 11 ff.

Janicek, S. / Berner, W.: Auf dem Weg zum Arbeitsbündnis. Probleme der Psychotherapie in geschlossenen Institutionen. In: Psychoanalyse 1986. Essays über eine Theorie und ihre Anwendungen. Sigmund-Freud-Haus Bulletin Nr. 10. Wien 1986, S. 154 ff.

Jones, Maxwell: Social Psychiatry. In the Community, in Hospitals and in Prisons. Springfield/Illinois 1962.

Jones, Maxwell: Prinzipien der therapeutischen Gemeinschaft. Soziales Lernen und Sozialpsychiatrie. Bern, Stuttgart, Wien 1976.

Jones, Maxwell: Desirable Features of a Therapeutic Community in a Prison. In: Toch, Hans (ed.): Therapeutic Communities in Corrections. New York 1980, S. 34 ff.

Kaiser, Günther / Kerner, Hans-Jürgen / Schöch, Heinz: Strafvollzug. 4. Aufl. Heidelberg 1992.

Kaiser, Günther / Schöch, Heinz: Strafvollzug. 5. Aufl. Heidelberg 2002.

Kamann, Ulrich: Therapeuten in Uniform? Das Ende der Schweigepflicht im Strafvollzug. Betrifft JUSTIZ 1998, S. 321 ff.

Kayser, Hans / Veltin, Alexander / Zumpe, Volker: Information und Kommunikation. In: Kayser, H. / Krüger, H. / Damaschke, K. et al. (Hrsg.): Gruppenarbeit in der Psychiatrie. Erfahrungen mit der therapeutischen Gemeinschaft. 2. Aufl. Stuttgart, New York 1980, S. 178 ff.

Kierski, Werner-Siegfried: Ärztliche Schweigepflicht und öffentlicher Gesundheitsdienst. In: Mergen, Armand (Hrsg.): Die juristische Problematik in der Medizin. Bd. II. München 1971, S. 126 ff.

Kierski, Werner-Siegfried: Stellungnahme zu Kreuzer 1976. Med.Klin. 1977, S. 773 ff.

Kleinknecht, Theodor / Meyer-Goßner, Lutz: Strafprozeßordnung, Gerichtsverfassungsgesetz, Nebengesetze und ergänzende Bestimmungen. 46. Aufl. München 2003.

Knapp, Rudolf: AIDS im Strafvollzug. Zur Situation HIV-infizierter und AIDS-kranker Strafgefangener unter besonderer Berücksichtigung der Problematik intramuralen Drogenkonsums: Ergebnisse einer empirischen Erhebung und rechtliche Konsequenzen. Dissertation, Bonn 1996.

Kohlberg, Lawrence: Die Psychologie der Moralentwicklung. 1. Aufl. Frankfurt/M. 1995.

Kreuzer, Arthur: Die Schweigepflicht von Krankenhausärzten gegenüber Aufsichtsbehörden. NJW 1975, S. 2232 ff.

Kreuzer, Arthur: Schweigepflicht von Ärzten öffentlicher Krankenhäuser. Med.Klin. 1976, S. 1396 ff., 1467 ff., 1521 ff.

Krüger, Helmut: Therapeutische Gemeinschaft. In: Kisker, K. P. / Meyer, J.-E. / Müller, C. / Strömgren, E. (Hrsg.): Psychiatrie der Gegenwart. Forschung und Praxis. Band III: Soziale und angewandte Psychiatrie. 2. Aufl. Berlin, Heidelberg, New York 1975, S. 711 ff.

Krüger, Helmut: Therapeutische Gemeinschaft: Historische Entwicklung, Ziele und Probleme. In: Kayser, H. / Krüger, H. / Damaschke, K. et al. (Hrsg.): Gruppenarbeit in der Psychiatrie. Erfahrungen mit der therapeutischen Gemeinschaft. 2. Aufl. Stuttgart, New York 1980, S. 1 ff.

Kühne, Hans-Heiner: Innerbehördliche Schweigepflicht von Psychologen. NJW 1977, S. 1478 ff.

Kühne, Hans-Heiner (Hrsg.): Berufsrecht für Psychologen. 1. Aufl. Baden-Baden 1987.

Kunze, Roland: Psychotherapie im Strafvollzug. ZfStrVo 1983, S. 151 ff.

Kury, Helmut: Verhaltenstherapie bei Delinquenten unter besonderer Berücksichtigung des Trainings sozialer Fertigkeiten. In: Lösel, Friedrich (Hrsg.): Kriminalpsychologie. Grundlagen und Anwendungsbereiche. Weinheim, Basel 1983, S. 259 ff.

Kury, Helmut: Die Behandlung Straffälliger. Teilband 1: Inhaltliche und methodische Probleme der Behandlungsforschung. Berlin 1986.

Kury, Helmut: Fragen und Probleme der Behandlung Straffälliger und der Behandlungsforschung. In: Kury, Helmut (Hrsg.): Prognose und Behandlung bei jungen Rechtsbrechern. Ergebnisse eines Forschungsprojekts. Freiburg 1986 (=1986a), S. 11 ff.

Kutz, Hans-G.: Kommentar zu Klaus Geppert: Ärztliche Schweigepflicht im Strafvollzug. Gutachten im Auftrag der Ärztekammer Berlin (abgedruckt an gleicher Stelle) DBÄ 1983, S. 13 ff.

Lackner, Karl (Hrsg.): Strafgesetzbuch mit Erläuterungen. 22. Aufl. München 1997.

Lackner, Karl / Kühl, Kristian: Strafgesetzbuch mit Erläuterungen. 24. Aufl. München 2001.

Lamott, M. Franziska: Zur Heilungsideologie des Strafvollzugs. Kritische Justiz 1982, S. 79 ff.

Laubenthal, Klaus: Strafvollzug. 3. Aufl. Berlin, Heidelberg, New York 2003.

Laufs, Adolf: Arztrecht. 4. Aufl. München 1988.

Laufs, Adolf / Uhlenbruck, Wilhelm (et al.): Handbuch des Arztrechts. München 1992.

Leibing, Eric / Rüger, Ulrich: Die klienten-zentrierte Gesprächspsychotherapie. In: Heigl-Evers, Annelise / Heigl, Franz / Ott, Jürgen / Rüger, Ulrich (Hrsg.): Lehrbuch der Psychotherapie. 3. Aufl. Lübeck, Stuttgart, Jena 1997, S. 295 ff.

Leipziger Kommentar. Hrsg.: Jescheck, Hans-Heinrich / Ruß, Wolfgang / Willms, Günther: Strafgesetzbuch. Leipziger Kommentar. Großkommentar. 5. Band. 10. Aufl. Berlin, New York 1989.

Leipziger Kommentar. Hrsg.: Jähnke, Burkhard / Laufhütte, Heinrich Wilhelm / Odersky, Walter: Strafgesetzbuch. Leipziger Kommentar. Großkommentar. 35. Lieferung §§ 201-206. 11. Aufl. Berlin, New York 2000.

Leky, Lutz Gero / Mohr, Heiner: Die Rolle des Psychotherapeuten in Sozialtherapeutischen Anstalten. MschrKrim 1978, S. 21 ff.

Leygraf, Norbert: Psychisch kranke Straftäter. Epidemiologie und aktuelle Praxis des psychiatrischen Maßregelvollzugs. Berlin, Heidelberg, New York 1988.

Leygraf, Norbert: Die Begutachtung der Prognose im Maßregelvollzug. In: Venzlaff, Ulrich / Foerster, Klaus (Hrsg.): Psychiatrische Begutachtung. Ein praktisches Handbuch für Ärzte und Juristen. 2. Aufl. Suttgart, Jena, New York 1994, S. 469 ff.

Linden, Michael: Systematische Desensibilisierung. In: Linden, Michael / Hautzinger, Martin (Hrsg.): Verhaltenstherapie. Techniken, Einzelverfahren und Behandlungsanleitungen. 3. Aufl. Berlin, Heidelberg, New York 1996, S. 57 ff.

Linster, Hans Wolfgang: Gesprächspsychotherapie. In: Asanger, Roland / Wenninger, Gerd (Hrsg.): Handwörterbuch Psychologie. 5. Aufl. Weinheim 1994, S. 242 ff.

Lippenmeier, Norbert / Steffen, Margarete: Erfahrungen als Wohngruppenleiter. In: Rasch, Wilfried (Hrsg.): Forensische Sozialtherapie, Erfahrungen in Düren. Heidelberg, Karlsruhe 1977, S. 89 ff.

Lobos-Wild, Roberto: Delinquenz als Ausdruck des Narzißmus- und Borderline-Leidens. Institutionelle und einzeltherapeutische Behandlungselemente. Psyche 1993, S. 82 ff.

Lösel, Friedrich (Hrsg.): Kriminalpsychologie. Grundlagen und Anwendungsbereiche. Weinheim, Basel 1983.

Lösel, Friedrich / Bender, Doris: Straftäterbehandlung: Konzepte, Ergebnisse und Probleme. In: Steller, Max / Volbert, Renate (Hrsg.): Psychologie im Strafverfahren. Ein Handbuch. 1. Aufl. Bern, Göttingen, Toronto 1997, S. 171 ff.

Löwe / Rosenberg: Die Strafprozeßordnung und das Gerichtsverfassungsgesetz. Großkommentar, Bd. I. 24. Aufl. Berlin, New York 1988.

Looschelders, Dirk / Roth, Wolfgang: Juristische Methodik im Prozeß der Rechtsanwendung. Berlin 1996.

Lüdeke, Klemens / Pecher, Willi: Analytisch-gruppendynamisch orientierte Therapiegruppe im Rahmen einer Behandlungsabteilung im Normalvollzug. In: Wagner, Elisabeth / Werdenich, Wolfgang (Hrsg.): Forensische Psychotherapie. Therapeutische Arbeit im Zwangskontext von Justiz, Medizin und sozialer Kontrolle. Wien 1998, S. 226 ff.

Maas, Udo: Sozialgeheimnis und Vertrauensverhältnis. Sozialmagazin 1981, Heft 10, S. 12 ff.

Mai, Klaus: Die psychodiagnostische Tätigkeit im Strafvollzug – dargestellt am Beispiel der Haftlockerungen. In: Mai, Klaus (Hrsg.): Psychologie hinter Gittern. Probleme psychologischer Tätigkeit im Strafvollzug. Weinheim, Basel 1981, S. 13 ff.

Marx, Michael: Schweigepflicht und Schweigerecht der Angehörigen des Behandlungsstabs im Straf- und Maßregelvollzug. GA 1983, S. 160 ff.

Mauch, Gerhard / Mauch, Roland: Sozialtherapie und die Sozialtherapeutische Anstalt. Erfahrungen in der Behandlung Chronisch-Krimineller: Voraussetzungen, Durchführung und Möglichkeiten. Stuttgart 1971.

Mechler, Achim: Psychiatrie des Strafvollzugs. Stuttgart, New York 1981.

Mechler, Achim / Wilde, Klaus: Psychoanalytisch orientierte Arbeit mit Strafgefangenen. MschrKrim 1976, S. 191 ff.

Mentzos, Stavros: Interpersonale und institutionalisierte Abwehr. 3. Aufl. Frankfurt/M. 1994.

Mergen, Armand: Die Kriminologie. Eine systematische Darstellung. 3. Aufl. München 1995.

Mey, Hans-Georg: Zum Begriff der Behandlung im StVollzG (aus psychologisch-therapeutischer Sicht). ZfStrVo 1987, S. 42 ff.

Mey, Hans-Georg: Gutachten und Sicherheit im Strafvollzug. In: Müller-Dietz, Heinz / Walter, Michael (Hrsg.): Strafvollzug in den 90er Jahren. Perspektiven und Herausforderungen. Festgabe für Karl Peter Rotthaus. Pfaffenweiler 1995, S. 203 ff.

Michels, Ingo: Zur Situation von HIV-Infizierten und AIDS-Kranken im Strafvollzug. Kritische Justiz 1988, S. 422 ff.

Middelhauve, Hans-Günther: Stellungnahme zu Kreuzer 1976. Med.Klin. 1977, S. 775 f.

Minsel, Wolf-Rüdiger: Gesprächspsychotherapie bei dissozialen Jugendlichen. Praxis der Kinderpsychologie und Kinderpsychiatrie 1973, S. 131 ff.

Minsel, Wolf-Rüdiger: Praxis der Gesprächspsychotherapie. Grundlagen – Forschung – Auswertung. Wien, Köln, Graz 1974.

Minsel, Wolf-Rüdiger / Howe, Jürgen: Gesprächspsychotherapie bei Delinquenten. In: Lösel, Friedrich (Hrsg.): Kriminalpsychologie. Grundlagen und Anwendungsgebiete. Weinheim, Basel 1983, S. 248 ff.

Mrozynski, Peter: Resozialisierung und soziales Betreuungsverhältnis. Eine Untersuchung zur Bedeutung des Sozialrechts in der Resozialisierung. Heidelberg 1984.

Müller, Klaus: Die Schweigepflicht im ärztlichen Standesrecht. MDR 1971, S. 965 f.

Müller-Dietz, Heinz: Allgemeines Berufsrecht für Psychologen. In: Kühne, Hans-Heiner (Hrsg.): Berufsrecht für Psychologen. 1. Aufl. Baden-Baden 1987, S. 17 ff.

Müller-Dietz, Heinz: Der Psychologe im Strafvollzug. In: Kühne, Hans-Heiner (Hrsg.): Berufsrecht für Psychologen. 1. Aufl. Baden-Baden 1987 (= 1987a), S. 331 ff.

Müller-Dietz, Heinz: Juristische Grundlagen und Dimensionen der Schweigepflicht des Arztes. In: Jung, Heike / Meiser, Richard J. / Müller, Egon (Hrsg.): Aktuelle Probleme und Perspektiven des Arztrechts. Stuttgart 1989, S. 39 ff.

Müller-Isberner, Rüdiger: Ein differenziertes Behandlungskonzept für den psychiatrischen Maßregelvollzug. Organisationsfragen und methodische Aspekte. In: Wagner, Elisabeth / Werdenich, Wolfgang (Hrsg.): Forensische Psychotherapie. Therapeutische Arbeit im Zwangskontext von Justiz, Medizin und sozialer Kontrolle. Wien 1998, S. 197 ff.

Münchener Kommentar. Hrsg.: Lüke, Gerhard / Walchshöfer, Alfred: Münchener Kommentar zur Zivilprozeßordnung. Band 2. München 1992.

Murto, Kari: Towards the well functioning community. The development of Anton Makarenko and Maxwell Jones' communities. Jyväskylä 1991.

Nöldeke, Werner / Weichbrodt, Stefan: Hungerstreik und Zwangsernährung – Muß § 101 StVollzG reformiert werden? NStZ 1981, S. 281 ff.

Oebbecke, Janbernd: Weisungs- und unterrichtungsfreie Räume in der Verwaltung. Köln 1986.

Ostendorf, Heribert: Der strafrechtliche Schutz von Drittgeheimnissen. JR 1981, S. 444 ff.

Parfy, Erwin / Wagner, Elisabeth: Ich seh, ich seh, was du nicht siehst. Gedanken zur Schulenvielfalt in der forensischen Psychotherapie. In: Wagner, Elisabeth / Werdenich, Wolfgang (Hrsg.): Forensische Psychotherapie. Therapeutische Arbeit im Zwangskontext von Justiz, Medizin und sozialer Kontrolle. Wien 1998, S. 361 ff.

Pawlow, Iwan Petrowitsch: Vorlesungen über die Arbeit der Großhirnhemisphären. In: Pawlow, I. P.: Gesammelte Werke über die Physiologie und Pathologie der höheren Nerventätigkeit. Würzburg 1998, S. 106 ff.

Petermann, Franz: Sozialtraining mit Kindern und Jugendlichen. In: Linden, Michael / Hautzinger, Martin (Hrsg.): Verhaltenstherapie. Techniken, Einzelverfahren und Behandlungsanleitungen. 3. Aufl. Berlin, Heidelberg, New York 1996, S. 289 ff.

Petzold, Hilarion G. / Rodriguez-Petzold, Francisca: Anonymisierung und Schweigepflicht in supervisorischen Prozessen – ein methodisches, ethisches, klinisches und juristisches Problem. Famdyn 1997, S. 288 ff.

Pfäfflin, Friedemann: Günstige und ungünstige Rahmenbedingungen für Psychotherapie im Maßregelvollzug. WsFPP 1997, S. 143 ff.

Pfäfflin, Friedemann / Haake, Elisabeth: Zur Behandlung besonders schwerwiegender Sexualdelikte. Psychiatrische Praxis 1983, S. 97 ff.

Pielmaier, Herbert / Wetzstein, Hans / Blumenberg, Franz-Jürgen / Müller, Uli: Therapie an jungen Untersuchungshäftlingen – Inhalt, Ablauf und Erfahrungen aus der Sicht der Therapeuten – In: Kury, Helmut (Hrsg.): Prognose und Behandlung bei jungen Rechtsbrechern. Ergebnisse eines Forschungsprojekts. Freiburg 1986, S. 171 ff.

Placzek, Siegfried: Das Berufsgeheimnis des Arztes. 3. Aufl. Leipzig 1909.

Ploeger, Andreas: Die therapeutische Gemeinschaft in der Psychotherapie und Sozialpsychiatrie. Theorie und Praxis. Stuttgart 1972.

Portius, Rüdiger: Schweigerecht versus Auskunftspflicht des Anstaltsarztes – Sicht des Strafverteidigers. ZaeFQ 2000, S. 273 ff.

Preusker, Harald / Rosemeier, Dirk: Umfang und Grenzen der Schweigepflicht von Psychotherapeuten im Justizvollzug nach dem 4. Gesetz zur Änderung des Strafvollzugsgesetzes. ZfStrVo 1998, S. 323 ff.

Quensel, Stephan / Quensel, Edelgart: Probleme der Behandlung im geschlossenen Vollzug. In: Kaufmann, Arthur (Hrsg.): Die Strafvollzugsreform. Eine kritische Bestandsaufnahme. Karlsruhe 1971, S. 159 ff.

Rasch, Wilfried: Die Gestaltung der sozialtherapeutischen Anstalt: Vorschläge und Vorbehalte. In: Rasch, W. (Hrsg.): Forensische Sozialtherapie. Erfahrungen in Düren. Karlsruhe, Heidelberg 1977, S. 31 ff.

Rasch, Wilfried: Die Prognose im Maßregelvollzug als kalkuliertes Risiko. In: Schwind, Hans-Dieter (Hrsg.): Festschrift für Günter Blau zum 70. Geburtstag am 18. Dezember 1985. Belin, New York 1985, S. 309 ff.

Rasch, Wilfried: Forensische Psychiatrie. Stuttgart, Berlin, Köln 1986.

Rauchfleisch, Udo: Dissozial. Entwicklung, Struktur und Psychodynamik dissozialer Persönlichkeiten. Göttingen 1981.

Rauchfleisch, Udo: Nach bestem Wissen und Gewissen. Die ethische Verantwortung in Psychologie und Psychotherapie. Göttingen 1982.

Reckless, Walter C.: Halttheorie. MschrKrim 1961, S. 1 ff.

Rehn, Gerhard: Behandlung im Strafvollzug: unzeitgemäß? In: Müller-Dietz, Heinz / Walter, Michael (Hrsg.): Strafvollzug in den 90er Jahren. Perspektiven und Herausforderungen. Festgabe für Karl Peter Rotthaus. Pfaffenweiler 1995, S. 69 ff.

Rehn, Gerhard: Thesen über Psychotherapie im Strafvollzug. Grundsätze am Beispiel der Sozialtherapeutischen Anstalt Hamburg-Altengamme. In: Beier, Klaus M. / Hinrichs, Günter (Hrsg.): Psychotherapie mit Straffälligen. Standorte und Thesen zum Verhältnis Patient – Therapeut – Justiz. Stuttgart, Jena, New York 1995 (=1995a), S. 79 ff.

Reinecker, Hans: Bestrafung. In: Linden, Michael / Hautzinger, Martin (Hrsg.): Verhaltenstherapie. Techniken, Einzelverfahren und Behandlungsanleitungen. 3. Aufl. Berlin, Heidelberg, New York 1996, S. 97 ff.

Reinecker, Hans: Lehrbuch der Verhaltenstherapie. Tübingen 1999.

Remschmidt, Helmut (Hrsg.): Kinder- und Jugendpsychiatrie. Eine praktische Einführung. 2. Aufl. Stuttgart, New York 1987.

Riekenbrauck, Wolfgang: Schweigerecht versus Auskunftspflicht des Anstaltsarztes – Sicht des Vollzugsmediziners. ZaeFQ 2000, S. 277 ff.

Rittmann, Dieter: Die Aufgaben der Strafvollstreckungskammer nach Anordnung der Unterbringung. In: Blau, Günter / Kammeier, Heinz (Hrsg.): Straftäter in der Psychiatrie. Situationen und Tendenzen des Maßregelvollzugs. Stuttgart 1984, S. 162 ff.

Rixen, Stephan: Neues Datenschutzrecht für den Strafvollzug. DuD 2000, S. 640 ff.

Rösch, Thomas: Schweigepflicht – Offenbarungspflicht der Ärzte, Psychologen und Sozialarbeiter im Strafvollzug. BlStV 2/2000, S. 1 ff.

Rogall, Klaus: Die Verletzung von Privatgeheimnissen (§ 203 StGB). Aktuelle Probleme und ungelöste Fragen. NStZ 1983, S. 1 ff.

Rogers, Carl R.: Die nicht-direktive Beratung. Counseling and Psychotherapy. München 1972.

Rogers, Carl R.: Entwicklung der Persönlichkeit. Psychotherapie aus der Sicht eines Therapeuten. Stuttgart 1973.

Rogers, Carl R.: Die klient-bezogene Gesprächstherapie. Client-Centered Therapy. München 1973 (=1973a).

Rose, Hans K.: Grundfragen der therapeutischen Teamarbeit in der Psychiatrie. In: Kayser, H. / Krüger, H. / Damaschke, K. et al. (Hrsg.): Gruppenarbeit in der Psychiatrie. Erfahrungen mit der therapeutischen Gemeinschaft. 2. Aufl. Stuttgart, New York 1980, S. 81 ff.

Rosenau, Henning: Tendenzen und Gründe der Reform des Sexualstrafrechts. StV 1999, S. 388 ff.

Roth, Reinhold: Psychotherapie als Erkenntnisquelle bei Entscheidungen der Strafvollstreckungskammer. In: Beier, Klaus M. / Hinrichs, Günter (Hrsg.): Psychotherapie mit Straffälligen. Standorte und Thesen zum Verhältnis Patient – Therapeut – Justiz. Stuttgart, Jena, New York 1995, S. 26 ff.

Rotthaus, Karl Peter: Teamarbeit in der Sozialtherapie. In: Bundeszusammenschluß für Straffälligenhilfe (Hrsg.): Sozialtherapeutische Anstalten – Konzepte und Erfahrungen – 2. Aufl. Bonn-Bad Godesberg 1977, S. 35 ff.

Rudolphi, Hans-Joachim: Grenzen der Überwachung des Fernmeldeverkehrs nach den §§ 100 a, b StPO. In: Grünwald, Gerald / Miehe, Olaf / Rudolphi, Hans-Joachim / Schreiber, Hans-Ludwig (Hrsg.): Festschrift für Friedrich Schaffstein. Göttingen 1975, S. 433 ff.

Rüger, Ulrich / Staats, Hermann: Gruppenpsychotherapeutische Methoden. In: Heigl-Evers, Annelise / Heigl, Franz / Ott, Jürgen / Rüger, Ulrich (Hrsg.): Lehrbuch der Psychotherapie. 3. Aufl. Lübeck, Stuttgart, Jena 1997, S. 427 ff.

Rüther, Werner: Internationale Erfahrungen bei der Behandlung von Sexualstraftätern. MschrKrim 1998, S. 246 ff.

Sandler, J.: Aversionsbehandlung. In: Linden, Michael / Hautzinger, Martin (Hrsg.): Verhaltenstherapie. Techniken, Einzelverfahren und Behandlungsanleitungen. 3. Aufl. Berlin, Heidelberg, New York 1996, S. 93 ff.

Sauter, Fritz: Das Berufsgeheimnis und sein strafrechtlicher Schutz (§ 300 RStGB). Strafrechtliche Abhandlungen, Heft 123. Breslau 1910.

Schäfer, Karl Heinrich: Auswirkungen der AIDS-Problematik auf den Justizvollzug. In: Schäfer, Karl Heinrich / Sievering, Ulrich O. (Hrsg.): AIDS und Strafvollzug, Frankfurt/M. 1987, S. 5 ff.

Schallert, Christoph: Erkennen krimineller Gefährdung und wirksames Eingreifen. Die Methode der idealtypisch-vergleichenden Einzelfallanalyse in der Praxis. DVJJ-Journal 1998, S. 17 ff.

Schilling, Georg: Strafprozessuales Zeugnisverweigerungsrecht für Sozialarbeiter, Sozialpädagogen und Psychologen? JZ 1976, S. 617 ff.

Schleusener, J.: Der Einsatz externer Therapeuten. In: Bundeszusammenschluß für Straffälligenhilfe (Hrsg.): Sozialtherapeutische Anstalten – Konzepte und Erfahrungen. 2. Aufl. Bonn-Bad Godesberg 1977, S. 158 ff.

Schleuss, Gerhard: Psychiatrische Manifestationen im Strafvollzug. In: Venzlaff, Ulrich / Foerster, Klaus (Hrsg.): Psychiatrische Begutachtung. Ein praktisches Handbuch für Ärzte und Juristen. 2. Aufl. Stuttgart, Jena New York 1994, S. 425 ff.

Schlink, Bernhard: Bemerkungen zum Stand der Methodendiskussion in der Verfassungsrechtswissenschaft. Der Staat 1980, S. 73 ff.

Schlund, Gerhard H.: Zu Fragen der ärztlichen Schweigepflicht. JR 1977, S. 265 ff.

Schlund, Gerhard H.: Zur Berufsverschwiegenheit bei AIDS. AIFO 1987, S. 401 ff.

Schlund, Gerhard H.: Die ärztliche Schweigepflicht. In: Laufs, Adolf / Uhlenbruck, Wilhelm (Hrsg.): Handbuch des Arztrechts. München 1992, S. 378 ff.

Schmideberg, Melitta: Prinzipien der Kriminalpsychotherapie. Einige Folgerungen für die allgemeine Psychiatrie. MschrKrim 1966, S. 145 ff.

Schmidt, Eberhard: Der Arzt im Strafrecht. Leipzig 1939.

Schmidt, Klaus K.: Ärztliche Schweigepflicht und Sozialdatenschutz. Dissertation. Göttingen 1985.

Schmitt, G.: Probleme im therapeutischen Bereich. In: Bundeszusammenschluß für Straffälligenhilfe (Hrsg.): Sozialtherapeutische Anstalten – Konzepte und Erfahrungen. 2. Aufl. Bonn-Bad Godesberg 1977, S. 82 ff.

Schmitt, G.: Behandlungsformen in der Sozialtherapeutischen Anstalt. In: Bundeszusammenschluß für Straffälligenhilfe (Hrsg.): Sozialtherapeutische Anstalten – Konzepte und Erfahrungen. 2. Aufl. Bonn-Bad Godesberg 1977(=1977a), S. 97 ff.

Schmitt, Günther: Therapiemodelle im Regelvollzug. In: Mai, Klaus (Hrsg.): Psychologie hinter Gittern. Probleme psychologischer Tätigkeit im Strafvollzug. Weinheim, Basel 1981, S. 85 ff.

Schmuck, Rudolf: Probleme mit HIV-Infizierten und an AIDS erkrankten Personen im Vollzug der Untersuchungshaft und Strafhaft. ZfStrVo 1989, S. 165 ff.

Schneider, Hans-Joachim: Kriminologie. Berlin, New York 1987.

Schneider, Hans-Joachim: Kriminologie für das 21. Jahrhundert. Schwerpunkte und Fortschritte der internationalen Kriminologie. Überblick und Diskussion. Münster 2001.

Schöch, Heinz: Rechtliche Grundlagen der Psychotherapie im Straf- und Maßregelvollzug. In: Beier, Klaus M. / Hinrichs, Günter (Hrsg.): Psychotherapie mit Straffälligen. Standorte und Thesen zum Verhältnis Patient – Therapeut – Justiz. Stuttgart, Jena, New York 1995, S. 90 ff.

Schöch, Heinz: Zur Offenbarungspflicht der Therapeuten im Justizvollzug gem. § 182 Abs. 2 StVollzG. ZfStrVO 1999, S. 259 ff.

Schönke, Adolf / Schröder, Horst (Begründer): Strafgesetzbuch. Kommentar. 25. Aufl. München 1997.

Schönke, Adolf / Schröder, Horst (Begründer): Strafgesetzbuch. Kommentar. 26. Aufl. München 2001

Schofield, William: Psychotherapy. The Purchase of Friendship. Englewood Cliffs, N. J. 1964.

Schorr, Angela: Geschichte der Klinischen Psychologie. In: Wehner, Ernst G. (Hrsg.): Geschichte der Psychologie. Darmstadt 1990, S. 131 ff.

Schüler-Springorum, Horst: „Strafvollzug 2000"? – Probleme einer Institutionsprognose. In: Albrecht, Hans-Jörg / Dünkel, Frieder / Kerner, Hans-Jürgen et al. (Hrsg.): Internationale Perspektiven in Kriminologie und Strafrecht. Festschrift für Günther Kaiser zum 70. Geburtstag. Berlin 1998, S. 1257 ff.

Schwind, Hans-Dieter / Böhm, Alexander: Strafvollzugsgesetz. Kommentar. 3. Aufl. Berlin, New York 1999.

Sigel, Walter: AIDS im Strafvollzug. ZfStrVo 1989, S. 156 ff.

Simon, F. B. / Albert, Brigitte / Klein, Christel: Gefahren paradoxer Kommunikation im Rahmen der „Therapeutischen Gemeinschaft". Versuch einer Kommunikationsanalyse. Psychiatrische Praxis 1977, S. 38 ff.

Stein / Jonas: Kommentar zur Zivilprozeßordnung. Band 4. Teilband 2: §§ 348-510b. 21. Aufl. Tübingen 1999.

Steller, Max: Sozialtherapie statt Strafvollzug. Psychologische Probleme der Behandlung von Delinquenten. Köln 1977.

Steller, Max: Über Unbelehr- und Unbehandelbare – Chancen und Defizite der Psychologie im behandlungsorientierten Strafvollzug – In: Leygraf, N. / Volbert, R. / Horstkotte, H. / Fried, S. (Hrsg.): Die Sprache des Verbrechens – Wege zu einer klinischen Kriminologie. Festschrift für Wilfried Rasch. Stuttgart, Berlin, Köln 1993, S. 296 ff.

Stemmer-Lück, Magdalena: Die Behandlungsindikation bei Straffälligen. Eine Studie zur Klassifizierung nach Kriterien der subjektiven Befindlichkeit. Dissertation. Göttingen 1980.

Strak, Norbert: Das Gespräch in der Gruppe. Group counselling als Form selbstverantwortlicher Gruppenarbeit unter Haftbedingungen. In: Wagner, Elisabeth / Werdenich, Wolfgang (Hrsg.): Forensische Psychotherapie. Therapeutische Arbeit im Zwangskontext von Justiz, Medizin und sozialer Kontrolle. Wien 1998, S. 246 ff.

Strasburger, Larry H. / Gutheil, Thomas G. / Brodsky, Archie: On Wearing Two Hats: Role Conflict in Serving as Both Psychotherapist and Expert Witness. Am J Psychiatry 1997, S. 448 ff.

Stratenwerth, Günter: Strafrecht und Sozialtherapie. In: Kaufmann, Arthur / Bemmann, Günter / Krauss, Detlef / Volk, Klaus (Hrsg.): Festschrift für Paul Bockelmann zum 70. Geburtstag am 7. Dezember 1978. München 1979, S. 901 ff.

Sudhaus, Jochen: Justizminister berät Maßnahmen zur Verhütung und Bekämpfung der Übertragung des AIDS-Erregers HTLV-III in Justizvollzugsanstalten. Der Vollzugsdienst 1986, Heft 2, S. 1 ff.

Thomä, Helmut / Kächele, Horst: Lehrbuch der psychoanalytischen Therapie. Band 1: Grundlagen. 2. Aufl. Berlin, Heidelberg, New York 1996.

Thomä, Helmut / Kächele, Horst: Lehrbuch der psychoanalytischen Therapie. Band 2: Praxis. 2. Aufl. Berlin, Heidelberg, New York 1997.

Thorwart, Jürgen: Juristische und ethische Grenzen der Offenbarung von Geheimnissen: Anmerkungen zur aktuellen Gesetzgebung und zu juristischen sowie beziehungsdynamischen Aspekten der innerinstitutionellen Schweigepflicht. R&P 1999, S. 10 ff.

Timm, Manfred: Grenzen der ärztlichen Schweigepflicht. Köln 1988.

Tress, W. / Ehl, M.: Die stationäre psychoanalytische Behandlung bei schweren Störungen der Persönlichkeit. Psychiatrische Praxis 1987, S. 115 ff.

Tröndle, Herbert / Fischer, Thomas: Strafgesetzbuch und Nebengesetze. 51. Aufl. München 2003.

Venzlaff, Ulrich: Psychiatrisch-psychologische Begutachtung bei der Unterbringung von Straftätern in einem psychiatrischen Krankenhaus und bei bedingter Entlassung. In: Blau, Günter / Kammeier, Heinz (Hrsg.): Straftäter in der Psychiatrie. Situation und Tendenzen des Maßregelvollzugs. Stuttgart 1984, S. 96 ff.

Venzlaff, Ulrich: Methodische und praktische Probleme der forensisch psychiatrischen Begutachtung. In: Venzlaff, Ulrich / Foerster, Klaus (Hrsg.): Psychiatrische Begutachtung. Ein praktisches Handbuch für Ärzte und Juristen. 2. Aufl. Stuttgart, Jena, New York 1994, S. 101 ff.

Venzlaff, Ulrich: Die schizophrenen Psychosen. In: Venzlaff, Ulrich / Foerster, Klaus (Hrsg.): Psychiatrische Begutachtung. Ein praktisches Handbuch für Ärzte und Juristen. 2. Aufl. Stuttgart, Jena, New York 1994 (=1994a), S. 167 ff.

Vogel, Johann Peter: Auch der Amtsarzt unterliegt der Schweigepflicht. DBÄ 1981, S. 311 ff.

Volckart, Bernd: Schweigen und Offenbaren der Therapeuten im Strafvollzug gesetzlich geregelt. R&P 1998, S. 192 ff.

Volckart, Bernd: Maßregelvollzug. Das Recht des Vollzugs der Unterbringung nach §§ 63, 64 StGB in einem psychiatrischen Krankenhaus und in einer Entziehungsanstalt. 5. Aufl. Neuwied, Berlin, Kriftel 1999.

Wagner, Elisabeth: Scheitern, Krisen, Katastrophen. In: Wagner, Elisabeth / Werdenich, Wolfgang (Hrsg.): Forensische Psychotherapie. Therapeutische Arbeit im Zwangskontext von Justiz, Medizin und sozialer Kontrolle. Wien 1998, S. 179 ff.

Watzlawick, Paul / Beavin, Janet H. / Jackson, Don D.: Menschliche Kommunikation. Formen, Störungen, Paradoxien. Bern, Stuttgart 1969.

Wehner, Ernst G.: Geschichte der Allgemeinen Psychologie. In: Wehner, Ernst G. (Hrsg.): Geschichte der Psychologie. Darmstadt 1990, S. 1 ff.

Weichbrodt, Stefan: Die Pflichten beamteter Ärzte bei der Abwendung eines Hungerstreiks. NJW 1983, S. 311 ff.

Werdenich, Wolfgang / Wagner, Elisabeth: Die Kunst der Zwangsbehandlung. In: Wagner, Elisabeth / Werdenich, Wolfgang (Hrsg.): Forensische Psychotherapie. Therapeutische Arbeit im Zwangskontext von Justiz, Medizin und sozialer Kontrolle. Wien 1998, S. 37 ff.

Wetzel, Helmut / Linster, Hans Wolfgang: Psychotherapie. In: Asanger, Roland / Wenninger, Gerd (Hrsg.): Handwörterbuch Psychologie. 5. Aufl. Weinheim 1994, S. 627 ff.

Woesner, Horst: Fragen ärztlicher Geheimhaltungspflicht. NJW 1957, S. 692 ff.

Wolff, Hans J. / Bachof, Otto / Stober, Rolf: Verwaltungsrecht. Band 1., 11. Aufl. München 1999.

Würthwein, Sybille: Innerorganisatorische Schweigepflicht im Rahmen des § 203 StGB. Dissertation. Tübingen 1992.

Wulf, Rüdiger: Innerbehördliche Offenbarungs- und Schweigepflichten psychotherapeutischer Fachkräfte im Strafvollzug. R&P 1998, S. 185 ff.

Zettel, Dietrich: Anstaltsarzt und ärztliche Versorgung. In: Schwind Hans-Dieter / Blau, Günter (Hrsg.): Strafvollzug in der Praxis. 2. Aufl. Berlin, New York 1988. S. 193 ff.

Zieger, Matthias: Zur Schweigepflicht des Anstaltsarztes. StV 1981, S. 559 ff.

Zimbardo, Philip G. / Gerrig, Richard J.: Psychologie. 7. Aufl. Berlin, Heidelberg, New York 1999.

Zumpe, Volker: Die Rolle des Psychologen. In: Kayser, H. / Krüger, H. / Damaschke, K. et al. (Hrsg.): Gruppenarbeit in der Psychiatrie. Erfahrungen mit der therapeutischen Gemeinschaft. 2. Aufl. Stuttgart, New York 1980, S. 118 ff.

Abkürzungsverzeichnis

aA	anderer Ansicht
aaO	am angegebenen Ort
Abs	Absatz
AE-StVollzG	Alternativentwurf eines Strafvollzugsgesetzes
AIDS	acquired immune deficiency syndrome
AIFO	Aids-Forschung
AK-StVollzG	Kommentar zum Strafvollzugsgesetz aus der Reihe Alternativkommentare, herausgegeben von *Feest*
Am J Psychiatry	American Journal of Psychiatry
Anm.	Anmerkung
Art	Artikel
Aufl	Auflage
BayObLG	Bayerisches Oberstes Landesgericht
Bd.	Band
Bearb.	Bearbeitung
Beschl.	Beschluß
BewHi	Bewährungshilfe
BFH	Bundesfinanzhof
BGB	Bürgerliches Gesetzbuch
BGBl	Bundesgesetzblatt
BGHSt	Entscheidungen des Bundesgerichtshofs in Strafsachen (zitiert nach Band und Seite)
BGHZ	Entscheidungen des Bundesgerichtshofs in Zivilsachen (zitiert nach Band und Seite)
BlStV	Blätter für Strafvollzugskunde (Beilage zum Vollzugsdienst)
BRRG	Beamtenrechtsrahmengesetz
BSeuchG	Bundes-Seuchengesetz
BT-Drucks.	Bundestagsdrucksache
BtMG	Betäubungsmittelgesetz
BT-Plenarprotokolle	Bundestagsplenarprotokolle
BVerfGE	Entscheidungen des Bundesverfassungsgerichts (zitiert nach Band und Seite)
bzw.	beziehungsweise
CDU	Christlich Demokratische Union

CSU	Christlich Soziale Union
DBÄ	Die Berliner Ärztekammer
ders.	derselbe
d.h.	das heißt
dies.	dieselbe(n)
DuD	Datenschutz und Datensicherheit
DVJJ	Deutsche Vereinigung für Jugendgerichte und Jugendgerichtshilfen e. V.
ed.	editors / edition
EGStGB	Einführungsgesetz zum Strafgesetzbuch
et al.	und andere
etc.	et cetera
evtl.	eventuell
Famdyn	Familiendynamik. Interdisziplinäre Zeitschrift für systemorientierte Praxis und Forschung
FamRZ	Ehe und Familie in privatem und öffentlichem Recht. Zeitschrift für das gesamte Familienrecht
FAZ	Frankfurter Allgemeine Zeitung
F.D.P.	Freie Demokratische Partei
f., ff.	folgende
GA	Goltdammer's Archiv für Strafrecht
GeldwäscheG	Geldwäschegesetz
GeschlKG	Geschlechtskrankheitsgesetz
GG	Grundgesetz
HambMaßregelVollzG	Hamburgisches Maßregelvollzugsgesetz
HIV	human immunodeficiency syndrome
hM	herrschende Meinung
Hrsg.	Herausgeber
i.V.m.	in Verbindung mit
IfSG	Infektionsschutzgesetz
JR	Juristische Rundschau
JZ	Juristenzeitung
K/K/S	Strafvollzug. Ein Lehrbuch, herausgegeben von *Kaiser/Kerner/Schöch*
K/S	Strafvollzug. Ein Lehrbuch, herausgegeben von *Kaiser/Schöch*
LK	Strafgesetzbuch. Leipziger Kommentar, herausgegeben von *Jähnke et al.*
MDR	Monatsschrift für Deutsches Recht
Med.Klin.	Medizinische Klinik

MedR	Medizinrecht
MschrKrim	Monatsschrift für Kriminologie und Strafrechtsreform
MünchKomm	Münchener Kommentar zur Zivilprozeßordnung, herausgegeben von *Lüke/Walchshöfer*
N.J.	New Jersey
NJW	Neue Juristische Wochenschrift
Nr.	Nummer
NStZ	Neue Zeitschrift für Strafrecht
OLG	Oberlandesgericht
PDS	Partei des Demokratischen Sozialismus
Psyche	Zeitschrift für Psychoanalyse und ihre Anwendungen
RÄO	Reichsärzteordnung
RegE	Regierungsentwurf
RGBl	Reichgesetzblatt
RGSt	Entscheidungen des Reichsgerichts in Strafsachen (zitiert nach Band und Seite)
Rn.	Randnummer
R&P	Recht & Psychiatrie
RStGB	Reichsstrafgesetzbuch
S.	Seite
SaarMaßregelVollzG	Saarländisches Maßregelvollzugsgesetz
SchlHA	Schleswig-Holsteinische Anzeigen
Sch/Sch	Kommentar zum Strafgesetzbuch, begründet von *Schönke/Schröder*
SGBX	Sozialgesetzbuch, Zehntes Buch
s.o.	siehe oben
SPD	Sozialdemokratische Partei Deutschlands
StGB	Strafgesetzbuch
StPO	Strafprozeßordnung
StV	Strafverteidiger
StVollzG	Strafvollzugsgesetz
u.a.	unter anderem
usw	und so weiter
vgl.	vergleiche
Vorbem.	Vorbemerkung
VVStVollzG	Bundeseinheitliche Verwaltungsvorschriften zum Strafvollzugsgesetz

VwGO	Verwaltungsgerichtsordnung
WPflG	Wehrpflichtgesetz
WsFPP	Forensische Psychiatrie und Psychotherapie – Werkstattschriften
ZaeFQ	Zeitschrift für ärztliche Fortbildung und Qualitätssicherung
z.B.	zum Beispiel
ZfSexualforsch	Zeitschrift für Sexualforschung
ZfStrVo	Zeitschrift für Strafvollzug und Straffälligenhilfe
ZPO	Zivilprozeßordnung

Einleitung

Im Rahmen des Vierten Gesetzes zur Änderung des Strafvollzugsgesetzes (4. StVollzGÄndG) wurde am 26. August 1998 mit Wirkung zum 1. Dezember desselben Jahres der Fünfte Titel des Fünften Abschnitts des Strafvollzugsgesetzes unter der Überschrift „Datenschutz" neu gefaßt.[1]
Wenngleich die Notwendigkeit einer grundsätzlichen Gewährleistung von Datenschutz im Strafvollzug in der politischen Diskussion nach wie vor nicht unumstritten ist,[2] steht sie doch aufgrund der Vorgaben des Bundesverfassungsgerichts rechtlich außer Frage. So hatte das Bundesverfassungsgericht schon im Jahre 1972 deutlich gemacht, daß den Grundrechten auch im Strafvollzug Geltung zukomme und diese somit nur durch oder aufgrund eines Gesetzes eingeschränkt werden könnten.[3] Seit dem „Volkszählungsurteil" aus dem Jahre 1983, welches die Feststellung beinhaltete, daß aus dem allgemeinen Persönlichkeitsrecht des Art. 2 Abs. 1 GG i. V. m. Art. 1 Abs. 1 GG die Befugnis des einzelnen abgeleitet werden könne, grundsätzlich selbst über die Preisgabe und Verwendung seiner persönlichen Daten zu entscheiden (sog. Recht auf informationelle Selbstbestimmung),[4] war somit eine gesetzliche Regelung des Datenschutzes im Strafvollzug zu erwarten.

Neben mehr oder weniger allgemeingehaltenen Regelungen über Erhebung, Verarbeitung und Nutzung personenbezogener Daten, wie sie in datenschutzrechtlichen Kodifikationen üblicherweise zu erwarten sind, wurde mit § 182 Abs. 2 StVollzG unter der Überschrift „Schutz besonderer Daten" eine Bestimmung eingefügt, mit der die inneranstaltliche Weitergabe von Geheimnissen durch Ärzte, Psychologen, Sozialarbeiter und Sozialpädagogen geregelt und folglich das Strafvollzugsgesetz um eine explizit den Bereich der Schweigepflicht verschiedener Berufsgruppen betreffende Norm ergänzt wurde.
Insbesondere im Hinblick auf die Psychologen ist somit ein Bereich berührt, der sich schon seit einigen Jahren eines anhaltenden Interesses der Öffentlichkeit erfreut – man denke nur an „Reizworte" wie Therapie von Straftätern, psychologische Begutachtung, Haftlockerungen etc. Schon für sich genommen handelt es sich hier um jeweils sehr komplexe Tatbestände. Die gesetzliche Neuregelung führt nun, wie zu zeigen sein wird, dazu, daß ein im Strafvollzug tätiger Psychotherapeut zur Abgabe von Stellungnahmen zu den verschiedensten im Hinblick auf seine Patienten anstehenden strafvollzuglichen Fragen herangezogen werden

---

1 BGBl. I, S. 2461 ff.

2 Vgl. die Meldung der Frankfurter Allgemeinen Zeitung vom 8.1.2000, S. 2 : „Datenschutz auch für Verbrecher?"

3 BVerfGE 33, S. 1 ff.

4 BVerfGE 65, S. 1 ff.

kann. Demnach bringt es § 182 Abs. 2 StVollzG zwangsläufig mit sich, daß die Faktoren Therapie, diagnostische und prognostische Beurteilung sowie Lockerungsentscheidungen über die Person des Anstaltspsychotherapeuten miteinander verknüpft werden.

Verpflichtet man einen therapeutisch tätigen Anstaltspsychologen dazu, an strafvollzuglichen Entscheidungen, die seine Patienten betreffen, mitzuwirken, so hat man offensichtlich die Erwartung, dieser könne für die Entscheidungsfindung Hilfreiches beitragen. Es ist demnach die psychologische Fragestellung nach dem Verhältnis von Psychotherapie zur Psychoprognostik berührt.
Da eine Beteiligung des Therapeuten an strafvollzuglichen Entscheidungen zugleich bedeutet, daß ihm die Möglichkeit gegeben oder die Bürde auferlegt wird, Einfluß auf konkrete Fragen der Vollzugs- und somit der Lebens- und Alltagsgestaltung seines Patienten nehmen zu können oder nehmen zu müssen, stellt sich zudem die Frage nach der Verträglichkeit von Psychotherapie mit ebendieser Einflußnahme auf die Lebensgestaltung.

Die Neuregelung des § 182 Abs. 2 StVollzG soll zum Anlaß genommen werden, im Rahmen einer Grundlagenuntersuchung die Punkte herauszuarbeiten, die für den Umgang mit der Problematik der Schweigepflicht des Psychotherapeuten im Strafvollzug relevant sind. Wesentliches Anliegen und Schwerpunkt dieser Arbeit wird es somit sein, psychotherapeutische Wirkmuster im Hinblick auf die Bedeutung von Schweigen und Offenbaren des Therapeuten unter den Bedingungen des Strafvollzugs zu untersuchen, um die gesetzliche Regelung hieran messen zu können.
Es ist also nicht Aufgabe dieser Arbeit, alle denkbaren rechtlichen Anwendungsfragen des § 182 Abs. 2 StVollzG zu diskutieren. Da jedoch die schwerpunktmäßige Darstellung der genannten psychologischen, kriminologischen und strafvollzuglichen Bedingungszusammenhänge in eine Betrachtung des § 182 Abs. 2 StVollzG eingebettet sein soll, ist es erforderlich, sich zunächst auch allgemeiner und auf breiterer Basis mit dem Problem der Schweigepflicht im Strafvollzug auseinanderzusetzen.
Zu Beginn soll versucht werden, den Weg nachzuzeichnen, der zu dieser gesetzlichen Regelung der Schweigepflicht im Strafvollzug geführt hat. Hierfür ist in einer historischen Betrachtung zu untersuchen, wie sich die Situation vor Erlaß der Neuregelung darstellte und inwieweit ein Regelungsbedarf gesehen wurde bzw. tatsächlich bestand. Da im Mittelpunkt des damaligen Interesses weniger die Problematik der Verschwiegenheit des Psychologen als vielmehr die des Arztes stand, ist hier der Rahmen weiter zu ziehen und die rückblickende Betrachtung auf sämtliche nun von § 182 Abs. 2 StVollzG betroffene Berufsgruppen auszudehnen.

Im Anschluß an die in Teil II erfolgende schwerpunktmäßige Betrachtung der sich aus der Neuregelung ergebenden psychotherapeutischen Fragestellungen (siehe oben) soll abschließend in Teil III geprüft werden, inwieweit es gelungen ist, die mit § 182 Abs. 2 StVollzG auch über den Tätigkeitsbereich des Psychotherapeuten hinaus verbundenen Zielsetzungen zu erfüllen.

Teil I: Historische Betrachtung

1. Kapitel: Geschichtliche Entwicklung der Schweigepflicht

Die Wahrung der Verschwiegenheit über Dinge, die im persönlichen Kontakt zweier Menschen zu Tage getreten sind, ist ein Prinzip, das von jeher vor allem mit dem Berufsstand des Geistlichen und dem des Arztes in Verbindung gebracht wird.
Die Schweigepflicht des Geistlichen wird in unserer weltlichen Rechtsordnung nicht durch Rechtsnormen statuiert, sondern als jenseits davon bestehend vorausgesetzt. Im Falle ihrer Praktizierung jedoch erfährt sie umfassenden rechtlichen Schutz, man denke etwa an die Regelungen des § 139 Abs. 2 StGB oder des § 53 Abs. 1 Nr. 1 StPO.
Der Schweigepflicht des Arztes sowie einiger weiterer Berufsgruppen nehmen sich hingegen Rechtsnormen an, durch die der Grundsatz der Verschwiegenheit über die Ebene der standesrechtlichen Verpflichtung hinaus in den Bereich der im Falle einer Nichtbeachtung mit den Mitteln des Strafrechts sanktionierbaren Verfehlungen eingeordnet wird. Im Gegenzug gelten diese beruflichen Verschwiegenheitspflichten aber nicht unumschränkt, wie dies beim seelsorgerlich tätigen Geistlichen der Fall ist. Durch die Aufnahme von Schweigepflichten in das Rechtsgefüge wird zwar einerseits ihre Geltung statuiert oder bestätigt, gleichzeitig werden sie aber in ein komplexes System vielfältiger, teilweise divergierender Interessen eingestellt, die in den jeweiligen Einzelfällen einer Abwägung bedürfen. Ebenso wie die Rechtsordnung berufliche Verschwiegenheitspflichten begründet, läßt sie im Einzelfall auch Ausnahmen von diesem grundsätzlichen Prinzip zu.
Es sei nun kurz die historische Entwicklung des Gedankens der Verschwiegenheit der von § 182 Abs. 2 StVollzG betroffenen Berufsgruppen skizziert, wobei der Schwerpunkt bei der ärztlichen Schweigepflicht liegen soll, da dieser, wie bereits dargelegt, neben der Verschwiegenheit des Geistlichen schon traditionell in der allgemeinen Wahrnehmung die größte Bedeutung zukam.

A. Arzte

Der Gedanke, daß die Wahrung der Verschwiegenheit für eine vertrauensvolle Beziehung zwischen Arzt und Patient besonders wichtig sein kann, findet sich bereits in schriftlichen Zeugnissen des Altertums. In einem Kapitel des indischen Ayur-Veda des Charaka über die Grundsätze der ärztlichen Ausbildung (entstanden in der brahmanischen Epoche um 800 v. Chr.) findet sich die Anweisung:

„Die Vorgänge im Hause (des Kranken) *dürfen nicht ausgeplaudert, auch darf von einem dem Kranken etwa drohenden frühen Ende nichts mitgeteilt werden, wo es dem Kranken oder sonst Jemand Nachteil bringen kann.“*[5]
Der Eid des *Hippokrates* (etwa 460 – 370 v. Chr.), der bis in die heutige Zeit als ethischer Maßstab ärztlichen Handelns gilt, enthält die Passage:
„Was immer ich sehe und höre, bei der Behandlung, im Leben der Menschen, so werde ich von dem, was niemals nach draußen ausgeplaudert werden soll, schweigen, indem ich alles derartige als solches betrachte, das nicht ausgeplaudert werden darf.“[6]
Obwohl hier der Grundsatz der Verschwiegenheit betont wird, ist zu beachten, daß sich die Schweigepflicht nur auf die Gegenstände bezieht, die *„niemals nach draußen ausgeplaudert werden“* sollen. Somit gilt die Schweigepflicht schon nach *Hippokrates* nicht absolut, Ausnahmen sind denkbar.[7]
Auch in Rom waren der Eid des Hippokrates und die darin postulierte Pflicht zur Verschwiegenheit bestimmende Faktoren ärztlichen Handelns, *Vergil* (70 – 19 v. Chr.) bezeichnet die Medizin aus diesem Grund als „ars muta“ (Aeneis, lib. XII).[8]
Der Kirchenvater *Hieronymus* (etwa 347 – 419) vergleicht in einem seiner Briefe das ärztliche Berufsgeheimnis mit dem Seelsorgegeheimnis.[9]

An den mittelalterlichen Universitäten wurde die Schweigepflicht als Gebot der ärztlichen Standesehre gelehrt, im 16. Jahrhundert beschäftigten sich Turiner Gelehrte mit der Frage des Verhältnisses von Schweigepflicht einerseits und Meldepflicht bei gefährlichen Krankheiten andererseits.[10]
In Deutschland kam es im Jahre 1621 zu einer ersten das Medizinalgeheimnis betreffenden Kodifikation, als im Rahmen der württembergischen Landesordnung Hebammen untersagt wurde, Krankheiten und andere Gebrechen der von ihnen betreuten Frauen zu offenbaren. Bezüglich der Ärzte, denen man auf Grund ihrer Bildung zunächst zutraute, ohne rechtliche Regelungen der Schweigepflicht zu folgen, erfolgte eine rechtliche Normierung erst durch das preußische Medizinaledikt von 1725.[11]
Durch § 505 Teil II Titel 20 des preußischen Allgemeinen Landrechts von 1794 wurde Ärzten, Wundärzten und Hebammen unter Androhung von Geldbuße untersagt, die *„bekannt gewordenen Gebrechen und Familiengeheimnisse zu offenbaren“*, sofern sich die Kenntniserlangung nicht auf Verbrechen bezog. Aus

---

5 Zitiert nach *Haeser* 1875, S. 13; vgl. *Timm* 1988, S. 17.
6 Zitiert nach *Deichgräber* 1983, S. 15.
7 *Geppert* 1983, S. 8.
8 *Placzek* 1909, S. 98; *Klaus K. Schmidt* 1985, S. 11.
9 *Sauter* 1910, S. 10.
10 *Sauter* 1910, S. 17 f.
11 *Sauter* 1910, S. 20 f.

§ 506 folgte hingegen eine Offenbarungspflicht bei Erkenntnissen über geplante Verbrechen, da sonst eine Bestrafung wegen Teilnahme drohte.
Im Laufe des 19. Jahrhunderts fand die ärztliche Schweigepflicht Eingang in die meisten Strafrechtskodifikationen der deutschen Länder.[12]

Das Reichsstrafgesetzbuch von 1871 stellte die unbefugte Offenbarung von Privatgeheimnissen durch Ärzte sowie Angehörige anderer Berufsgruppen in § 300 unter Strafe. Im Jahre 1935 wurde durch § 13 der Reichsärzteordnung[13] die Höchststrafe für die Verletzung des Arztgeheimnisses heraufgesetzt.[14] Zugleich wurde aber auch die Straffreiheit für die Fälle festgelegt, in denen die Offenbarung *„zur Erfüllung einer Rechtspflicht oder sittlichen Pflicht oder sonst zu einem nach gesundem Volksempfinden berechtigten Zweck"* erfolgte und das bedrohte Rechtsgut überwog.[15] Nach der Aufhebung von § 13 RÄO durch das 3. Strafrechtsänderungsgesetz von 1953[16] galt wieder ausschließlich § 300 StGB,[17] bis diese Bestimmung mit Wirkung vom 1. Januar 1975 durch den bis heute gültigen § 203 StGB abgelöst wurde.[18]

Standesrechtlich verankert ist die ärztliche Schweigepflicht in § 2 der Berufsordnung für die deutschen Ärzte.[19] Eine Geheimnisoffenbarung ist demnach nur zulässig bei Entbindung von der Schweigepflicht, Erforderlichkeit zum Schutz eines höherwertigen Rechtsguts oder bei Vorliegen gesetzlicher Aussage- und Anzeigepflichten.
Auch die revidierte Deklaration des Weltärztebundes von Lissabon aus dem Jahre 1995 über die Rechte des Patienten[20] betont das Recht auf Vertraulichkeit.[21]
Als Pendant zur Schweigepflicht gestehen § 53 Abs. 1 Nr. 3 StPO sowie § 383 Abs. 1 Nr. 6 ZPO Ärzten ein prozessuales Zeugnisverweigerungsrecht zu.

Es bleibt somit festzuhalten, daß der Gedanke der ärztlichen Schweigepflicht, ebenso wie der rechtliche Rahmen, in dem er sich heute manifestiert, auf eine

---

12 *Sauter* 1910, S. 22.
13 RGBl. I, S. 1433, 1435.
14 Nach § 300 RStGB Geldstrafe oder Gefängnis bis zu drei Monaten, nun Geldstrafe *und* Gefängnis bis zu einem Jahr.
15 § 13 Abs. 3 RÄO.
16 Art. 8 Nr. 4; BGBl. I, S. 735, 749.
17 Allerdings mit einer gegenüber der ursprünglichen Fassung erhöhten Strafdrohung von Geldstrafe und Gefängnisstrafe bis zu sechs Monaten.
18 Art. 19 Nr. 85 EGStGB; BGBl. I (1974), S. 469, 487; mit Einbeziehung weiterer Berufsgruppen und Festlegung der Strafdrohung auf Geldstrafe oder Freiheitsstrafe bis zu einem Jahr, in besonderen Fällen (Absatz 5) bis zu zwei Jahren.
19 Abgedruckt bei *Laufs/Uhlenbruck* 1992, S. 27 ff.
20 Abgedruckt bei *Deutsch* 1997, Rn. 1031.
21 Nr. 8.

lange Tradition zurückblicken kann. Doch auch über die bisweilen bestehende Notwendigkeit, Ausnahmen von diesem Grundsatz zu machen, wird schon seit der Antike nachgedacht.

B. Psychologen

Obwohl sich schon die Philosophie der Antike mit Fragen des menschlichen Innenlebens beschäftigte,[22] ist festzustellen, daß es sich sowohl bei dem Berufsstand des therapeutisch tätigen Psychologen als auch bei der Psychologie als akademischem Lehrfach um relativ junge Entwicklungen des ausgehenden 19. / beginnenden 20. Jahrhunderts handelt.[23]

Strafrechtlichen Schutz genießt das Schweigegebot des Berufspsychologen seit 1975 durch § 203 Abs. 1 Nr. 2 StGB, hiermit korrelieren die prozessualen Zeugnisverweigerungsrechte des § 383 Abs. 1 Nr. 6 ZPO für sämtliche Berufspsychologen im Sinne des § 203 Abs. 1 Nr. 2 StGB sowie § 53 Abs. 1 Nr. 3 StPO für Psychotherapeuten.[24]

Eine standesrechtliche Konkretisierung der Schweigepflicht erfolgte 1985 durch Art. VII der Berufsordnung für Psychologen,[25] wodurch die zuvor geltenden Berufsethischen Verpflichtungen für Psychologen von 1967 abgelöst wurden.

C. Sozialarbeiter und Sozialpädagogen

Die aufgrund neuer wissenschaftlicher Erkenntnisse und des Ausbaus sozialstaatlicher Leistungen erfolgte Erschließung neuer Tätigkeitsfelder für helfende und beratende Berufe in den letzten Jahrzehnten führte auch zu einer Aufnahme der Sozialarbeiter und Sozialpädagogen in den Kreis der nach § 203 Abs. 1 StGB schweigepflichtigen Personen (Nr. 5).[26]
Ein strafprozessuales Zeugnisverweigerungsrecht wurde den Angehörigen dieser Berufsgruppe bislang nicht eingeräumt. Ob ein Zeugnisverweigerungsrecht im Zivilprozeß besteht, ist umstritten, obwohl der Wortlaut des § 383 Abs. 1 Nr. 6 ZPO i. V. m. § 203 Abs. 1 Nr. 5 StGB eigentlich problemlos darauf schließen läßt.[27]

---

[22] *Wehner* 1990, S. 1.

[23] Vgl. *Müller-Dietz* 1987, S. 21; *Schorr* 1990, S. 132.

[24] Letztere Vorschrift wurde erst 1998 durch Art. 5 des Psychotherapeutengesetzes dahingehend ergänzt (BGBl. I, S. 1311.).

[25] Erlassen vom Berufsverband Deutscher Psychologen e. V., abgedruckt bei *Kühne* 1987, S. 464 ff.

[26] *Müller-Dietz* 1989, S. 39.

[27] Vgl. hierzu OLG Hamm, FamRZ 1992, S. 201, 202.

2. Kapitel: Problematik der Schweigepflicht im Strafvollzug vor Erlaß des § 182 StVollzG

A. Exkurs: § 203 StGB

Eine wesentliche Norm für die Frage der Schweigepflicht im allgemeinen als auch für die Problematik der Schweigepflicht im Bereich des Strafvollzugs ist § 203 StGB. Die rechtliche und faktische Garantie der Verschwiegenheit im Strafvollzug steht und fällt mit der Frage der Geltung des strafbewehrten Verschwiegenheitsgebots des § 203 StGB und dessen wesentlichen Ausnahmen. Bedeutung und Inhalt dieser strafrechtlichen Norm sind somit im Hinblick auf die für die Frage der Geltung im Strafvollzug relevanten Punkte kurz darzustellen.

I. Geschütztes Rechtsgut

Es ist umstritten, was als von § 203 StGB primär geschütztes Rechtsgut anzusehen ist.
So wird einerseits in individualistischer Betrachtungsweise davon ausgegangen, § 203 StGB diene ausschließlich oder zumindest vorrangig dem Schutz der Geheimsphäre des einzelnen, basierend auf dem allgemeinen Persönlichkeitsrecht (Art. 2 Abs. 1 i. V. m. Art. 1 Abs. 1 GG) und dem daraus abgeleiteten Recht auf informationelle Selbstbestimmung.[28]
Demgegenüber wird die Ansicht vertreten, § 203 StGB habe eine primär sozialrechtliche Funktion, so daß als geschütztes Rechtsgut in erster Linie das allgemeine Vertrauen in die Verschwiegenheit der Angehörigen bestimmter Berufe als Voraussetzung für die im Interesse der Allgemeinheit liegende erfolgreiche Aufgabenerfüllung dieser Berufsgruppen anzusehen wäre. Auf das ärztliche Berufsgeheimnis bezogen würde dies etwa bedeuten, Schutzgut des § 203 Abs. 1 Nr. 1 StGB sei das allgemeine Interesse an einer funktionierenden ärztlichen Gesundheitspflege, welche ohne ein vertrauensvolles Verhältnis zwischen Arzt und Patient nicht möglich sei.[29]

Es ist wichtig, den Schutzzweck exakt zu definieren, da es hiervon abhängt, welche Lebenssachverhalte in den Schutzbereich der Norm einzubeziehen sind. Betont man den Schutz des allgemeinen Vertrauens in die Verschwiegenheit der genannten Berufsgruppen, so könnte der Schluß gezogen werden, diejenigen Tätigkeitsfelder seien aus dem Bereich des § 203 StGB auszuklammern, in de-

---

[28] BayObLG NJW 1987, S. 1492, 1493; *Lackner-Kühl* 2001, § 203 Rn. 1; LK-*Schünemann* 2000, § 203 Rn. 14; *Tröndle/Fischer* 2003, § 203 Rn. 2; *Ostendorf* 1981, S. 448; *Timm* 1988, S. 22.

[29] Sch/Sch-*Lenckner* 2001, § 203 Rn. 3; *Rudolphi* 1975, S. 443; *Schlund* 1977, S. 269.

nen davon auszugehen ist, daß ohnehin keine Vertrauensbeziehung bzw. auf Verschwiegenheit angelegte Sonderbeziehung besteht.[30] Hierauf wird unten noch einzugehen sein.

II. Unbefugtheit der Offenbarung

1. Dogmatische Einordnung

Gemäß § 203 StGB muß die Offenbarung unbefugt erfolgen.
Die dogmatische Einordnung dieses Merkmals ist umstritten. Während überwiegend davon ausgegangen wird, es handele sich hier um einen Verweis auf das allgemeine Deliktsmerkmal der Rechtswidrigkeit,[31] wird auch die Ansicht vertreten, das Merkmal „unbefugt" erfülle eine Doppelfunktion als Tatbestandsbegrenzung *und* Verweis auf das allgemeine Deliktsmerkmal der Rechtswidrigkeit.[32]

2. Fälle der Befugtheit der Offenbarung

2.1. Zustimmung des Betroffenen

Eine Befugnis zur Offenbarung besteht in jedem Fall dann, wenn der Verfügungsberechtigte wirksam zugestimmt hat, ganz gleich, ob man darin nun eine

---

30 Sch/Sch-*Lenckner* 2001, § 203 Rn. 15; *Weichbrodt* 1983, S. 314; vgl. LK-*Jähnke* 1989, § 203 Rn. 16.

31 OLG Bremen MedR 1984, S. 112; LK-*Schünemann* 2000, § 203 Rn. 119 (anders noch in der Vorauflage LK-*Jähnke* 1989, § 203 Rn. 74); *Tröndle/Fischer* 2003, § 203 Rn. 31; *Dreher* 1962, S. 592; *Rogall* 1983, S. 6.

32 LK-*Jähnke* 1989, § 203 Rn. 74 (anders in der Neuauflage LK-*Schünemann* 2000, § 203 Rn. 119); Sch/Sch-*Lenckner* 2001, § 203 Rn. 21. Die Unterscheidung wird deutlich bei einer Zustimmung des Betroffenen zur Offenbarung. Nach überwiegender Ansicht handelt es sich hierbei um eine rechtfertigende Einwilligung, letztere Ansicht sieht hierin ein tatbestandsausschließendes Einverständnis. Relevant ist diese Problematik bei Annahme eines Irrtums über die Zustimmung. Es läge somit entweder ein Tatbestandsirrtum im Sinne des § 16 Abs. 1 StGB oder ein Erlaubnistatbestandsirrtum, dessen Behandlung wiederum umstritten ist, vor. Ist nun ein Teilnehmer vorhanden und irrt nur der Haupttäter über das Vorliegen einer Zustimmung, so gelangt man bei Einordnung einer Zustimmung als tatbestandausschließendes Einverständnis gemäß §§ 16 Abs. 1, 26 bzw. 27 Abs. 1 StGB wegen Fehlens des Vorsatzes beim Haupttäter zu einer Straflosigkeit des Teilnehmers. Sieht man hingegen in einer Zustimmung in die Offenbarung eine rechtfertigende Einwilligung, gelangt man zum Ergebnis der Straflosigkeit des bösgläubigen Teilnehmers nur dann, wenn man den Erlaubnistatbestandsirrtum wie einen Tatbestandsirrtum als vorsatzausschließend ansieht (vgl. *Dreher* 1962, S. 592; allgemein zur Frage der Behandlung eines Erlaubnistatbestandsirrtums siehe *Lackner/Kühl* 2001, § 17 Rn. 9 ff.).

rechtfertigende Einwilligung oder ein tatbestandsausschließendes Einverständnis sieht.[33]

2.2. Mutmaßliche Einwilligung

Eine Offenbarung kann nach den Grundsätzen der mutmaßlichen Einwilligung zulässig sein.
Es sind dies Fälle, in denen eine tatsächliche Einwilligung nicht eingeholt werden kann und der Täter im vermeintlichen Interesse und Einverständnis des Betroffenen zu handeln glaubt, wie beispielsweise bei Benachrichtigung der Angehörigen eines bewußtlosen Unfallopfers durch den behandelnden Arzt.[34]

2.3. Gesetzliche Offenbarungsbefugnisse und Offenbarungspflichten

Die Offenbarung ist zudem nicht unbefugt, wenn besondere Gesetze den sonst Schweigepflichtigen zur Offenbarung berechtigen oder verpflichten. Es waren dies bislang beispielsweise §§ 138 i. V. m. 139 StGB; § 11 Abs. 2 sowie §§ 12, 13, 27 GeschlKG; §§ 3ff., 69 BSeuchG (nunmehr §§ 6 ff., 73 IfSG); §§ 98, 100, 100a SGB X; § 12 GeldwäscheG. Für den Bereich des Strafvollzugs kam nun § 182 Abs. 2 StVollzG hinzu.[35]

2.4. Prozessuale Zeugnispflicht

Nach überwiegender Ansicht geht auch die prozessuale Zeugnispflicht der materiellrechtlichen Schweigepflicht vor, soweit dem Betroffenen kein prozessuales Zeugnisverweigerungsrecht eingeräumt ist. Die prozessuale Zeugnispflicht ist somit Rechtfertigungsgrund für die Aussage des eigentlich schweigepflichtigen, aber prozessual nicht schweigeberechtigten Zeugen.[36]
Eine andere Ansicht vertritt *Foth*, der aufgrund der dienenden Funktion des Prozeßrechts und des Primats des materiellen Rechts allein schon aus der Existenz des Schweigegebots des § 203 StGB auf damit korrespondierende Zeugnisverweigerungsrechte schließt.[37]

---

33 Siehe hierzu einerseits Anm. 31, andererseits Anm. 32.

34 *Lackner/Kühl* 2001, § 203 Rn. 19; Sch/Sch-*Lenckner* 2001, § 203 Rn. 27; *Tröndle/Fischer* 2003, § 203 Rn. 36.

35 *Lackner/Kühl* 2001, § 203 Rn. 22; Sch/Sch-*Lenckner* 2001, § 203 Rn. 29; *Tröndle/Fischer* 2003, § 203 Rn. 37 f.

36 BFH NJW 1993, S. 2831, 2832; *Meyer-Goßner* 2003, § 53 Rn. 5; *Lackner/Kühl*, § 203 Rn. 24; LK-*Schünemann* 2000, § 203 Rn. 128; Sch/Sch-*Lenckner* 2001, § 203 Rn. 29.

37 *Foth* 1976, S. 9.

Es dürfte dann aber schwierig sein, Sinn und Zweck der mit § 203 StGB nicht vollständig deckungsgleichen Spezialnormen bezüglich der Zeugnisverweigerungsrechte zu erklären.
Eine Divergenz zwischen § 203 StGB und § 53 StPO liegt insbesondere dahingehend vor, daß die strafrechtliche Norm in Nr. 2 sämtliche Berufspsychologen mit staatlich anerkannter wissenschaftlicher Abschlussprüfung der Schweigepflicht unterwirft, die strafprozessuale Norm in Nr. 3 aber ein Zeugnisverweigerungsrecht nur für psychologische Psychotherapeuten sowie Kinder- und Jugendpsychotherapeuten vorsieht. Die nach § 203 Abs. 1 Nr. 5 StGB zur Verschwiegenheit verpflichteten Sozialarbeiter und Sozialpädagogen werden in § 53 StPO überhaupt nicht genannt.
Im Strafvollzug tätige Sozialarbeiter und Psychologen, die nicht Psychotherapeuten sind, sind somit im Strafprozeß zur Aussage und eventuell zur Geheimnisoffenbarung berechtigt und verpflichtet. Das gleiche gilt für strafvollzugsrechtliche Fragen betreffende Verfahren vor Strafvollstreckungskammern, da dort gemäß § 120 Abs. 1 StVollzG die strafprozessualen Vorschriften entsprechend anzuwenden sind.

Eine andere Situation ergibt sich im Zivilprozeß, da § 383 Abs. 1 Nr. 6 ZPO für das Zeugnisverweigerungsrecht aus beruflichen Gründen an gesetzliche Geheimhaltungsgebote anknüpft, so daß allen Angehörigen der nach § 203 StGB zur Verschwiegenheit verpflichteten Berufsgruppen ein Zeugnisverweigerungsrecht zukommt.[38] Im verwaltungsgerichtlichen Verfahren gilt das gleiche, da § 173 VwGO auf die Normen der ZPO verweist.

Treffen materiellrechtliche Schweige*pflicht* und prozessuales Zeugnisverweigerungs*recht* zusammen, bleibt es bei der Schweigepflicht. Der von seinem Zeugnisverweigerungsrecht keinen Gebrauch machende Zeuge macht sich, sofern nicht andere Rechtfertigungsgründe eingreifen, nach § 203 StGB strafbar.[39]

2.5. Sachverständigenbegutachtung

Sieht man den Begriff „unbefugt“ in Absatz 1 als Verweis auf das allgemeine Deliktsmerkmal der Rechtswidrigkeit an, so begeht auch der gerichtlich bestellte medizinische bzw. psychiatrische Sachverständige bei Gutachtenerstattung eine

---

[38] MünchKommZPO-*Damrau*, § 383 Rn. 31, 37; Stein/Jonas-*Berger* 1999, § 383 Rn. 79; bei Sozialarbeitern allerdings nicht unumstritten, vgl. Anm. 27.

[39] So die hM, vgl. BGHSt 9, S. 60, 61 f.; 15, S. 200, 202; 18, 146, 147 f.; *Lackner/Kühl* 2001, § 203 Rn. 24; LK-*Schünemann* 2000, § 203 Rn. 128; *Schilling* 1976, S. 620; *Woesner* 1957, S. 694; aA *Foth* 1976, S. 8; in diesem Sinne auch RGSt 19, S. 364, 365 sowie RGSt 71, S. 21 interpretierbar.

tatbestandsmäßige Handlung im Sinne des § 203 StGB.[40] Ist der Proband aber kraft Gesetzes bzw. kraft richterlicher Anordnung (beispielsweise in den Fällen der §§ 81a, 81c und 246a StPO) verpflichtet, die Begutachtung zu dulden, so zieht diese Duldungspflicht notwendigerweise eine Offenbarungsbefugnis bezüglich der in diesem Rahmen zu Tage getretenen Erkenntnisse nach sich.[41] Dies gilt selbstverständlich nicht für Erkenntnisse, die der Gutachter eventuell früher als behandelnder Arzt des Probanden gesammelt hat, ebensowenig für Tatsachen, die in keinem Zusammenhang mit dem Gutachterauftrag stehen.[42] Gerade im Rahmen einer psychiatrischen Exploration, die sich regelmäßig auf die gesamte Lebensanamnese und den Sozialbereich erstreckt, ist es wichtig, zwischen Dingen zu unterscheiden, deren Kenntnis zwar für die psychiatrische Beurteilung von Wichtigkeit ist, unter Umständen aber ohne Bedeutung für das Gericht im Rahmen des Verfahrens und solchen Erkenntnissen, deren Bekanntgabe für die Richtigkeit des Gutachtens unerläßlich ist.[43]

Die gleichen Grundsätze wie für einen gerichtlich bestellten Sachverständigen gelten für Amts- und Musterungsärzte, sofern sie aufgrund von gesetzlichen Vorschriften, die einen Duldungszwang beinhalten (beispielsweise §§ 26, 29 IfSG Gesundheitsamtsärzte, § 17 Abs. 2 WPflG Musterungsärzte betreffend), gutachterlich tätig werden.[44]

Bei einer arbeitsmedizinischen Einstellungs- oder Vorsorgeuntersuchung durch einen Betriebsarzt hingegen ist im Erscheinen des Arbeitnehmers zur Untersuchung in aller Regel eine konkludente Einwilligung in die Offenbarung des Untersuchungsergebnisses zu sehen.[45]
Dasselbe gilt bei der Beteiligung eines Probanden an einer Sachverständigenuntersuchung, die nicht auf einer gesetzlichen Duldungspflicht basiert. Die Teilnahme an einer solchen Untersuchung ist dem Probanden freigestellt. Nimmt er um die Rolle und Aufgabe des Gutachters wissend daran teil, ist davon auszuge-

---

[40] *Lackner/Kühl* 2001, § 203 Rn. 23; LK-*Schünemann* 2000, § 203 Rn. 125, aA selbstverständlich Sch/Sch-*Lenckner* 2001, § 203 Rn. 16, wonach aufgrund der Vorstellung, daß geschütztes Rechtsgut des § 203 StGB das allgemeine Vertrauen in die Verschwiegenheit von Ärzten usw. sei, bei Gutachtenerstattung von gerichtlich bestellten Sachverständigen dieser Schutzzweck als nicht berührt angesehen und somit schon die Tatbestandsmäßigkeit verneint wird.

[41] BGHZ 40, S. 288, 295; LK-*Schünemann* 2000, § 203 Rn. 125; *Bockelmann* 1967, S. 13 f.; *Müller* 1971, S. 969.

[42] LK-*Schünemann* 2000, § 203 Rn. 126; *Dippel* 1986, S. 151.

[43] *Göppinger* 1972, S. 1569.

[44] LK-*Schünemann* 2000, § 203 Rn. 155; *Müller* 1971, S. 969; *Timm* 1988, S. 121, 127.

[45] Vgl. LK-*Schünemann* 2000, § 203 Rn. 156; *Schlund* 1992, S. 393.

hen, daß er in die Offenbarung der im Zusammenhang mit dem Gutachterauftrag stehenden Erkenntnisse einwilligt.[46]

2.6. Rechtfertigender Notstand gemäß § 34 StGB

Eine Geheimnisoffenbarung kann auch nach den allgemeinen Grundsätzen des rechtfertigenden Notstands im Sinne des § 34 StGB gerechtfertigt sein. Dies ist dann der Fall, wenn die Offenbarung zum Schutz bedrohter vom Recht anerkannter Interessen erforderlich ist und diese bei einer Gesamtabwägung das durch § 203 StGB geschützte Rechtsgut wesentlich überwiegen.[47]
Typische Beispielsfälle sind hier etwa die Offenbarung schwerer übertragbarer Krankheiten zum Schutz von Leben und Gesundheit Dritter oder im Falle schwerer Kindesmißhandlung bei Vorliegen von Wiederholungsgefahr die Unterrichtung des Jugendamtes durch den Kinderarzt.[48]

B. Pflicht zur Verschwiegenheit im Strafvollzug vor Erlaß des § 182 StVollzG

Bis zum 1. Dezember 1998 enthielt das Strafvollzugsgesetz unmittelbar keine Bestimmung, welche die Frage der Schweigepflicht regelte.
Wesentliche Eckpunkte der Diskussion über die Frage der Verschwiegenheit des Behandlungspersonals bildeten zwei Entscheidungen des Bundesverfassungsgerichts – die „Strafvollzugsentscheidung“ aus dem Jahre 1972[49] sowie das „Volkszählungsurteil“ aus dem Jahre 1983[50]. In der „Strafvollzugsentscheidung“ wurde festgestellt, daß den Grundrechten auch im Strafvollzug Geltung zukomme und diese nur durch oder aufgrund eines Gesetzes eingeschränkt werden könnten. Das „Volkszählungsurteil“ leitete aus dem allgemeinen Persönlichkeitsrecht ein Recht des einzelnen ab, grundsätzlich selbst über Preisgabe und Verwendung seiner persönlichen Daten zu entscheiden (Recht auf informationelle Selbstbestimmung), und hob somit die Frage des Datenschutzes auf die Ebene der Grundrechte. Als gemeinsame Essenz dieser beiden Entscheidungen ergab sich demnach die Tatsache der grundrechtlichen Relevanz der Art und Weise des Umgangs mit den Daten Strafgefangener. Dem stand jedoch eine allgemeine Praxis gegenüber, die auf dem Konsens beruhte, jedenfalls der ärztlichen Schweigepflicht im Strafvollzug nur geringen Raum zuzugestehen.[51]

---

[46] *Zieger* 1981, S. 561.
[47] Sch/Sch-*Lenckner* 2001, § 203 Rn. 30; *Laufs* 1988, S. 139.
[48] Zahlreiche Beispiele finden sich bei LK-*Schünemann* 2000, § 203 Rn. 132 ff.
[49] BVerfGE 33, S. 1 ff.
[50] BVerfGE 65, S. 1 ff.
[51] *Zieger* 1981, S. 559.

Rechtlich betrachtet war die Frage der Verschwiegenheit eine Frage der Geltung des § 203 Abs. 1 StGB im Strafvollzug.[52]

Im Rahmen der juristischen Diskussion[53] waren hier drei Ebenen zu unterscheiden, die im folgenden kurz darzustellen sind.
Zunächst stellte sich die Frage, ob im Strafvollzug tätige Ärzte, Psychologen und Sozialarbeiter überhaupt als Adressaten des § 203 Abs. 1 StGB anzusehen waren. Bejahte man dies grundsätzlich, so war zu fragen, ob § 203 Abs. 1 StGB auch die Weitergabe von Geheimnissen *innerhalb* der Organisation Strafvollzugsanstalt untersagte. Hielt man auch hier § 203 Abs. 1 StGB für tangiert, war zu klären, ob es über die oben dargestellten allgemeingültigen Fälle der Befugnis zur Offenbarung hinaus eventuell noch weitere, auf strafvollzuglichen Besonderheiten beruhende, Ausnahmen vom Grundsatz der Verschwiegenheit gab.

I. Behandlungspersonal des Strafvollzugs als Adressat des § 203 Abs. 1 StGB

Bei der Frage, ob im Strafvollzug tätige Angehörige der in § 203 Abs. 1 StGB genannten Berufsgruppen überhaupt zum Adressatenkreis der Norm zu zählen sind, spielte, wie oben schon angedeutet, die Bestimmung des Schutzzwecks eine wesentliche Rolle.
Sah man nicht den Individual- sondern den Gemeinschaftsschutz, d. h. den Schutz des allgemeinen Vertrauens in die Verschwiegenheit der Angehörigen der jeweiligen Berufsgruppen, als das von § 203 Abs. 1 StGB geschützte Rechtsgut an, so ließ sich hieraus unter Umständen folgern, der Schutzzweck der Norm sei dann nicht berührt, wenn zwischen Behandelndem und Behandeltem im jeweiligen Verhältnis typischerweise ohnehin nicht von einer Vertrauensbeziehung auszugehen ist.[54] Diese Schlußfolgerung war vor Erlaß des § 182 Abs. 2 StVollzG mitunter auch für im Strafvollzug tätige Ärzte, Psychologen und Sozialarbeiter denkbar.[55]

Ein weiterer Ansatzpunkt in diesem Zusammenhang war der Gedanke, als Voraussetzung für das Bestehen einer Schweigepflicht auf ein *frei gewähltes* Arzt

---

52 *Marx* 1983, S. 162 f.

53 Wobei die Literatur hierzu eher spärlich war und überwiegend auch nur auf die Problematik der Schweigepflicht des Arztes einging und Psychologen sowie Sozialarbeiter außer Betracht ließ. Eine Ausnahme bildete hier *Marx* 1983.

54 Vgl. Sch/Sch-*Lenckner* 1997, § 203 Rn. 15; Löwe/Rosenberg-*Dahs* 1988, § 53 Rn. 30.

55 Vgl. LK-*Jähnke* 1989, § 203 Rn. 16; *Marx* 1983, S. 165. Nach einer Erhebung der 80er Jahre lag etwa der Psychologe im Regelstrafvollzug im Vertrauen der Gefangenen ungefähr gleich mit dem allgemeinen Vollzugsdienst und deutlich unter dem Werkdienst (*Adt* 2000, S. 128).

Patienten-Verhältnis abzustellen,[56] welches im Strafvollzug in der Regel nicht gegeben ist, da sich der Inhaftierte seinen Arzt (bzw. Psychologen oder Sozialarbeiter) üblicherweise nicht aussuchen kann.
Eine derartige Betrachtungsweise wurde in jüngerer Zeit aber überwiegend abgelehnt, da als Schutzgut des § 203 Abs. 1 StGB jedenfalls nicht die freie Arztwahl anzusehen sei.[57] Zudem blieb bei einer solchen Art der Betrachtung die Tatsache unberücksichtigt, daß auch der nicht frei gewählte Anstalts-, Amts-, Werksarzt etc. unter Umständen im Interesse des Patienten als behandelnder Arzt tätig wird und nicht auf die Rolle eines Gutachters beschränkt ist.[58]

Die Ablehnung einer Schweigepflicht aus § 203 Abs. 1 StGB wegen tatsächlich oder vermeintlich fehlender Vertrauensbeziehung erscheint im übrigen zirkelschlüssig, da einerseits eine Vertrauensbeziehung für das Bestehen einer Schweigepflicht vorausgesetzt, gleichzeitig aber die Wahrung der Diskretion als ein wesentlicher Faktor für das Entstehen einer Vertrauensbeziehung angesehen wird.

Verblieb man bezüglich des Schutzzwecks des § 203 Abs. 1 StGB bei der Ansicht, es seien primär Interessen der Allgemeinheit und erst sekundär solche des Individuums geschützt, hätte man für den Bereich des Strafvollzugs auch umgekehrt argumentieren können, wenn man auf das Interesse der Allgemeinheit an einer funktionierenden ärztlichen bzw. psychologischen Betreuung der Strafgefangenen abgestellt hätte.[59] Hierfür könnte eine Vertrauensbeziehung und damit die Wahrung der Verschwiegenheit nicht unerheblich sein, da es denkbar wäre, daß die Befürchtung von Indiskretionen einen behandlungsbedürftigen Gefangenen unter Umständen davon abhalten könnte, ärztliche Behandlung in Anspruch zu nehmen, bzw. Auswirkungen auf Durchführbarkeit und Erfolg einer psychotherapeutischen Behandlung haben könnte.[60] Ein derartiges Allgemeininteresse besteht allein schon aus Kostengründen, da wegen mangelhafter oder fehlender medizinischer bzw. psychotherapeutischer Behandlung folgegeschädigte Gefangene nach ihrer Haftentlassung Kosten für die Krankenversicherungen und Sozialkassen verursachen werden.

---

[56] *Kierski* 1971, S. 129, 132 für den alten § 300 StGB; relativierend allerdings *ders.* 1977, S. 773.

[57] *Arloth* 1986, S. 296; *Geppert* 1983, S. 14; *Haß* 1973, S. 42; *Kreuzer* 1975, S. 2234; *Timm* 1988, S. 125; siehe auch OLG Karlsruhe NStZ 1993, S. 406.

[58] *Geppert* 1983, S. 16; *Haß* 1973, S. 42; *Kreuzer* 1975, S. 2234; vgl. auch *Bockelmann* 1967, S. 13 f.

[59] *Haß* 1973, S. 42.

[60] Vgl. *Marx* 1983, S. 167, 171. Auf die Frage der Bedeutung der Verschwiegenheit für die Qualität der psychotherapeutischen Behandlung wird unten noch schwerpunktmäßig einzugehen sein.

Ging man bei der Bestimmung des Schutzzwecks des § 203 Abs. 1 StGB hingegen von einer individualistischen, auf das Geheimhaltungsinteresse des einzelnen abstellenden Betrachtungsweise aus,[61] bestanden keine Bedenken, die Angehörigen der genannten Berufsgruppen, auch wenn sie im Strafvollzug tätig waren, in den Schutzbereich der Norm einzubeziehen.

II. Grundsätzliche inneranstaltliche Geltung der Schweigepflicht

Mit der Feststellung, der Normzweck des § 203 Abs. 1 StGB treffe auch im Strafvollzug tätiges Behandlungspersonal, war unmittelbar nur die Schlußfolgerung verbunden, daß die im Strafvollzug tätigen Ärzte, Psychologen und Sozialarbeiter im Verhältnis nach *außen* neben der Pflicht zur Amtsverschwiegenheit aus § 203 Abs. 2 Nr. 1 StGB[62] auch der Pflicht zur Berufsverschwiegenheit unterlagen.[63]
Bezüglich der Frage der grundsätzlichen *inneranstaltlichen* Geltung der Berufsverschwiegenheitspflicht bedurfte es noch weiterer Überlegungen. Diese Fragestellung unterfiel der Problematik der Schweigepflicht im innerdienstlichen Verkehr, die allgemein für im öffentlichen Dienst stehende schweigepflichtige Personen diskutiert wurde und wird.
In der Literatur sind hier verschiedene Argumentationslinien erkennbar, die, soweit nicht explizit auf den Bereich Strafvollzug zugeschnitten, bezüglich der grundsätzlichen Fragestellung hierauf übertragbar waren.

1. Behörde als Geheimnisträger

Ein Ansatz, um eine innerbehördliche Schweigepflicht abzulehnen, basierte auf der Überlegung, die Behörde insgesamt als Empfängerin der Mitteilung der anvertrauenden Person zu betrachten und somit die Geheimnisträgerschaft zu entindividualisieren.[64]

Es ist aber eher eine Fiktion, anzunehmen, im Rahmen eines Beratungsgesprächs beim Anstaltsarzt bzw. bei einer therapeutischen Sitzung beim Anstaltspsychologen würde der Gefangene sich der Anstalt anvertrauen wollen. Das Verhältnis von Arzt bzw. Therapeut und Patient ist als eine personale Beziehung anzusehen, die Beziehung zur Behörde an sich ist hingegen apersonaler Natur. Der Patient weiß in der Regel nicht, wer sich hinter dem Apparat „Behörde“

[61] Vgl. Anm. 28.
[62] Amtsträger im Sinne des § 203 Abs. 2 Nr. 1 StGB sind gem. § 11 Abs. 1 Nr. 2 StGB Beamte oder Personen, die in einem sonstigen öffentlich-rechtlichen Amtsverhältnis stehen, was bei im Strafvollzug tätigem Personal regelmäßig der Fall ist.
[63] *Arloth* 1986, S. 296; *Geppert* 1983, S. 15.
[64] *Kierski* 1971, S. 141; *Eb. Schmidt* 1939, S. 34.

verbirgt. Es ist somit schon begrifflich schwer vorstellbar, daß einer anonymen Institution etwas „anvertraut“ werden könnte.[65]

Bezüglich des Sozialarbeiters erschien die Problematik etwas komplexer.
Es ist fraglich, ob bei der idealtypischen Beziehung zwischen Gefangenem und Sozialarbeiter von einer personalen Vertrauensbeziehung gesprochen werden kann.[66] Dies hängt davon ab, welche Rolle man dem Sozialarbeiter in der Anstalt zubilligt und welche Vorstellungen man allgemein vom Berufsbild des Sozialarbeiters hat. Rückt man ihn in die Nähe eines behandelnden Psychologen oder Psychotherapeuten, kann durchaus von einer personalen Vertrauensbeziehung gesprochen werden. Sieht man einen Sozialarbeiter aber mehr als beratenden Informationsvermittler, beispielsweise in familienrechtlichen, finanziellen oder verwaltungstechnischen Fragen oder in sonstigen Bereichen der praktischen Lebenshilfe, so hat die Beratungsbeziehung einen objektiven, von der Person des jeweiligen Sozialarbeiters unabhängigen Gegenstand, und es ist eher von einer funktionalen als von einer personalen Beziehung auszugehen.[67]
Auch das Bundesverfassungsgericht hat im Rahmen einer Entscheidung, welche die Frage des Bestehens eines prozessualen Zeugnisverweigerungsrechts für Sozialarbeiter betraf, festgestellt, daß das Vertrauen des Hilfsbedürftigen weniger der Person des Sozialarbeiters gelte, als vielmehr der Institution, die hinter ihm stehe.[68] Zu beachten ist allerdings, daß es sich hierbei um eine Entscheidung aus dem Jahre 1972 handelt, als bezüglich der Schweigepflicht noch der alte § 300 StGB in Kraft war, welcher Sozialarbeiter nicht umfaßte. Da das Bundesverfassungsgericht in seiner Argumentation unter anderem darauf abstellte, daß das Berufsbild des Sozialarbeiters nicht durch ein grundsätzlich keine Offenbarung duldendes Vertrauensverhältnis geprägt sei, und dies mit dem Fehlen einer strafrechtlichen Schweigepflicht und eines ausdrücklichen strafprozessualen Zeugnisverweigerungsrechts begründete,[69] ist nicht sicher, ob diese Position vom Bundesverfassungsgericht nach Erlaß des § 203 Abs. 1 Nr. 5 StGB noch so vertreten worden wäre.

---

[65] Vgl. *Kreuzer* 1975, S. 2234; *Marx* 1983, S. 171.

[66] Wenn hier nun wieder die Frage der Vertrauensbeziehung ins Spiel kommt, dann ist hierin kein Erfordernis für das grundsätzliche Bestehen einer Schweigepflicht zu sehen (s.o.), sondern ein Anhaltspunkt für die Bestimmung des Adressaten der Geheimnismitteilung und somit der schweigepflichtigen Person.

[67] Siehe hierzu einerseits *Abel-Schepping et al.* 1981, S. 26 ff., andererseits *Maas* 1981, S. 12 ff.

[68] BVerfGE 33, S. 367, 381.

[69] S. 378.

2. Innerdienstliche Weisungsgebundenheit

Ein bisweilen in der Auseinandersetzung um die innerbehördliche Schweigepflicht herangezogenes Argument war das der innerdienstlichen Weisungsgebundenheit mit dem Verweis auf beamten- bzw. disziplinarrechtliche Konsequenzen bei Auskunftsverweigerung.[70]
Die Heranziehung beamtenrechtlicher Vorschriften, zu denken wäre hier beispielsweise an den die Weisungsgebundenheit festlegenden § 37 BRRG, ist in diesem Zusammenhang aber kaum weiterführend, da derartige Normen nur im Rahmen der allgemeinen Gesetzlichkeit als bindend anzusehen sind. Wie sich aus § 38 Abs. 2 BRRG ergibt, besteht keine Weisungsgebundenheit, soweit durch das dem Beamten aufgetragene Verhalten ein Straftatbestand verwirklicht würde. Beamtenrechtliche Regelungen sind somit nicht geeignet, § 203 Abs. 1 StGB einzuschränken. Im Gegenteil entfalten derartige Weisungsgebundenheiten nur eine Wirkung, soweit § 203 Abs. 1 StGB dies zuläßt.[71]

Auch die Ansicht von *Middelhauve*, eine unbefugte Offenbarung gemäß § 203 Abs. 1 StGB sei bei Vorliegen eines Über- / Unterordnungsverhältnisses in der Regel nicht gegeben, da der weisungsberechtigte Vorgesetzte als Gehilfe des beamteten Arztes im Sinne des § 203 Abs. 3 Satz 2 StGB anzusehen sei,[72] erscheint wenig überzeugend.
Ob und inwieweit sich aus einer tatsächlich vorliegenden Gehilfeneigenschaft eine Offenbarungsbefugnis dieser Person gegenüber ergeben würde, mag hier dahingestellt bleiben. Schon unter Zugrundelegung des allgemeinen Sprachverständnisses erscheint es aber wenig plausibel, die Behördenleitung als Gehilfin eines untergeordneten Amtsträgers anzusehen.[73]
Eine äußerste Grenze wird dem Gehilfenbegriff jedenfalls durch das Erfordernis der Eingebundenheit in das jeweilige Behandlungsgeschehen und den jeweiligen konkreten Berufskreis (des Arztes, Psychologen, Sozialarbeiters) gezogen. Ein Vorgesetzter, der keine auf den konkreten Fall bezogene ärztliche, therapeutische oder sozialberaterische Tätigkeiten ausübt, fällt nicht darunter.[74]
Für den medizinischen Bereich im Strafvollzug erscheint eine Gehilfeneigenschaft der Anstaltsleitung zudem wegen § 158 Abs. 1 StVollzG nicht plausibel. Nach dieser Vorschrift schuldet die Vollzugsbehörde dem einzelnen Gefangenen

---

70 So etwa *Kierski* 1971, S. 142.

71 *Kühne* 1977, S. 1480, dort ebenfalls eine Auseinandersetzung mit dem Argument, die Behörde habe aus § 985 BGB einen Anspruch auf Herausgabe der Behandlungsakten; *Marx* 1983, S. 171 f.

72 *Middelhauve* 1977, S. 776.

73 *Würthwein* 1992, S. 181.

74 *Geppert* 1983, S. 20; *Kreuzer* 1976, S. 1469.

medizinische Betreuung, der Anstaltsarzt ist somit in gewissem Sinne „Erfüllungsgehilfe“ der Anstaltsleitung und nicht umgekehrt.[75]

3. Verhältnis zwischen Amtsverschwiegenheit und Berufsverschwiegenheit

Ein weiterer Aspekt, der für die Frage der Geltung der Berufsverschwiegenheit innerhalb der Anstalt eine Rolle spielte und für die allgemeine Problematik der innerbehördlichen Schweigepflicht von Amtsträgern, die zugleich einer der in § 203 Abs. 1 StGB genannten Berufsgruppen angehören, auch heute noch relevant ist, ergibt sich aus der Betrachtung des Verhältnisses zwischen der Berufsverschwiegenheit nach § 203 Abs. 1 StGB und der Amtsverschwiegenheit nach Absatz 2.

Während die Berufsverschwiegenheit nach Absatz 1 grundsätzlich gegenüber jedermann gilt, besteht eine Verpflichtung von Amtsträgern zur Amtsverschwiegenheit im Sinne des Absatzes 2 Satz 1 Nr. 1 unumstritten nicht innerhalb derselben Behörde, sofern die Weitergabe im Rahmen einer ordnungsgemäßen Erledigung der jeweiligen Angelegenheit an einen zuständigen anderen Behördenangehörigen erfolgt.[76] Zudem bestimmt Absatz 2 Satz 2, daß kein Verstoß gegen die Amtsverschwiegenheit vorliegt, *„soweit...Einzelangaben anderen Behörden oder sonstigen Stellen für Aufgaben der öffentlichen Verwaltung bekanntgegeben werden.“*
Aufgrund der unterschiedlichen Reichweite von Berufs- und Amtsverschwiegenheit ergibt sich nun die Frage, wonach die Schweigepflicht von Personen zu beurteilen ist, die sowohl unter die Regelung des Absatzes 2 als auch unter die des Absatzes 1 fallen. Es ist somit zu entscheiden, ob Absatz 2 insoweit eine Spezialregelung gegenüber Absatz 1 darstellt oder ob bei einer Doppelstellung der betroffenen Person Absatz 2 von Absatz 1 überlagert wird.
Diesbezüglich wurde und wird überwiegend mit großer Selbstverständlichkeit davon ausgegangen, daß die Amtsverschwiegenheit des Absatzes 2 weder dazu bestimmt noch geeignet sei, die Berufsverschwiegenheit des Absatzes 1 einzuschränken.[77]

Betrachtet man die Norm unter gesetzessystematischen Gesichtspunkten, erscheint dies überzeugend. Die Amtsverschwiegenheit des Absatzes 2 steht neben der Berufsverschwiegenheit des Absatzes 1 und bringt somit eine Ausweitung

---

75 *Arloth* 1986, S. 297.

76 *Lackner/Kühl* 2001, § 203 Rn. 21; LK-*Schünemann* 2000, § 203 Rn. 44; Sch/Sch-*Lenckner* 2001, § 203 Rn. 45; jeweils mit weiteren Nachweisen.

77 Sch/Sch-*Lenckner*, § 203 Rn. 45; *Arloth* 1986, S. 297; *Geppert* 1983, S. 21 ff.; *Kreuzer* 1975, S. 2234; *ders.* 1976, S. 1468; *Marx* 1983, S. 170; *Rogall* 1983, S. 8; *Vogel* 1981, S. 314. Etwas differenzierter LK-*Schünemann* 2000, § 203 Rn. 45.

des Kreises der schweigepflichtigen Personen mit sich. Es erscheint widersinnig, in dieser Ausweitung zugleich eine Einschränkung des Absatzes 1 zu sehen.[78] Für die Annahme einer bloßen Ausweitung der Strafbarkeit durch Absatz 2 spricht auch der Gesetzeswortlaut („*Ebenso wird bestraft...*").[79]

Äußerst problematisch ist es allerdings, in diesem Zusammenhang historisch zu argumentieren, wie dies von *Geppert*[80] und *Rogall*[81] getan wird.
Geppert verweist auf die amtliche Begründung zum Gesetzentwurf des § 203 StGB, um damit das Ziel der Ausweitung des Geheimnisschutzes als Intention des Gesetzgebers zu belegen, was keine Einschränkung der Berufsverschwiegenheit des Absatzes 1 durch die Grundsätze der Amtsverschwiegenheit zuließe. Eine andere Auslegung, so *Geppert*, widerspräche dem erklärten Ziel des Gesetzgebers.[82]
Leider übersieht *Geppert* diesbezüglich wesentliche Ausführungen der amtlichen Begründung.
Wie diese erkennen läßt, hatte der Gesetzgeber sehr wohl die Problematik gesehen, daß bestimmte Personen sowohl Amtsträger sein als auch zum Kreis der aufgrund der Zugehörigkeit zu einer bestimmten Berufsgruppe Schweigepflichtigen gehören können.
Die Tatsache, daß Amts- und Berufsverschwiegenheit in einer Rechtsnorm zusammengefaßt werden sollten (in Abweichung vom Entwurf aus dem Jahre 1962,[83] wonach mit § 185 und § 186 zwei verschiedene Normen vorgesehen waren), wird damit begründet, daß anderenfalls zu befürchten sei, die Überschneidung der Personenkreise könne zu Unklarheiten darüber führen, welche Vorschrift anzuwenden sei.
Hierzu wird ausgeführt: „*Nach dem für die Aufteilung maßgebenden systematischen Grundgedanken, nämlich die Personen, die vom Geheimnisgeschützten als Personen seines Vertrauens typischerweise frei gewählt werden, anderen Personen gegenüber abzugrenzen, würde die Auslegung geradezu nahe liegen, daß die zuerst genannten Personen (so z. B. die Ärzte oder die Sozialarbeiter) in aller Regel ohne die Einwilligung des Geheimnisgeschützten das Geheimnis nicht offenbaren dürften, also auch nicht im Rahmen einer dienstlichen oder gutachtlichen Berichterstattung, selbst wenn ihnen das Geheimnis in amtlicher Eigenschaft (z. B. als Arzt oder Bewährungshelfer) oder in ihrer Tätigkeit für eine Behörde (z. B. als Gutachter) bekanntgeworden ist.* ***Diese Auslegung würde jedoch zu untragbaren Ergebnissen führen*** [Hervorhebung vom Verfasser].

[78] So etwa *Kreuzer* 1975, S. 2234; *ders.* 1976, S. 1468; *Rogall* 1983, S. 8.
[79] *Arloth* 1986, S. 297.
[80] *Geppert* 1983, S. 23.
[81] *Rogall* 1983, S. 8.
[82] Siehe Anm. 80.
[83] BT-Drucks. 4/650.

Der Entwurf sieht aus diesen Gründen von einer systematischen Aufgliederung des Personenkreises in zwei getrennte Vorschriften ab.“ [84]

Es zeigt sich somit, daß, gerade im Gegensatz zu der Behauptung von *Geppert*, nach dem erklärten Willen des Gesetzgebers im Falle der Kollision von Amtsverschwiegenheit (mit Zulässigkeit der innerbehördlichen Weitergabe von Erkenntnissen) und Berufsverschwiegenheit den Grundsätzen bezüglich der Amtsverschwiegenheit der Vorrang gebühren sollte.[85]
Wie allerdings die, im Grunde durchaus plausible, der Intention des Gesetzgebers aber konträr entgegengesetzte Auslegung durch die Literatur[86] zeigt, ist der Gesetzentwurf in dieser Hinsicht offensichtlich mißlungen. Es verwundert jedoch ein wenig, daß auf dieses Problem der entgegenstehenden Intention des Gesetzgebers in der gängigen Kommentarliteratur nicht eingegangen wird.[87]

Es ist somit zu fragen, welche Bedeutung den Willensäußerungen des historischen Gesetzgebers bei der Auslegung nicht ganz eindeutiger Rechtsnormen zuzumessen ist.
Während nach einer Auffassung der Normgenese bei der Auslegung mit dem Argument, der Gesetzgeber gebe seine Gesetze sehenden Auges in ein Rechtssystem hinein, das seine eigenen Vorgaben und Vorstellungen habe und seine eigene Dynamik entwickele,[88] ein geringer Stellenwert eingeräumt und der historischen Interpretation die Gefahr eines „Versteinerungseffekts“ attestiert wird, weil sie die Auslegung auf einen in der Vergangenheit liegenden Zeitpunkt festschriebe,[89] wird nach anderer Auffassung der Wille des Gesetzgebers selbst dann als maßgebliches Auslegungskriterium angesehen, wenn es im konkreten Streitfall vernünftige Gründe gäbe, eine Rechtsnorm innerhalb des Wortlauts anders auszulegen.[90]
Unbestritten ist allerdings die Tatsache, daß Gesetze einem Alterungsprozeß unterworfen sind. Sie stehen, wie das Bundesverfassungsgericht festgestellt hat, in einem Umfeld sozialer Verhältnisse und gesellschaftspolitischer Anschauungen, mit deren Wandel sich auch der Norminhalt ändern kann.[91]

---

84 BT-Drucks. 7/550, S. 238.
85 Siehe auch *Oebbecke* 1986, S. 224 f.
86 Siehe Anm. 77.
87 Bezüglich des Strafvollzugs hat diese Frage nun durch § 182 Abs. 2 StVollzG eine Klärung gefunden, für die übrigen Fälle des Zusammentreffens von Amts- und Berufsverschwiegenheit ist sie aber nach wie vor relevant. Einzig *Oebbecke* (siehe Anm. 85) erkennt diese Problematik.
88 *Schlink* 1980, S. 101.
89 *Wolff/Bachof/Stober* 1999, § 28 Rn. 62.
90 *Looschelder/Roth* 1996, S. 49, 51.
91 BVerfGE 82, S. 6, 12; vgl. auch *Looschelders/Roth*, 1996, S. 64.

Unter diesem Aspekt, auf den allerdings in der einschlägigen Literatur nicht eingegangen wurde, erscheint die dahingehende Auslegung des § 203 StGB, daß für Angehörige der in Absatz 1 genannten Berufsgruppen, die zugleich Amtsträger im Sinne des Absatzes 2 sind, die Regelung bezüglich der Berufsverschwiegenheit die speziellere ist, zumindest für den Bereich des Strafvollzugs auch vor Erlaß des neuen § 182 Abs. 2 StVollzG vertretbar. Diese Betrachtungsweise hätte mit einem Verweis auf die verfassungsgerichtlichen Entscheidungen bezüglich der grundsätzlichen Geltung der Grundrechte auch im Strafvollzug aus dem Jahre 1972[92] sowie bezüglich des Grundrechts auf informationelle Selbstbestimmung aus dem Jahre 1983[93] und dem überragenden Stellenwert der Grundrechte im allgemeinen begründet werden können.[94]

III. Spezielle strafvollzuglich bedingte Ausnahmen vom inneranstaltlichen Schweigegebot

Ging man nun davon aus, daß das Schweigegebot grundsätzlich auch für den inneranstaltlichen Verkehr galt, so war zu klären, inwieweit Ausnahmen von diesem allgemeinen Grundsatz zulässig waren, d. h. inwieweit eine Geheimnisoffenbarung innerhalb des Strafvollzugs nicht als „unbefugt" im Sinne des § 203 StGB anzusehen war.

Unumstritten bestanden auch innerhalb des Strafvollzugs diejenigen Offenbarungsbefugnisse, die sich aus den allgemeinen Rechtfertigungsgründen ergaben (siehe Aufzählung unter A.II.2.).
Eine Offenbarungsbefugnis der eigentlich schweigepflichtigen Personen bestand nach einhelliger Ansicht bezüglich derjenigen Erkenntnisse, die im Rahmen von Untersuchungen und Befragungen erlangt wurden, denen sich der Gefangene aufgrund von gesetzlichen Duldungspflichten unterwerfen mußte. Gesetzliche Regelungen, die Untersuchungen mit dem Ziel der Informationsgewinnung für vollzugliche Entscheidungen vorschreiben, verlören ihren Sinn, wenn eine Übermittlung der Erkenntnisse an den Entscheidungsträger nicht zulässig wäre.[95] Zu denken ist hier insbesondere an die ärztliche Aufnahmeuntersuchung gemäß § 5 Abs. 3 StVollzG sowie an die Behandlungsuntersuchung gemäß § 6 Abs. 2 StVollzG, zu deren Duldung der Gefangene verpflichtet ist.[96] Selbstverständlich

---

92 BVerfGE 33, S. 1 ff.

93 BVerfGE 65, 1 ff.

94 *Marx* 1983, S. 170 f. unter Umständen in dieser Richtung deutbar, ohne daß allerdings der Kern der Problematik erkannt und herausgearbeitet worden wäre.

95 *Geppert* 1983, S. 33; *Marx* 1983, S. 163; vgl. *Bockelmann* 1967, S. 14.

96 *Calliess/Müller-Dietz* 2002, § 5 Rn. 4, § 6 Rn. 1; Schwind/Böhm-*Mey* 1999, § 6 Rn. 12. Wobei in der Praxis die diesbezügliche Umgrenzung aber bisweilen nicht ganz eindeutig vorgenommen werden kann. So kann auch die im vollzuglichen Interesse vorgenommene

ist hier eine Geheimnisoffenbarung nur im zur Aufgabenerfüllung erforderlichen Umfang und zu den vorausgesetzten Zwecken zulässig.[97]
Das Bestehen von Offenbarungsbefugnissen aufgrund gesetzlicher Duldungspflichten ließ sich mühelos aus den allgemeinen die Ausnahmen von § 203 StGB betreffenden Grundsätzen (siehe in diesem Zusammenhang oben unter A.II.2.5.) ableiten. Eines Rückgriffs auf eventuelle auf strafvollzuglichen Besonderheiten beruhende außerordentliche Offenbarungsbefugnisse bedurfte es hier nicht.

Darüber hinaus gingen aber die Rechtsprechung[98] sowie ein großer Teil der Literatur[99] vom Bestehen weiterer übergesetzlicher Offenbarungsbefugnisse aus, die sich aus strafvollzuglichen Besonderheiten und Notwendigkeiten ergäben. Die Begründungsansätze hierfür waren unterschiedlicher Natur.

1. Inanspruchnahme des Übergangsbonus

Arloth erkannte zutreffend, daß nach der Entscheidung des Bundesverfassungsgerichts über die Grundrechte der Strafgefangenen[100] unter Berücksichtigung des Grundrechts auf informationelle Selbstbestimmung[101] eine uneingeschränkte Offenbarungsbefugnis des Anstaltsarztes nicht mehr mit dem Verweis auf ein „besonderes Gewaltverhältnis“ gerechtfertigt werden konnte. Dann verwies er allerdings auf die Rechtsprechung des Bundesverfassungsgerichts, wonach Eingriffe in verfassungsrechtlich geschützte Rechtsgüter während einer Übergangszeit hingenommen werden müßten, wenn diese für die geordnete Weiterführung eines funktionsfähigen Betriebs unerläßlich seien. Dies hielt *Arloth* bei der Frage der Geheimnisweitergabe an die Anstaltsleitung unter Umständen für gegeben.[102]

Betrachtet man die diesbezügliche Rechtsprechung des Bundesverfassungsgerichts, so ist festzustellen, daß es sich bei den der Exekutive zugebilligten Übergangszeiträumen bis zur Schaffung von verfassungskonformen Regelungen durch die Legislative jeweils um eng umgrenzte Zeitspannen handelt. Im Rah-

---

Aufnahmeuntersuchung Elemente beinhalten, die faktisch der allgemeinen Gesundheitsfürsorge dienen. Vgl. hierzu die Ausführungen in Teil III. 1. Kapitel.

97 *Geppert* 1983, S. 33; *Marx* 1983, S. 163.

98 OLG Karlsruhe NStZ 1993, S. 405, 406.

99 *Lackner/Kühl* 1997, § 203 Rn. 20; LK-*Jähnke* 1989, § 203 Rn. 97; *Grunau/Tiesler* 1982, § 158 Rn. 2; *Arloth* 1986, S. 298; *Bringewat* 1993, S. 457; *Geppert* 1983, S. 31 ff.; aA Sch/Sch-*Lenckner* 1997, § 203 Rn. 56; *Marx* 1983, S. 164, 172 ff.; *Zieger* 1981, S. 563.

100 BVerfGE 33, S. 1 ff.

101 Vgl. BVerfGE 65, S. 1 ff.

102 *Arloth* 1986, S. 298.

men der Strafvollzugsentscheidung beispielsweise ging das Bundesverfassungsgericht von einer Übergangszeit bis zum Ende der laufenden Legislaturperiode aus,[103] innerhalb derer es dem Gesetzgeber möglich sein müsse, ein Strafvollzugsgesetz zu schaffen. Ein noch kürzerer Zeitraum zur Beseitigung des verfassungswidrigen Zustands wurde dem Gesetzgeber im Rahmen einer Entscheidung bezüglich der beschränkten Vergabe von Studienplätzen gelassen. Hier sah das Bundesverfassungsgericht die Semesterfrist als geeignete Zeitspanne an.[104]

Wenn *Arloth* noch 1986, d. h. 14 Jahre nach der Strafvollzugsentscheidung, von einem Übergangszeitraum spricht, erscheint dies bedenklich.[105] Vertretbar wäre diese Betrachtungsweise allerdings dann, wenn man hier als Anknüpfungszeitpunkt für die Feststellung des verfassungswidrigen Zustands nicht die Strafvollzugsentscheidung, sondern das Volkszählungsurteil aus dem Jahre 1983 ansieht. Da mit § 182 Abs. 2 StVollzG eine entsprechende dem Grundsatz vom Vorbehalt des Gesetzes genügende Regelung aber erst im Jahre 1998 geschaffen wurde, erscheint eine Argumentation basierend auf dem Übergangsbonus kaum zur Überbrückung dieses gesamten Zeitraums geeignet.

2. Einwilligungsfiktion aus § 4 Abs. 1 StVollzG

Über die allgemeinen Grundsätze von der rechtfertigenden tatsächlichen oder mutmaßlichen Einwilligung hinausgehend, folgerten *Grunau/Tiesler*[106] aus § 4 Abs. 1 StVollzG die Fiktion einer Entbindung der Mitglieder des Behandlungsteams von der Schweigepflicht, die nur dadurch widerlegbar sei, daß der Gefangene es ausdrücklich ablehne, an der Gestaltung seiner Behandlung mitzuwirken.

Diese Überlegung erscheint aber eher fragwürdig. Die Bestimmung des § 4 Abs. 1 StVollzG postuliert eine Mitwirkungsnotwendigkeit des Gefangenen und basiert auf dem Gedanken, daß das Vollzugsziel ohne Mitarbeit des Gefangenen nicht erreicht werden könne.[107]
Es mag zutreffen, daß, wie *Grunau/Tiesler* ausführen,[108] ohne eine Entbindung der Mitglieder des Behandlungsteams von der Schweigepflicht eine gedeihliche Beratung über Diagnose und Therapie kaum möglich wäre, eine Einwilligungsfiktion kann aus § 4 Abs. 1 StVollzG jedoch nicht abgeleitet werden. Ebensowenig wie § 4 Abs. 1 StVollzG eine Mitwirkungspflicht des Gefangenen be-

---

103 BVerfGE 33, S. 1, 13.
104 BVerfGE 33, S. 303, 348.
105 Siehe auch Sch/Sch-*Lenckner* 1997, § 203 Rn. 56, 52.
106 *Grunau/Tiesler* 1982, § 158 Rn. 2.
107 *Calliess/Müller-Dietz* 2002, § 4 Rn. 3; Schwind/Böhm-*Böhm* 1999, § 4 Rn. 4.
108 Siehe Anm. 106.

gründet, läßt sich aus dieser Norm eine derartige Rechtseinbuße folgern, wie sie eine, wenn auch widerlegbare, Einwilligungsfiktion mit sich brächte. In einer derartigen Betrachtungsweise läge zudem eine Umgehung der Generalklausel des § 4 Abs. 2 StVollzG, wonach Eingriffe in Rechte der Gefangenen, wenn nicht im Gesetz ausdrücklich geregelt, nur aus Gründen der Aufrechterhaltung von Sicherheit und Ordnung zulässig sind.
Außerdem ist zu berücksichtigen, daß der Gefangene seinen im Strafvollzug tätigen Arzt, Psychologen oder Sozialarbeiter in aller Regel nicht selbst ausgesucht und bisweilen auch gar nicht aus eigenem Antrieb aufgesucht hat. Es ist somit schon aus diesem Grund im Hinblick auf die Annahme konkludenter oder mutmaßlicher Einwilligungen besondere Zurückhaltung angebracht.[109]

3. Offenbarungsbefugnis aus der Generalklausel des § 4 Abs. 2 Satz 2 StVollzG

Grunau/Tiesler gingen ferner von Offenbarungsbefugnissen aus, die sich aus der Generalklausel des § 4 Abs. 2 Satz 2 StVollzG ergäben, falls das dem eigentlich Schweigepflichtigen Bekanntgewordene ein behördliches Handeln zur Aufrechterhaltung der Sicherheit oder zur Abwehr einer schwerwiegenden Störung der Ordnung der Anstalt unerläßlich mache.[110]

Das Bundesverfassungsgericht hat zur Einschränkung von Grundrechten Strafgefangener die Schaffung von möglichst engbegrenzten Generalklauseln für zulässig erachtet.[111] Die Bestimmung des § 4 Abs. 2 Satz 2 StVollzG stellt dem Wortlaut nach eine ultima-ratio-Klausel dar, die wegen der Berührung grundrechtsrelevanter Bereiche einer sehr engen Auslegung bedarf.[112]
Eine Maßnahme ist nur dann im Sinne des § 4 Abs. 2 Satz 2 StVollzG zur Aufrechterhaltung der Sicherheit unerläßlich, wenn keine andere Maßnahme denkbar und zulässig ist, um die Allgemeinheit (einschließlich der Vollzugsbediensteten und Mitgefangenen) wirkungsvoll vor weiteren Straftaten zu schützen sowie den durch die Freiheitsstrafe begründeten Gewahrsam zu erhalten. Hierbei muß jeweils bereits eine gegenwärtige, unmittelbare Gefährdung vorliegen.[113]
Eine schwerwiegende Störung der Ordnung der Anstalt, die eine Maßnahme im Sinne der Generalklausel unerläßlich machen würde, ist erst dann zu besorgen, wenn die Gefahr einer besonders gravierenden Beeinträchtigung des geordneten

---

[109] *Geppert* 1983, S. 25.
[110] *Grunau/Tiesler* 1982, § 158 Rn. 2.
[111] BVerfGE 33, S. 1, 11.
[112] *Calliess/Müller-Dietz* 2002, § 4 Rn. 10, 20; Schwind/Böhm-*Böhm* 1999, § 4 Rn. 23; K/S-*Schöch* 2002, § 5 Rn. 68; *Laubenthal* 2003, Rn. 245.
[113] Schwind/Böhm-*Böhm* 1999, § 4 Rn. 20; K/S-*Schöch* 2002, § 5 Rn. 68; *Laubenthal* 2003, Rn. 246 f.

und menschenwürdigen Zusammenlebens in der Institution von einem derartigen Gewicht droht, daß ohne ihre Beseitigung das Funktionieren des Anstaltsbetriebs insgesamt elementar gestört würde.[114]
Hätten sich Fallkonstellationen für eine Beschränkung des Rechts auf informationelle Selbstbestimmung durch eine Geheimnisoffenbarung gefunden, welche die dargelegten strengen Tatbestandsvoraussetzungen des § 4 Abs. 2 Satz 2 StVollzG erfüllt hätten, wären in diesen Fällen regelmäßig auch die Voraussetzungen der Notstandsregelung des § 34 StGB erfüllt gewesen. Die Schutzgüter des § 4 Abs. 2 Satz 2 StVollzG unterfallen auch dem Schutzbereich des § 34 StGB.[115]
Aus der Generalklausel hätten somit keine über den Bereich des allgemeinen Notstandsgedankens hinausgehende Offenbarungsbefugnisse abgeleitet werden können.

4. Gesamtverantwortung der Vollzugsbehörde

Zur Begründung strafvollzuglich bedingter Ausnahmen von der Schweigepflicht über die sich aus den allgemeinen Rechtfertigungsgründen ergebenden Offenbarungsbefugnisse hinaus wurde vielfach auf das recht unbestimmte Argument der Gesamtverantwortung der Vollzugsbehörde auch für die gesundheitliche Betreuung der Strafgefangenen verwiesen.[116] Um dies zu untermauern, wurden § 156 Abs. 2 sowie § 158 StVollzG angeführt, was allerdings auch nicht ganz unproblematisch erscheint. § 156 Abs. 2 Satz 2 StVollzG spricht zwar dem Anstaltsleiter grundsätzlich die Verantwortung für den gesamten Vollzug zu, dies aber nur unter der Voraussetzung, daß bestimmte Aufgabenbereiche nicht der Verantwortung anderer Vollzugsbediensteter übertragen sind. So gingen Rechtsprechung[117] und Literatur[118] mitunter davon aus, daß der Bereich der ärztlichen Versorgung sich dem Verantwortungsbereich des Anstaltsleiters entziehe und in der Alleinverantwortung des Anstaltsarztes liege.
Strafrechtsdogmatisch verankert wurde diese Offenbarungsbefugnis aus der Gesamtverantwortung der Vollzugsbehörde von *Geppert* in einer entsprechenden

[114] *Laubenthal* 2003, Rn. 248.
[115] Vgl. Sch/Sch-*Lenckner* 1997, § 203 Rn. 56.
[116] *Geppert* 1983, S. 31 ff.; diesem folgend *Arloth* 1986, S. 298 sowie OLG Karlsruhe NStZ 1993, S. 405, 406.
[117] OLG Franfurt NJW 1978, S. 2351, 2352. Das Gericht verweist hier zur Begründung, ebenso wie die Befürworter der entgegengesetzten Ansicht, auf §§ 156 Abs. 2, 158 StVollzG.
[118] *Calliess/Müller-Dietz* 1998, § 56 Rn. 3.

Anwendung des für Beleidigungsdelikte in § 193 StGB vorgesehenen Rechtfertigungsgrundes der Wahrnehmung berechtigter Interessen.[119]
Neben den aus Gründen der Gesamtverantwortung der Vollzugsbehörde postulierten Offenbarungsbefugnissen sah man in Teilen der Literatur eine Informationsweitergabe an den Anstaltsleiter als befugt an, wenn es sich bei den betreffenden Tatsachen um solche handelte, deren Kenntnis für einen geordneten Vollzug[120] bzw. als Grundlage für vom Anstaltsleiter zu treffende Entscheidungen[121] erforderlich sei.

Zur Konkretisierung dieser recht konturenlosen aus der Gesamtverantwortung des Anstaltsleiters abgeleiteten bzw. als Grundlage für dessen Aufgabenerfüllung angesehenen Offenbarungsbefugnisse wurde in der Literatur auf verschiedene Anwendungsbeispiele zurückgegriffen.

IV. Fallkonstellationen

Da, wie dargelegt, die Notwendigkeit der außerordentlichen Offenbarungsbefugnisse aus der Gesamtverantwortung der Vollzugsbehörde an verschiedenen Fallkonstellationen festgemacht wurde, seien die wesentlichen in diesem Zusammenhang diskutierten Themenbereiche im folgenden dargestellt.

1. AIDS-Problematik

Eine in der Literatur vieldiskutierte Thematik ist das Problem von AIDS[122] im Strafvollzug.
Gesicherte Zahlen über die Verbreitung der Infektion im Strafvollzug existieren nicht, *Geppert* ging für das Jahr 1996 von einer Anzahl von nahezu 1500 HIV-infizierten Gefangenen in deutschen Strafvollzugsanstalten aus.[123]

Durch § 56 Abs. 1 StVollzG wird die Vollzugsbehörde verpflichtet, für die körperliche Gesundheit der Gefangenen zu sorgen. Hierzu gehört auch die Abwehr einer eventuellen Gefahr der Infektion mit dem HI-Virus. Die gleiche Verpflich-

---

[119] *Geppert* 1983, S. 26 ff.; 1996, S. 245. Zur nach wie vor sehr umstrittenen Frage der Anwendbarkeit des § 193 StGB auch außerhalb der Beleidigungsdelikte siehe *Lackner/Kühl* 2001, § 193 Rn. 2; Sch/Sch-*Lenckner* 2001, Vor § 32 Rn. 79 f.; jeweils mit weiteren Nachweisen.

[120] LK-*Jähnke* 1989, § 203 Rn. 97.

[121] *Weichbrodt* 1983, S. 315. Etwas unklar ist in diesem Zusammenhang die Formulierung von *Grunau/Tiesler* (1982, § 158 Rn. 2), wonach eine Offenbarung durch den Arzt u. a. *„zwecks Erfüllung von Berufspflichten"* zulässig sei.

[122] AIDS = acquired immune deficiency syndrome, übertragen durch das HI-Virus. Zu einer Infektion kann es durch Blut- und Sekretkontakte kommen.

[123] *Geppert* 1996, S. 237.

tung besteht aufgrund der beamtenrechtlichen Fürsorgepflicht auch gegenüber den Anstaltsbediensteten.
Infektionsrelevante Risiken können sich im Strafvollzug insbesondere bei zu offenen Wunden führenden Gewalttätigkeiten, dem bisweilen praktizierten „needle-sharing"[124] durch intravenös Drogenabhängige sowie bei riskanten sexuellen Handlungen (insbesondere Analverkehr) ergeben.[125]

Stark umstritten waren und sind die Schlußfolgerungen, die im Hinblick auf die AIDS-Problematik aus dem Bestehen von Schutz- und Fürsorgepflichten zu ziehen sind.

1.1. Zwangsuntersuchung

Während eine zwangsweise Untersuchung aller Gefangenen auf das Vorliegen einer HIV-Infektion mangels Rechtsgrundlage nahezu einhellig abgelehnt wird, findet sich in Teilen der Literatur die Ansicht, aus § 101 Abs. 1 StVollzG ergäbe sich eine Befugnis zur Zwangsuntersuchung bei Angehörigen von Risikogruppen wie intravenös Drogenabhängigen oder Homosexuellen.[126]
Dies erscheint jedoch höchst problematisch. Voraussetzung einer Zwangsmaßnahme nach § 101 Abs. 1 StVollzG ist jeweils das Vorliegen einer konkreten Gefahr. Aus der Tatsache der Zugehörigkeit zu einer Risikogruppe ergibt sich aber allenfalls die abstrakte Vermutung eines erhöhten Risikos des Vorliegens einer HIV-Infektion bei dem Betroffenen und keinesfalls schon eine konkrete Gefahr im Hinblick auf eine Infizierung von Mitgefangenen oder Bediensteten.[127]
Selbst von den Stimmen, welche die rechtliche Zulässigkeit einer Zwangstestung annehmen, wird zudem überwiegend deren Unpraktikabilität betont und darauf hingewiesen, daß sich ohnehin der weitaus größte Teil der Gefangenen einer freiwilligen Untersuchung unterziehe.[128]
Zu berücksichtigen ist auch, daß eine HIV-Infektion mit dem gängigen Testverfahren erst nach einer mehrmonatigen Latenzzeit nachgewiesen werden kann. Selbst bei einer Untersuchung sämtlicher Gefangenen wäre somit die lückenlose Erfassung aller infizierten Personen nicht gewährleistet. Eine allgemeine Unter-

[124] D. h. bei der Verwendung von einer Spritze durch mehrere Personen.
[125] *Knapp* 1996, S. 199; *Schmuck* 1989, S. 166.
[126] *Eberbach* 1988, S. 253; *Sigel* 1989, S. 159 f. In einigen Bundesländern fand diese Ansicht auch Eingang in Ministerialerlasse (Nachweise bei *Geppert* 1996, S. 238; *Michels* 1988, S. 422 f.).
[127] Schwind/Böhm-*Müller* 1999, § 101 Rn. 23; vgl. auch *Geppert* 1996, S. 240 sowie OLG Koblenz ZfStrVo 1989, S. 182 ff. So mittlerweile auch K/S-*Schöch* 2002, § 8 Rn. 23 (anders noch in der Vorauflage K/K/S-*Schöch* 1992, § 6 Rn. 126).
[128] *Eberbach* 1988, S. 253; K/K/S-*Schöch* 1992, § 6 Rn. 126.

suchung brächte demnach unter Umständen die Gefahr mit sich, daß infolge einer trügerischen Sicherheit generelle Vorsichtsmaßnahmen außer acht gelassen werden könnten.[129]

1.2. Mögliche Maßnahmen zur Verringerung des Infektionsrisikos

Bevor der Frage nach der Zulässigkeit der Offenbarung einer festgestellten HIV-Infektion durch den Anstaltsarzt gegenüber dem Anstaltsleiter nachgegangen wird, ist zu klären, ob und inwieweit das Wissen um eine Infektion für den Anstaltsleiter in Anbetracht seiner Fürsorgepflicht gegenüber Gefangenen und Beamten relevant wäre. Eine solche Relevanz wäre gegeben, wenn dieses Wissen es der Anstaltsleitung ermöglichen würde, Maßnahmen zu treffen, welche das Infektionsrisiko für Mitgefangene und Bedienstete verringern würden.
Zu denken ist hier insbesondere an Entscheidungen bezüglich der Arbeitszuweisung und Unterbringung.

Da der normale alltägliche Umgang im Arbeitsleben keine Ansteckungspotentiale enthält, ist die Arbeitszuweisung zu den allermeisten Tätigkeitsbereichen unbedenklich. Eine Beschäftigung von infizierten Gefangenen sollte aber in den Bereichen vermieden werden, in denen aufgrund der jeweiligen Tätigkeit sowohl ein erhöhtes Risiko besteht, sich blutige Verletzungen zuzuziehen als auch die Gefahr, daß andere mit diesem Blut in infektionsrelevanter Weise in Berührung kommen. Bezüglich einer Tätigkeit im Sanitätsbereich könnten somit Bedenken bestehen.[130] Umstritten ist, inwieweit bei der Verwendung eines betroffenen Gefangenen in Werkbetrieben aufgrund des Umgangs mit spitzen oder scharfen Instrumenten eine von der Anstaltsleitung zu unterbindende Infektionsgefahr anzunehmen ist.[131]
Ebenfalls kontrovers diskutiert wird die Frage des Einsatzes von infizierten Gefangenen im Lebensmittelbereich der Versorgungsbetriebe. Da hier allerdings aus medizinischer Sicht keine Übertragungsgefahren bestehen, wird die mitunter geforderte Aussparung dieses Bereichs für HIV-infizierte Gefangene zumeist auf psychologische Gründe und das Argument der Wahrung des Anstaltsfriedens gestützt.[132]
Es ist aber darauf hinzuweisen, daß, wenn auch vielfach kein *tatsächlicher* Grund zur Fernhaltung eines infizierten Gefangenen von bestimmten Tätigkeits-

---

[129] *Geppert* 1996, S. 241; *Schmuck* 1989, S. 167.
[130] *Eberbach* 1988, S. 261.
[131] Ablehnend *Sigel* 1989, S. 161; vgl. *Eberbach* 1988, S. 262.
[132] *Eberbach* 1988, S. 262; *Sigel* 1989, S. 161. Diese Argumentation ablehnend *Bruns* 1987, S. 507; siehe auch den Bericht der Enquete-Kommission des 11. Deutschen Bundestages „Gefahren von AIDS und wirksame Wege zu ihrer Eindämmung" aus dem Jahre 1990 (BT-Drucks. 11/7200, S. 152 f.).

bereichen besteht, dies dennoch *rechtlich* problemlos möglich ist. Durch § 4 Abs. 1 StVollzG wird dem Gefangenen eine Arbeitspflicht auferlegt, hiermit korreliert jedoch kein Anspruch auf Zuweisung einer bestimmten Arbeit.[133]

Eine weitere Möglichkeit der Anstaltsleitung, HIV-übertragungsrelevantes Handeln zu erschweren, wird in der Anordnung der Einzelunterbringung infizierter Gefangener während der Nacht gesehen.[134]
Obgleich es zutreffen mag, daß die typisch-gefährlichen Verhaltensweisen wie sexuelle Kontakte, Fixen und Gewalttätigkeiten in der Regel nach dem abendlichen Einschluß erfolgen[135] und die Anordnung von Einzelunterbringung während der Nachtzeit rechtlich unbedenklich ist, da diese gemäß § 18 Abs. 1 Satz 1 StVollzG ohnehin den gesetzlichen Regelfall darstellt,[136] ist doch zu bedenken, daß auch eine solche Maßnahme keine absolute Sicherheit bieten kann. In Anstalten, in denen die nächtliche Gemeinschaftsunterbringung der tatsächliche Regelfall ist, könnte eine Einzelunterbringung gegen den Willen des Betroffenen zudem auch eine diskriminierende und stigmatisierende Wirkung haben. Hier wäre es wohl ratsam, eine prophylaktische Einzelunterbringung nur bei den infizierten Gefangenen anzuordnen, bei denen der konkrete Verdacht besteht, daß sie sich übertragungsrelevant verhalten könnten.[137]

Relevant könnte das Wissen um eine HIV-Infektion auch bei Lockerungsentscheidungen sein. Insbesondere ist hier an Hafturlaub zu denken. Gemäß §§ 13 Abs. 1 und 11 Abs. 2 StVollzG ist vor Bewilligung von Hafturlaub eine Prognose bezüglich des Bestehens einer eventuellen Mißbrauchsgefahr vorzunehmen. Die Lockerung ist zu versagen, wenn zu befürchten ist, daß der Gefangene außerhalb der Justizvollzugsanstalt Straftaten begeht. Zu berücksichtigen wäre hier eine eventuell bestehende Gefahr der Weiterübertragung der Infektion durch ungeschützten Geschlechtsverkehr, worin unter Umständen eine gefährliche Körperverletzung im Sinne des § 224 Abs. 1 Nr. 5 StGB gesehen werden kann.[138]

Es ist somit festzustellen, daß das Wissen um eine HIV-Infektion in einzelnen Fällen durchaus entscheidungsrelevant sein kann. Dennoch muß erneut betont werden, daß alle genannten Maßnahmen allenfalls eine Risikoverringerung dar-

---

[133] Schwind/Böhm-*Matzke* 1999, § 41 Rn. 5; *Eberbach* 1988, S. 262; *Sigel* 1989, S. 161.
[134] *Dargel* 1989, S. 209; *Eberbach* 1988, S. 263; *Sigel* 1989, S. 161.
[135] *Sigel* 1989, S. 161.
[136] Hiervon wird wegen der Überbelegung zahlreicher Justizvollzugsanstalten vielfach abgewichen, vgl. Schwind/Böhm-*Böhm* 1999, § 18 Rn. 2; siehe auch die Bestimmung des § 201 Nr. 3 StVollzG.
[137] *Geppert* 1996, S. 249.
[138] *Sigel* 1989, S. 161. Zur Problematik der Strafbarkeit der Infektion mit dem HI-Virus siehe Sch/Sch-*Eser* 2001, § 223 Rn. 7 sowie Sch/Sch-*Stree* 2001, § 224 Rn. 12a.

stellen. Eine absolute Sicherheit kann es erstens wegen der zwischen Infektion und Nachweisbarkeit liegenden mehrmonatigen Zeitspanne und zweitens wegen der Unmöglichkeit einer Totalüberwachung nicht geben. Es ist somit Anstaltsbediensteten und Inhaftierten zu raten, sich in allen übertragungsrelevanten Situationen so zu verhalten, als bestünde Infektionsgefahr.[139] Unter diesem Gesichtspunkt werden auch diskriminierende Maßnahmen wie beispielsweise der offene Vermerk „Achtung: Blutkontakte vermeiden!" auf Begleitpapieren bei Gefangenentransporten überflüssig.[140]
Die wichtigste Präventivmaßnahme ist die umfassende Aufklärung von Bediensteten und Gefangenen über Infektionsrisiken. Nur so können auch durch Unwissenheit bedingte Überreaktionen vermieden werden.[141]

1.3. Bekanntgabe der HIV-Infektion

1.3.1. Bekanntgabe gegenüber dem Anstaltsleiter

Bezüglich der Befugnis des Anstaltsarztes, eine diagnostizierte HIV-Infektion gegenüber dem Anstaltsleiter zu offenbaren, ließen sich die vertretenen Positionen im wesentlichen zwei Richtungen zuordnen. Während ein Teil der Literatur vom Anstaltsarzt forderte, jeden Einzelfall im Hinblick auf die Zulässigkeit und Notwendigkeit einer Bekanntgabe abzuwägen,[142] ging die Gegenmeinung von einer generellen Offenbarungsbefugnis aus, die im Hinblick auf die Verwaltungsvorschrift Nr. 2 zu § 56 StVollzG[143] sowie beamtenrechtliche Grundsätze eine Offenbarungspflicht nach sich zog.[144]

Ausgangspunkt der beiderseitigen Überlegungen war mangels spezieller Bestimmungen zunächst die Notstandsregelung des § 34 StGB. Da nach dem Wortlaut des § 34 StGB aber eine gegenwärtige, nicht anders abwendbare Gefahr vorliegen muß, ließ sich eine *generelle* Befugnis des Anstaltsarztes zur Meldung

---

139 *Schmuck* 1989, S. 167.

140 *Eberbach* 1988, S. 258 f.; *Geppert* 1996, S. 248 mit Nachweisen ministerieller Erlasse verschiedener Bundesländer, die teilweise eine derartige Aufschrift vorschreiben und sie teilweise ausdrücklich untersagen.

141 Negativbeispiele finden sich bei *Schmuck* (1989, S. 171), der u.a. von dem Fall einer Vorführung eines HIV-infizierten Gefangenen berichtet, bei dem die Begleitperson es für angebracht hielt, sich mit schweren Gummihandschuhen und Schutzhelm (!) auszurüsten.

142 *Bruns* 1987, S. 506; *Knapp* 1996, S. 195 f.; *Schäfer* 1987, S. 11; *Schmuck* 1989, S. 169 f.

143 *„Jeder Bedienstete, der eine Gefahr für die gesundheitlichen Verhältnisse zu erkennen glaubt, ist verpflichtet, dieses unverzüglich zu melden."*

144 *Arloth* 1986, S. 298; *Dargel* 1987, S. 158; *Eberbach* 1987, S. 290; *Geppert* 1996, S. 244 ff.; *Schlund* 1987, S. 406; *Sigel* 1989, S. 162; im Ergebnis auch LK-*Schünemann* 2000, § 203 Rn. 157 (auf den z. Zt. dieser Kommentierung schon in Kraft getretenen § 182 Abs. 2 StVollzG wird noch nicht eingegangen).

HIV-infizierter Gefangener an den Anstaltsleiter durch diese Notstandsregelung kaum rechtfertigen. Aufgrund der Beschränktheit der Übertragungswege läßt das bloße Vorliegen einer Infektion den Schluß auf eine gegenwärtige konkrete Ansteckungsgefahr nicht zu. Hier müssen konkrete Hinweise auf weitere Faktoren, wie beispielsweise Aggressivität, intravenöse Drogenabhängigkeit oder die Neigung zu riskanten Sexualpraktiken, erkennbar sein.[145]
Einzelne Stimmen in der Literatur legten die Voraussetzungen des § 34 StGB in diesem Zusammenhang noch restriktiver aus, indem sie bezüglich der Frage der eventuellen anderweitigen Abwendbarkeit der Gefahr auf die Möglichkeit der Vergabe von Kondomen und Einwegspritzen bzw. Desinfektionsmitteln abstellten, was zur Folge hätte, daß eine durch § 34 StGB gerechtfertigte Offenbarung durch den Anstaltsarzt im Grunde nur noch bei einer Neigung zu aggressivem Verhalten möglich und zulässig gewesen wäre.[146]

Trennungspunkt der beiden genannten Richtungen war nun, wegen der Untauglichkeit des § 34 StGB zur Rechtfertigung einer generellen Offenbarungsbefugnis, die Frage des Vorliegens weiterer, übergesetzlicher Offenbarungsbefugnisse für den Problemkreis AIDS im Strafvollzug.
Die eine generelle Befugnis bzw. Pflicht zur Meldung HIV-infizierter Gefangener annehmenden Literaturmeinungen folgten im wesentlichen der oben schon erwähnten Ansicht *Gepperts*, der 1983, basierend auf Überlegungen zur entsprechenden Anwendung des für Beleidigungsdelikte im § 193 StGB ausdrücklich kodifizierten Grundsatzes der Wahrnehmung berechtigter Interessen, Offenbarungsbefugnisse aus der Gesamtverantwortung der Vollzugsbehörde für das Geschehen in der Anstalt abgeleitet hatte.[147] Insbesondere sah *Geppert* einen derartigen Fall bei Erkrankungen von Gefangenen gegeben, *„soweit diese in die Vollzugsgemeinschaft hineinwirken.“*[148] Eine Konkretisierung im Hinblick auf die AIDS-Problematik erfolgte in einem späteren Aufsatz, in dem *Geppert* diesbezüglich aus seinen zuvor entwickelten Grundsätzen eine generelle Offenbarungsbefugnis und -pflicht des Anstaltsarztes gegenüber dem Anstaltsleiter folgerte und deren Notwendigkeit abermals mit den zu strengen Voraussetzungen des § 34 StGB begründete.[149]

---

[145] *Knapp* 1996, S. 197, 200; *Schmuck* 1989, S. 170. Anderer Ansicht *Dargel* (1989, S. 158), der aus § 34 StGB eine generelle Befugnis zur Offenbarung einer Infektion gegenüber dem Anstaltsleiter ableitet. Er stützt sich auf die nach § 34 StGB vorzunehmende Interessenabwägung, vernachlässigt aber die übrigen Voraussetzungen der Vorschrift (vgl. hierzu *Knapp* 1996, S. 194 f.).

[146] *Bruns* 1987, S. 506; vgl. *Michels* 1988, S. 423. Ablehnend zur sehr umstrittenen Frage der Vergabe von Spritzen und Kondomen *Eberbach* 1988, S. 254 ff. sowie *Sigel* 1989, S. 157 f.

[147] *Geppert* 1983, S. 31.

[148] *Ders.* S. 35.

[149] *Ders.* 1996, S. 244 ff.

Die sich auf *Geppert* berufende Literatur ging auf dessen dogmatische Verankerung der Thematik im Gedanken der „Wahrnehmung berechtigter Interessen“[150] nicht ein, sondern beließ es bei etwas diffus wirkenden Erwähnungen der „Gesamtverantwortung der Vollzugsbehörde.“[151]

Obwohl die somit befürwortete Umgehung der Voraussetzungen des § 34 StGB äußerst problematisch erscheint, ist doch zuzugeben, daß die genannte Ansicht aus Gründen der Praktikabilität durchaus Vorzüge besaß. Folgte man der strengeren, ausschließlich auf § 34 StGB bauenden Betrachtungsweise, so bürdete man dem Anstaltsarzt die Pflicht auf, in jedem Einzelfall die Frage des Vorliegens einer gegenwärtigen Gefahr zu prüfen. Dies hätte bedeutet, daß der Arzt jeden von ihm als HIV-positiv getesteten Gefangenen im Hinblick auf die oben genannten Risikofaktoren (Aggressivität, intravenöse Drogenabhängigkeit, Neigung zu übertragungsrelevanten sexuellen Praktiken) hätte ausforschen müssen, um eine jeweilige Abwägungsentscheidung zu treffen. Konsequenterweise hätte dann die Anstaltsleitung in jedem Einzelfall der Zuweisung einer mit Übertragungsrisiken verbundenen Beschäftigung sowie bei sämtlichen, jedweden Gefangenen betreffenden Lockerungsentscheidungen (mit Ausnahme der Ausführung) erneut den Anstaltsarzt informieren müssen, um ihm eine abermalige Möglichkeit zu geben, im Falle einer eventuell zuvor diagnostizierten Infektion nach § 34 StGB über eine Offenbarung zu entscheiden.
Wollte man sich also ausschließlich auf den Notstandsgedanken verlassen, so übertrug man dem Arzt konsequent betrachtet eine Verantwortung, die zu tragen im Grunde nicht mehr in den Kreis der eigentlichen ärztlichen Aufgaben fällt.[152]

So unklar und umstritten die Rechtslage war, so uneinheitlich verfuhr auch die Praxis.
Während es in einigen Bundesländern den Anstaltsärzten überlassen blieb, eigenverantwortlich zu entscheiden, ob eine festgestellte HIV-Infektion der Anstaltsleitung mitgeteilt werden soll, bestand in anderen Ländern die Anordnung, positive Befunde generell dem Anstaltsleiter bekanntzugeben.[153]

---

[150] Die Anwendbarkeit dieses Grundsatzes über die Beleidigungsdelikte hinaus ist äußerst umstritten, vgl. Anm. 119.

[151] *Arloth* 1986, S. 298; *Schlund* 1987, S. 406; *Sigel* 1989, S. 162.

[152] *Geppert* 1996, S. 245.

[153] Endbericht der Enquete-Kommission des 11. Deutschen Bundestages „Gefahren von AIDS und wirksame Wege zu ihrer Eindämmung“ aus dem Jahr 1990, S. 149 (BT-Drucks. 11/7200).

1.3.2. Bekanntgabe gegenüber weiteren Personen durch den Anstaltsleiter

Hat der Anstaltsleiter Kenntnis über die Identität sämtlicher oder ausgewählter HIV-positiv getesteter Gefangener erlangt, so stellt sich für ihn die Frage, inwieweit er zur Information von Anstaltsbediensteten und Mitgefangenen berechtigt ist.

Der Anstaltsleiter unterliegt nur der gegenüber § 203 Abs. 1 StGB weniger strengen Pflicht zur Amtsverschwiegenheit nach § 203 Abs. 2 Satz 1 Nr. 1 StGB, welche eine Geheimnisweitergabe innerhalb derselben Behörde, d. h. an andere Anstaltsbedienstete, zum Zweck der ordnungsgemäßen Aufgabenerfüllung nicht umfaßt (vgl. oben II.3.). Berücksichtigt man die große Bedeutung des tangierten Grundrechts auf informationelle Selbstbestimmung, bedarf jedoch auch hier die Erforderlichkeit der Informationsweitergabe und somit deren Zulässigkeit einer gewissenhaften Prüfung.[154]
In der Literatur wurde diesbezüglich die Fürsorgepflicht des Anstaltsleiters für Gefangene und Bedienstete betont, der Kreis der zu informierenden Bediensteten aber unterschiedlich weit gezogen. Während *Sudhaus*,[155] *Eberbach*,[156] und *Dargel*[157] eine Information sämtlicher Bediensteter, die mit einem HIV-infizierten Gefangenen in irgendeiner Form in Kontakt treten, für erforderlich halten, wird die Situation andernorts differenzierter gesehen und auf exponierte Gefährdungssituationen abgestellt.[158]

Eine Unterrichtung von Mitgefangenen über eine vorliegende HIV-Infektion ist nur in einem Notstandsfall zulässig und muß die absolute Ausnahme bleiben. Zu weitgehend erscheint hier die Ansicht von *Dargel*, der schon aus der Tatsache der Unterbringung im selben Haftraum eine konkrete Gefährdung ableitet.[159] Käme es zu einer allgemeinen Praxis der Information von Zellennachbarn über eine festgestellte HIV-Infektion, so würde dies vermutlich das allgemeine Infektionsrisiko eher erhöhen denn verringern. Da eine Negativtestung, wie schon wiederholt gesagt wurde, nicht zwangsläufig bedeutet, daß keine Infektion vorliegt, bestünde die Gefahr einer allzu großen Sorglosigkeit im eventuell infektionsrelevanten Umgang miteinander.[160]

---

[154] *Bruns* 1987, S. 506; *Dargel* 1987, S. 159.
[155] *Sudhaus* 1986, S. 2.
[156] *Eberbach* 1987, S. 290.
[157] *Dargel* 1987, S. 160.
[158] *Geppert* 1996, S. 247; *Sigel* 1989, S. 162.
[159] *Dargel* 1987, S. 161.
[160] *Geppert* 1996, S. 248.

Eine Information außerhalb des Anstaltsgefüges stehender Personen ist ebenfalls nur im Falle rechtfertigenden Notstands zulässig.[161]
Umstritten ist die Frage der Zulässigkeit der namentlichen Bekanntgabe der infizierten Gefangenen gegenüber der Aufsichtsbehörde.[162]
In der Praxis wurde auch die Erkenntnisweitergabe durch den Anstaltsleiter in den verschiedenen Bundesländern unterschiedlich gehandhabt. Durch zahlreiche besondere Maßnahmen im Umgang mit den betroffenen Gefangenen (z. B. Anordnung des Tragens von Handschuhen bei der Zellenkontrolle, Obstzulage etc.) bzw. durch Vermerke unterschiedlichster Art auf verschiedensten Akten, Laufkarten, Begleitpapieren etc. war die Tatsache einer HIV-Infektion jedoch vielfach binnen kurzer Zeit in der Anstalt allgemein bekannt.[163]

2. Medizinische Zwangsmaßnahmen gemäß § 101 StVollzG

Eine insbesondere in der ersten Hälfte der achtziger Jahre vieldiskutierte Problematik war die Frage der Zwangsernährung von hungerstreikenden Gefangenen. Anlaß hierzu waren Hungerstreiks, die im Frühjahr 1981 von zahlreichen wegen terroristischer Straftaten verurteilten Gefangenen als Druckmittel eingesetzt wurden, um Hafterleichterungen und die Zusammenlegung in größere Gruppen zu erreichen. Aus der damaligen Fassung des § 101 Abs. 1 StVollzG ergab sich eine Verpflichtung der Vollzugsbehörde, im Falle von Lebensgefahr sowie schwerwiegender Gefahr für die Gesundheit der Gefangenen medizinische Zwangsmaßnahmen durchzuführen.
Die Hungerstreikenden des Jahres 1981 wurden zwangsernährt, bei einer späteren Hungerstreikaktion im Winter 1984/85 lehnten die betroffenen Anstaltsärzte, unterstützt durch die ärztlichen Standesorganisationen, die Durchführung von Zwangsmaßnahmen ab.[164] Dies war mit ein Grund dafür, daß § 101 Abs. 1 StVollzG im Jahre 1985 geändert wurde.[165] Nach der Neufassung ist die Anstalt nun nicht mehr verpflichtet, medizinische Zwangsmaßnahmen durchzuführen, solange von einer freien Willensbestimmung des Gefangenen ausgegangen werden kann.

---

[161] *Geppert* 1996, S. 249 f. In Bayern wurden allerdings Vollzugslockerungen bei HIV-infizierten Gefangenen davon abhängig gemacht, daß diese ihre Intimpartner oder andere gefährdete Personen über die Infektion unterrichteten und dies der Anstaltsleitung nachwiesen (Bericht der Enquete-Kommission „Gefahren von AIDS und wirksame Wege zu ihrer Eindämmung“, BT-Drucks. 11/7200, S. 149).
[162] Eine Berichtspflicht annehmend *Schlund* 1987, S. 406; dagegen *Geppert* 1996, S. 250. Ausführlich hierzu *Knapp* 1996, S. 217 ff.
[163] Siehe Kommissionsbericht aaO (Anm. 161), S. 150.
[164] Schwind/Böhm-*Müller* 1999, § 101 Rn. 1.
[165] BT-Drucks. 10/2781, S. 6.

Im Zusammenhang mit der Zwangsernährungsproblematik war auch zu klären, ob und inwieweit der betroffene Anstaltsarzt berechtigt oder verpflichtet war, die Anstaltsleitung über den aktuellen Gesundheitszustand der Hungerstreikenden zu informieren.
Während dies einerseits mit dem Argument der Gesamtverantwortung der Vollzugsbehörde nach außen[166] sowie der Überlegung, daß für Entscheidungen des Anstaltsleiters eine eventuelle Zwangsernährung betreffend bestimmte Erkenntnisse des Arztes unentbehrlich seien,[167] bejaht wurde, gab es auch ablehnende Stimmen, wonach Erkenntnisse nur bei einer ausdrücklichen Entbindung des Arztes von der Schweigepflicht weitergegeben werden sollten.[168]
Schon nach der alten Fassung des § 101 StVollzG war ärztliches Wissen für die Frage der Notwendigkeit und Durchführbarkeit einer medizinischen Zwangsmaßnahme relevant. Da die neue Gesetzesfassung nun die Verpflichtung der Vollzugsbehörde zu derartigen Maßnahmen erst ab dem Zeitpunkt vorsieht, ab dem nicht mehr von einer freien Willensbestimmung des Gefangenen ausgegangen werden kann, ergibt sich hieraus eine weitere Notwendigkeit der ärztlichen Beurteilung.
Dreh- und Angelpunkt der Frage nach einer diesbezüglichen ärztlichen Offenbarungsbefugnis war somit zunächst die Frage der Anordnungskompetenz für Maßnahmen nach § 101 StVollzG. Sollte die Anordnungskompetenz für den Einzelfall bei der Anstaltsleitung liegen, müßte bei einer Auslegung des § 101 StVollzG nach Sinn und Zweck hieraus auch eine Offenbarungsbefugnis abgeleitet werden, da eine derartige Entscheidung ohne genaue Kenntnisse über den Gesundheitszustand des betroffenen Gefangenen sinnvollerweise nicht möglich ist. Vergleichbar wäre diese Situation in etwa mit der Offenbarungsbefugnis bei einer Sachverständigenbegutachtung im Falle von gesetzlichen Duldungspflichten (siehe oben A.II.2.5.).

Nach dem Wortlaut von § 101 Abs. 3 StVollzG dürfen medizinische Zwangsmaßnahmen *„nur auf Anordnung und unter Leitung eines Arztes"* durchgeführt werden. Trotz dieser scheinbar eindeutigen Formulierung gehen die Meinungen über die Anordnungskompetenz auseinander. Eine der Ursachen der Irritation ist, daß zwar Absatz 3 nur den Arzt erwähnt, in Absatz 1 aber von einer eventuellen Verpflichtung der Vollzugsbehörde gesprochen wird.[169]
Nöldeke/Weichbrodt[170] sowie *Geppert*[171] sehen die Entscheidung darüber, ob im Einzelfall eine medizinische Zwangsmaßnahme nach § 101 StVollzG zulässig

[166] *Geppert* 1983, S. 34.
[167] *Weichbrodt* 1983, S. 315.
[168] *Zettel* 1988, S. 202; vgl. *Zieger* 1981, S. 559 ff.
[169] *Nöldeke/Weichbrodt* 1981, S. 284. Es dürfte allerdings nicht schwer sein, auch den Anstaltsarzt als Teil der Vollzugsbehörde zu begreifen.
[170] *Nöldeke/Weichbrodt* 1981, S. 285.

ist, als speziellen Anwendungsfall der Regelung bezüglich besonderer Sicherungsmaßnahmen nach § 91 StVollzG an. Demnach käme die Anordnungskompetenz, d. h. das Recht zur Beantwortung der Frage, *ob* eine Zwangsmaßnahme durchzuführen ist, dem Anstaltsleiter nach vorheriger Anhörung des Arztes zu. Aufgabe des Arztes sei es, darüber zu entscheiden, *wie* die Maßnahme durchzuführen ist. Die gesetzliche Formulierung *„auf Anordnung eines Arztes"* sei somit, wenn man sie nicht gleich als Redaktionsversehen begreifen wolle, als Spezialfall des § 91 Abs. 2 StVollzG zu sehen, welcher die Pflicht zur Anhörung des Arztes regelt.[172]
Wie allerdings dem die Änderung des § 101 StVollzG betreffenden Beratungsbericht des Rechtsausschusses des Bundestages aus dem Jahre 1985 zu entnehmen ist, wurde eine geplante Streichung der Worte *„auf Anordnung"* in Absatz 3 ausdrücklich abgelehnt. Die Auslegung der damaligen und insoweit bis heute gültigen Fassung des Absatzes 3 durch den Rechtsausschuß erfolgte dahingehend, daß zwar Verfügungen der Aufsichtsbehörden über medizinische Zwangsmaßnahmen nicht durch einen Arzt ergehen müßten, die Anordnung der Zwangsmaßnahme gegenüber dem Gefangenen aber durch einen Arzt zu erfolgen habe.[173]
Der gesetzgeberische Wille ist somit in der Weise zu deuten, daß die abstrakte Anordnung, wann, d. h. bei Vorliegen welcher konkreten Faktoren, Zwangsmaßnahmen zu erfolgen haben, durch die Aufsichtsbehörde oder Anstaltsleitung vorgenommen werden kann, die Einzelfallentscheidung aber dem Anstaltsarzt zukommt.[174]
Mitunter wird nach Abflauen der Welle kollektiver Hungerstreiks, bei denen der Problematik der Zwangsernährung hohe politische Brisanz zukam, kein Bedarf mehr für die Unterscheidung zwischen genereller Anordnungsbefugnis der Vollzugsbehörde und der Kompetenz für die Einzelfallanordnung durch den Arzt gesehen, so daß hiernach ausschließlich auf den Arzt abzustellen wäre.[175]

Bezogen auf die Frage der ärztlichen Schweigepflicht heißt dies nun, daß eine Offenbarung von Untersuchungsbefunden bezüglich der Notwendigkeit von medizinischen Zwangsmaßnahmen gegenüber dem Anstaltsleiter aus Sinn und Zweck des § 101 StVollzG nur dann gerechtfertigt war, wenn man der im Hinblick auf die gesetzgeberische Willensäußerung von 1985 fragwürdig gewordenen Auslegung folgte, daß die Anordnungsbefugnis im Einzelfall dem Anstaltsleiter zukomme. Diese dogmatische Begründungsmöglichkeit einer Offenbarungsbefugnis entfällt aber, falls die Entscheidungskompetenz dem Arzt zuge-

---

[171] *Geppert* 1976, S. 11; *ders.* 1982, S. 189 f.
[172] *Geppert* 1982, S. 190.
[173] BT-Drucks. 10/2781, S. 7.
[174] Vgl. *Calliess/Müller-Dietz* 2002, § 101 Rn. 11.
[175] Schwind/Böhm-*Müller* 1999, § 101 Rn. 32 f.

billigt wird. Der Anstaltsleiter braucht dann keine Entscheidung im Sinne des § 101 StVollzG zu fällen. Es besteht somit zumindest unter diesem Gesichtspunkt kein Bedürfnis, ihn über die Untersuchungsbefunde zu informieren.

Nachvollziehbar ist allerdings, daß aus Gründen der Gesamtverantwortung der Vollzugsbehörde nach außen ein Interesse des Anstaltsleiters besteht, über den Gesundheitszustand eines medizinischen Zwangsmaßnahmen unterliegenden Gefangenen informiert zu sein.[176] Fraglich ist aber wiederum, ob diese tatsächliche Notwendigkeit auch geeignet war, um als rechtsdogmatische Begründung herangezogen zu werden.

3. Feststellung der Arbeitsunfähigkeit

Ein weiterer Punkt, in dem *Geppert* es für erforderlich hielt, eine Problemkonstellation in den Kontext der außerordentlichen Offenbarungsbefugnisse aufgrund der Gesamtverantwortung der Vollzugsbehörde einzustellen, betraf die Bekanntgabe der Ergebnisse ärztlicher Untersuchungen von Gefangenen, die sich für arbeitsunfähig hielten.[177]

Zweifellos ist es erforderlich, daß die Anstaltsleitung, um zwischen Arbeitsunfähigkeit und Arbeitsunwilligkeit unterscheiden und eine dementsprechende Entscheidung die Arbeitspflicht des jeweiligen Gefangen betreffend fällen zu können, über die Ergebnisse der Untersuchung eines sich krankmeldenden Gefangenen unterrichtet wird. Fraglich ist allerdings, ob hierfür ein Rückgriff auf außerordentliche, strafvollzuglich bedingte Offenbarungsbefugnisse erforderlich war oder ob diese Problemkonstellation auch nach den allgemeinen Grundsätzen zufriedenstellend hätte bewältigt werden können.
Gemäß § 41 Abs. 1 StVollzG besteht für Gefangene bis zum Alter von 65 Jahren Arbeitspflicht, sofern sie aufgrund ihres körperlichen Zustands zur Arbeitsleistung in der Lage sind.
Erstmals beurteilt wird die Frage der Arbeitsfähigkeit im Rahmen der ärztlichen Aufnahmeuntersuchung, die der Gefangene zu dulden hat und deren Ergebnisse schon aus den oben dargelegten Gründen an die Anstaltsleitung weitergegeben werden durften.[178]

---

[176] *Geppert* 1983, S. 34.

[177] *Geppert* 1983, S. 36.

[178] *Calliess/Müller-Dietz* 2000, § 5 Rn. 4 (zur Duldungspflicht); siehe auch die VV zu § 5 (ehem. Nr. 1); vgl. oben unter III. In dem vom OLG Hamm (ZfStrVo 1987, S. 184 f.) zu beurteilenden Fall der ärztlichen Bestätigung der Arbeitsfähigkeit allein aufgrund der Gesundheitsakten erfolgte offensichtlich auch nur die Mitteilung von während der Aufnahmeuntersuchung zutage getretenen Erkenntnissen.

Fühlt sich ein Gefangener zu einem späteren Zeitpunkt aus gesundheitlichen Gründen nicht in der Lage, die ihm zugewiesene Arbeit zu verrichten, hat er, um nicht als selbstverschuldet ohne Arbeit zu gelten, die Gelegenheit, beim Anstaltsarzt vorstellig zu werden und sich seine Arbeitsunfähigkeit bestätigen zu lassen.[179]
Auch für diesen Fall ließ sich eine Offenbarungsbefugnis schon aus den allgemeinen Grundsätzen ableiten. Unterwirft sich ein Gefangener freiwillig einer gutachterlichen Untersuchung (als solche ist eine Untersuchung im Hinblick auf das Bestehen oder Nichtbestehen der Arbeitsfähigkeit anzusehen), so ist davon auszugehen, daß er in die Offenbarung der bezüglich der Fragestellung der Arbeitsfähigkeit erheblichen Erkenntnisse einwilligt.[180]

4. Entscheidungen über Vollzugslockerungen und Verlegungen in den offenen Vollzug

Erkenntnisse von Ärzten, Psychologen und Sozialarbeitern können auch für die Fragen der Verlegung in den offenen Vollzug gemäß § 10 StVollzG sowie der Gewährung von Vollzugslockerungen gemäß § 11 ff. StVollzG Relevanz haben.

Stellungnahmen der genannten Personen können bisweilen hilfreich oder notwendig sein, um Prognoseentscheidungen bezüglich der Flucht- und Mißbrauchsgefahr im Sinne der §§ 10 Abs. 1, 11 Abs. 2 StVollzG zu treffen.

Ein weiterer Punkt, der unter Umständen ärztlicher Beurteilung bedarf, betrifft die Frage der Erforderlichkeit einer Ausführung oder eines Ausgangs im Sinne des § 11 Abs. 1 Nr. 2 StVollzG bei Vorbringen des Gefangenen, er müsse sich einer medizinischen Behandlung unterziehen, die innerhalb der Justizvollzugsanstalt nicht durchführbar sei.
Eine derartige Konstellation lag einer Entscheidung des Oberlandesgerichts Karlsruhe zugrunde.[181] Das Gericht hielt hier die Offenbarung ärztlicher Erkenntnisse für gerechtfertigt, da sich aus der Gesamtverantwortung der Vollzugsbehörde für die gesundheitliche Betreuung der Strafgefangenen im Einzelfall ein Recht des Arztes zur Offenbarung der Tatsachen ergeben könne, die ihm

---

[179] Vgl. OLG Hamm NStZ 1985, S. 429.

[180] Vgl. *Bockelmann* 1967, S. 14. Siehe auch die Ausführungen oben unter A.II.2.5.

[181] OLG Karlsruhe NStZ 1993, S. 405 f. Ein Gefangener hatte eine Ausführung in die Zahnklinik beantragt, um eine bestimmte zahnmedizinische Behandlung durchführen zu lassen. Die den Gefangenen in der Anstalt betreuenden Zahnärzte teilten nun der Anstaltsleitung mit, daß die für den Gefangenen erforderliche Behandlungsmaßnahme ohne weiteres innerhalb der Anstalt durchgeführt werden könne, so daß eine Ausführung nicht erforderlich sei. Der Gefangene erstattete Strafanzeige gegen die Zahnärzte wegen Verstoßes gegen § 203 Abs. 1 StGB.

bei der Behandlung bekannt geworden sind. Da insoweit spezielle Rechtsgrundlagen fehlten, müßten die Grenzen der Mitteilungsbefugnis des Arztes je nach Einzelfall mit Hilfe einer Güter- und Interessenabwägung so gezogen werden, daß einerseits die notwendigen dienstlichen Maßnahmen nicht vereitelt oder unangemessen erschwert, andererseits die Mindestanforderungen des Datenschutzes nicht unterschritten würden.[182]

Es ist fraglich, ob eine derartige die Konturen des § 203 Abs. 1 StGB aufweichende Auslegung der Strafnorm notwendig war, um die rechtliche Möglichkeit einer in dieser Konstellation sicherlich erforderlichen punktuellen Bekanntgabe medizinischer Erkenntnisse zu begründen. *Bringewat* sah, falls man auf die vom OLG Karlsruhe postulierte außerordentliche Offenbarungsbefugnis verzichtete, die Gefahr, daß das Schweigegebot des § 203 Abs. 1 StGB zum Vehikel für die Gewährung sachlich nicht begründeter Vollzugslockerungen werden könnte.[183] Diese Befürchtung erscheint allerdings nicht gerechtfertigt. Wenn ein Gefangener aus eigenem Interesse eine Ausführung zur medizinischen Behandlung beantragt, so ist es seine Aufgabe, fundiert die Erforderlichkeit dieser Maßnahme darzulegen. Kann diese nur durch eine ärztliche Stellungnahme belegt werden, so ist die Ausführung zu versagen, falls der Antragssteller nicht das Seinige tut (wie beispielsweise die punktuelle Befreiung des behandelnden Arztes von der Schweigepflicht oder die Einwilligung in eine Begutachtung durch einen anderen Arzt), um der Anstaltsleitung die zur Entscheidung erforderlichen Kenntnisse zukommen zu lassen.[184]

Bezüglich der anderen, für die Praxis wohl bedeutsameren Konstellation der Mitwirkung von eigentlich Schweigepflichtigen bei der prognostischen Beurteilung der Flucht- und Mißbrauchsgefahr nach §§ 10 Abs. 1, 11 Abs. 2 StVollzG herrschten in der Rechtslehre gewisse Unklarheiten.
In der Literatur wird die Erforderlichkeit der Mitwirkung von Psychologen in einzelnen Fällen betont.[185] Besondere Bedeutung hat in diesem Zusammenhang die Entscheidung des Bundesgerichtshofs zur Problematik der gerichtlichen Kontrolle von Auslegung und Anwendung des unbestimmten Rechtsbegriffs der Flucht- und Mißbrauchsgefahr, wonach Gerichte unter anderem zur Überprü-

---

[182] S. 406.
[183] *Bringewat* 1993, S. 457.
[184] Vgl. hierzu OLG Hamm NStZ 1986, S. 187, wonach es für die Beurteilung der Frage einer Zurückstellung von der Strafvollstreckung nach § 35 BtMG für zulässig erachtet wird, dem Verurteilten aufzugeben, Ärzte und Therapeuten für Stellungnahmen über Verlauf und Ergebnis einer Therapie von der Schweigepflicht zu entbinden. Siehe auch *Portius* 2000, S. 275.
[185] *Bohling/Kunze* 1988, S. 176 f.; *Haas* 1981, S. 36 ff.; *Mai* 1981, S. 14; *Müller-Dietz* 1987a, S. 353 f.

fung befugt und verpflichtet sind, ob die Vollzugsbehörde ihrer Entscheidung einen vollständig ermittelten Sachverhalt zugrunde gelegt hat.[186] Infolge dieser Entscheidung wurden die Anforderungen an die vollständige Sachverhaltsermittlung recht hoch angesetzt. Es wurde mitunter verlangt, im Rahmen der Darstellung und Abwägung der für und gegen eine Fluchtgefahr sprechenden Umstände sei eine Schilderung der Persönlichkeit und der Entwicklung des Gefangenen bis zur Tat, eine Mitteilung der Art und Weise und der Motive der Tatbegehung sowie eine Darlegung der Entwicklung und des Verhaltens des Gefangenen im gesamten bisherigen Vollzug vorzunehmen.[187] Um all diese Punkte beurteilen und darstellen zu können, ist bei bestimmten Gefangenen die Heranziehung eines Psychologen durch die Anstaltsleitung sicherlich hilfreich.
Das gleiche gilt für die Feststellung einer erheblichen Suchtgefährdung im Sinne der VV Nr. 7 Abs. 2a zu § 11.

Es ist zu differenzieren zwischen der Bestellung eines Gutachters, dessen Untersuchung sich der eine Lockerung begehrende Gefangene um der Erreichung dieser Lockerung willen freiwillig mit Befreiung des Gutachters von der Schweigepflicht unterwirft,[188] und Stellungnahmen von eigentlich Schweigepflichtigen, welche in die Therapie des Gefangenen selbst eingebunden sind und die Erkenntnisse aus ebendiesem Therapiegeschehen weitergeben.[189]
Wie man sich die rechtliche Ausgestaltung der Geheimnisoffenbarung in der letztgenannten Konstellation vorstellte, blieb mangels gesetzlicher Regelungen weitestgehend ungeklärt.[190]
Denkbar war sicherlich die vorherige Einholung eines Einverständnisses. War dieses nicht zu erlangen und sah der behandelnde Therapeut bei Bewilligung einer Lockerung eine konkrete Gefahr der Begehung weiterer Straftaten, ergab sich eine punktuelle Offenbarungsbefugnis diesbezüglich ohne weiteres aus der Notstandsregelung des § 34 StGB.[191]

---

186 BGHSt 30, S. 320.

187 OLG Frankfurt NStZ 1982, S. 349, 350. Vgl. *Calliess/Müller-Dietz* 2002, § 11 Rn. 18; Schwind/Böhm-*Kühling/Uhlenbruck* 1999, § 11 Rn. 14.

188 Vgl. OLG Celle ZfStrVo 1985, S. 243.

189 So z. B. bei *Lippenmeier/Steffen* 1977, S. 101, wonach in der sozialtherapeutischen Anstalt Düren vom Wohngruppenleiter (jeweils ein Sozialarbeiter, S. 91) Stellungnahmen zu Lockerungsanträgen, Verlaufsberichte und Behandlungspläne der Personalkonferenz vorgelegt wurden. Unklar bei *Bohling/Kunze* 1988, S. 177 f.

190 Eindeutiger war die Rechtslage bezüglich des *Maßregelvollzugs* in Hamburg sowie im Saarland. In den dortigen Maßregelvollzugsgesetzen war der Umgang mit personenbezogenen Daten im Hinblick auf die Einsichtnahme durch andere Mitarbeiter der Einrichtung sowie auf die Weitergabe an außerhalb stehende Stellen (etwa Strafvollstreckungskammern) ausdrücklich geregelt (§ 36 HambMaßregelVollzG; § 31 SaarMaßregelVollzG; abgedruckt bei *Volckart* 1999, S. 348 bzw. 447).

191 Sch/Sch-*Lenckner* 1997, § 203 Rn. 56; *Würthwein* 1992, S. 207.

Müller-Dietz ging davon aus, daß der Schutzbereich des § 203 Abs. 1 StGB nicht berührt sei, falls sich der Psychologe auf die Bekanntgabe von Schlußfolgerungen seiner therapeutischen Gespräche beschränkte und Details verschwieg.[192] Diese Betrachtungsweise ist aber nicht unumstritten, nach anderer Ansicht sind dem Geheimnisbegriff des § 203 StGB auch aufgrund besonderen beruflichen Wissens gezogene Schlußfolgerungen zuzuordnen, sofern bekanntgewordene Tatsachen und Erfahrungssätze miteinander verknüpft werden.[193]

In der Praxis wurde wohl auch hier vielfach mit Offenbarungsbefugnissen aufgrund der Gesamtverantwortung des Anstaltsleiters gearbeitet.[194]
In den Jahren 1993/94 wurden von einem interdisziplinären Arbeitskreis die sogenannten „Sankelmarker Thesen für die Psychotherapie mit Straffälligen" als Orientierungshilfe für die Praxis erarbeitet.[195] Dieser Thesenkatalog befaßt sich auch mit der Problematik von Schweigen und Offenbaren.[196] Es wird dort die grundsätzliche Bedeutung der Wahrung der Verschwiegenheit für ein gedeihliches Therapiegeschehen betont, gleichzeitig aber auch das Erfordernis ihrer punktuellen Durchbrechung anerkannt sowie die gesetzliche, wissenschaftliche und justizielle Ungeklärtheit der Problematik festgestellt. Die dann folgenden Verhaltensempfehlungen beschäftigen sich vornehmlich mit dem Bereich des Maßregelvollzugs und der Erkenntnisweitergabe an Strafvollstreckungskammern. Bezüglich des hier diskutierten Problems der *inneranstaltlichen* Weitergabe von Erkenntnissen des Psychotherapeuten aus dem Therapiegeschehen lassen sich den Thesen jedoch keine konkreten Hilfestellungen entnehmen.

Gut in dieses Gesamtbild paßt auch das Ergebnis einer Umfrage unter im Strafvollzug tätigen Psychologen. Auf die Frage, ob die Schweigepflicht in ihrem Arbeitsgebiet in der Vergangenheit geregelt war, meinten 42 %, dies sei der Fall gewesen, 40 % verneinten dies und 17 % antworteten mit „weiß nicht".[197]

---

[192] *Müller-Dietz* 1987a, S. 374.
[193] LK-*Schünemann* 2000, § 203 Rn. 20; AK-StVollzG-*Weichert* 2000, § 182 Rn. 16; vgl. *Werdenich/Wagner* 1998, S. 46.
[194] *Schöch* 1999, S. 259. Vehement abgelehnt wurde dies allerdings von *Marx* (1983, S. 172 f., 177 f.), wonach es um der erfolgreichen Behandlung willen hingenommen werden müsse, daß evtl. für strafvollzugliche Entscheidungen wichtige Erkenntnisse verloren gingen. *Marx* forderte eine konsequente personelle Trennung zwischen Gutachter und Therapeut.
[195] *Beier/Hinrichs* 1996, S. 27 f.
[196] Vollständig abgedruckt bei *Beier/Hinrichs* 1995, S. 158 ff.; zur Verschwiegenheit S. 162 ff.
[197] *Hartmann* 1999, S. 51.

C. Zusammenfassung

Es ist abschließend festzustellen, daß die Problematik der Schweigepflicht im Strafvollzug nach alter Rechtslage als zum Teil ungeklärt und unsicher angesehen wurde.[198]
Wie gezeigt wurde, war es insbesondere in den Bereichen des Umgangs mit der HIV-Infektion, der Frage medizinischer Zwangsmaßnahmen und zum Teil auch der Mitwirkung des Behandlungspersonals bei Lockerungsentscheidungen schwierig, vermeintliche oder tatsächliche Bedürfnisse der Praxis mit der geltenden Rechtslage in Einklang zu bringen. Um diesbezüglich[199] eine Harmonisierung zwischen Rechtslage und angenommenen praktischen Bedürfnissen zu erreichen, wurde die Rechtsfigur der Offenbarungsbefugnis aufgrund der Gesamtverantwortung der Vollzugsbehörde entwickelt, wodurch es zu einer relativ starken Ausdehnung der Fälle der Befugtheit der Offenbarung im Sinne des § 203 Abs. 1 StGB kam.
Offenbarungsmöglichkeiten in vergleichbarem bzw. noch weiterem Umfang hätten durch die Rechtslehre bei einer anderen Sichtweise des Verhältnisses von Berufsverschwiegenheit nach § 203 Abs. 1 StGB und Amtsverschwiegenheit nach Absatz 2 begründet werden können. Dieser Weg war allerdings durch die allgemeine Mißdeutung der diesbezüglichen gesetzgeberischen Intention versperrt (siehe oben unter B.II.3.).

Wie schon wiederholt festgestellt, ist das Recht auf informationelle Selbstbestimmung grundrechtlich verankert.[200] Auch bei Strafgefangenen ist eine Einschränkung desselben somit nur auf gesetzlicher Grundlage möglich.[201]
Rückblickend erscheint demnach die von der herrschenden Meinung praktizierte Einschränkung des Rechts auf informationelle Selbstbestimmung durch ein übergesetzliches Prinzip in verfassungsrechtlicher Hinsicht bedenklich.[202]

Eine in diesem Zusammenhang wesentliche Frage, die von der Literatur allerdings nicht diskutiert wurde, ist die nach der Verträglichkeit der das Recht auf informationelle Selbstbestimmung einschränkenden Grundsätze von der Offenbarungsbefugnis aufgrund der Gesamtverantwortung der Vollzugsbehörde mit dem Exklusivitätsprinzip des § 4 Abs. 2 Satz 2 StVollzG. Nach dieser Norm

---

[198] *Lackner/Kühl* 1997, § 203 Rn. 20; *Beier/Hinrichs* 1996, S. 27; *Eberbach* 1988, S. 257; *Geppert* 1996, S. 243; *Müller-Dietz* 1987a, S. 376.

[199] Sowie bezüglich einiger anderer Konstellationen, die aber, wie oben dargelegt wurde, auch unter Anwendung der allgemeinen Regeln zu einem zufriedenstellenden Ergebnis hätten gebracht werden können.

[200] BVerfGE 65, S. 1 ff.

[201] Vgl. BVerfGE 33, S. 1 ff.

[202] Vgl. Sch/Sch-*Lenckner* 1997, § 203 Rn. 56.

sind Einschränkungen der Rechte Gefangener, soweit nicht ausdrücklich im Gesetz geregelt, nur bei Unerläßlichkeit zur Aufrechterhaltung der Sicherheit bzw. zur Abwendung einer schwerwiegenden Störung der Ordnung zulässig. Hieraus resultiert konsequenterweise das Verbot, Rechtsbeschränkungen durch analoge Anwendung anderer Normen aus dem Strafvollzugsgesetz oder anderen Gesetzen zu begründen. Findet sich im Gesetz keine ausdrückliche Eingriffsgrundlage, dürfen Eingriffe somit nur unter den genannten Voraussetzungen des § 4 Abs. 2 Satz 2 StVollzG erfolgen.[203]
Wenn *Geppert* aber die Offenbarungsbefugnis aufgrund der Gesamtverantwortung der Vollzugsbehörde auf eine analoge Anwendung der Grundsätze der Wahrnehmung berechtigter Interessen des § 193 StGB stützte,[204] so lag darin eine unzulässige Umgehung der Voraussetzungen der Generalklausel des § 4 Abs. 2 Satz 2 StVollzG.

Wie schon ausgeführt, sah man in der Literatur den Regelungszustand bezüglich der Schweigepflicht als unbefriedigend an, die Forderungen de lege ferenda gingen aber in entgegengesetzte Richtungen. Während einerseits die HIV-Problematik[205] sowie die Frage der Mitwirkung des therapeutischen Personals bei Lockerungsentscheidungen[206] betreffend gefordert wurde, die Offenbarungsbefugnisse normativ zu erweitern, kam von anderer Seite die Forderung nach einem ausdrücklichen gesetzlichen Verbot der Mitwirkung von Mitgliedern des Behandlungsstabs bei der Begutachtung der von ihnen behandelten Gefangenen.[207]

3. Kapitel: Gesetzgebungsweg

Die gesetzliche Regelung der Problematik der Schweigepflicht im Strafvollzug durch den § 182 Abs. 2 StVollzG erfolgte im Rahmen der Neufassung des Fünften Titels des Fünften Abschnitts des Strafvollzugsgesetzes unter der Überschrift „Datenschutz“ durch das Vierte Gesetz zur Änderung des Strafvollzugsgesetzes (4. StVollzGÄndG) vom 26. August 1998 mit Wirkung zum 1. Dezember desselben Jahres.[208]
Unter der Bezeichnung „Schutz besonderer Daten“ befindet sich § 182 StVollzG somit zwischen verschiedenen die Erhebung, Verarbeitung und Nutzung personenbezogener Daten betreffenden Regelungen.

---

203 Schwind/Böhm-*Böhm* 1999, § 4 Rn. 25.
204 *Geppert* 1983, S. 26 ff.; *ders.* 1996, S. 245.
205 *Eberbach* 1988, S. 257.
206 *Müller-Dietz* 1987a, S. 376.
207 *Marx* 1983, S. 179.
208 BGBl. I, S. 2461 ff.

Das Gesamtpaket hatte zum Ziel, die Vorgaben des Bundesverfassungsgerichts bezüglich des aus Art. 2 Abs. 2 i. V. m. Art. 1 Abs. 1 GG abgeleiteten Rechts auf informationelle Selbstbestimmung, wonach Eingriffe in dieses Recht einer gesetzlichen Grundlage bedürfen,[209] für den Bereich des Strafvollzugs umzusetzen.[210]
Im Hinblick auf die Frage der Schweigepflicht war von der Rechtswissenschaft, wie oben festgestellt, die Unklarheit der Rechtslage bemängelt und die Forderung nach einer diesbezüglichen gesetzlichen Regelung erhoben worden.[211] Die Aufmerksamkeit des Parlaments wurde erstmals durch den Bericht der Enquete-Kommission des 11. Deutschen Bundestages „Gefahren von AIDS und wirksame Wege zu ihrer Eindämmung“[212] auf diesen Problemkreis bzw. auf einen Teilaspekt dieser Problematik gelenkt. In diesem Bericht wurde unter anderem die uneinheitliche Handhabung der Problematik der Bekanntgabe von HIV-Infektionen durch den Anstaltsarzt gegenüber der Anstaltsleitung sowie die diesbezüglich unklare Rechtslage beanstandet und die Schaffung einer klaren Regelung empfohlen, wann die Anstaltsärzte die Schweigepflicht befugtermaßen durchbrechen dürften oder müßten.[213] Als diesbezügliche Leitlinie empfahl die Kommission den Grundsatz, daß die Anstaltsärzte das Arztgeheimnis nur durchbrechen sollten, wenn dies aufgrund ihres Eindrucks von der Persönlichkeit eines Häftlings, seines Verhaltens und seiner Lebensweise geboten erschiene.[214]

Die Begründung des Regierungsentwurfs der neuzuschaffenden Regelung des § 182 StVollzG berief sich im Hinblick auf den die Anstaltsärzte betreffenden Aspekt auf die AIDS-Problematik und die Feststellungen der genannten Enquete-Kommission. Mit dem Argument, daß auch die den Psychologen, Sozialarbeitern und Sozialpädagogen bei der Behandlung und Betreuung der Gefangenen anvertrauten Informationen sowohl in erheblicher Weise die Privatsphäre der Gefangenen berührten als auch oftmals für vollzugliche Entscheidungen von besonderem Interesse seien, wurden die in § 203 Abs. 1 Nr. 2 und 5 StGB genannten Berufsgruppen in die Regelung miteinbezogen.[215]

---

[209] BVerfGE 65, S. 1 ff.

[210] BT-Drucks. 13/10245, S. 13.

[211] So mit jeweils unterschiedlicher Stoßrichtung *Eberbach* 1988, S. 257; *Marx* 1983, S. 179; *Müller-Dietz* 1987a, S. 376.

[212] BT-Drucks. 11/7200.

[213] S. 149 f., 153.

[214] S. 152. Dahingegen auf das bisweilen bestehende Bedürfnis nach generellen Regelungen für bestimmte Situationen im Strafvollzug hinweisend das Sondervotum des Abgeordneten *Geis* (S. 362).

[215] BT-Drucks. 13/10245, S. 24.

Dieser Regierungsentwurf wies allerdings noch eine andere Struktur auf, als die dann tatsächlich verabschiedete Fassung. Nach § 182 Abs. 2 RegE sollten sämtliche betroffene Berufsgruppen im Hinblick auf die Frage der Offenbarung gleichbehandelt werden. Eine Offenbarungs*pflicht* enthielt der Entwurf überhaupt nicht, Offenbarungs*befugnisse* wurden den drei Berufsgruppen für den Fall eingeräumt, daß dies zur Abwehr erheblicher Leib- oder Lebensgefahren erforderlich oder im Hinblick auf die Aufgabenerfüllung der Vollzugsbehörde *unerläßlich* sei. Für die Fälle, in denen die jeweiligen Informationen den Ärzten, Psychologen und Sozialarbeitern/Sozialpädagogen bei der Wahrnehmung gesetzlich vorgeschriebener Mitwirkungs- oder Anhörungspflichten bekantgeworden sind, sollte die Schwelle der Offenbarungsbefugnis im Hinblick auf die Aufgabenerfüllung der Vollzugsbehörde niedriger sein, in diesen Fällen genügte die Annahme der Erforderlichkeit im Gegensatz zur Unerläßlichkeit in den übrigen Fällen.[216]

In der im Zuge des Gesetzgebungsverfahrens eingeholten Stellungnahme des Bundesrates wurde eine dahingehende Änderung des Entwurfs angeraten, daß die Offenbarungsbefugnis in jedem Fall eine Offenbarungspflicht nach sich ziehen solle, zudem solle auch für die Konstellation der Offenbarung zur Aufgabenerfüllung der Vollzugsbehörde einheitlich die Hürde der *Erforderlichkeit* genügen. Diese Änderungsvorschläge wurden damit begründet, daß der Eindruck vermieden werden müsse, den Ärzten, Psychologen und Sozialarbeitern würde eine begrenzte Befugnis zur Zusammenarbeit gewährt, über die sie im Einzelfall selbst, unabhängig von den vollzuglichen Interessen der anderen Dienste, entscheiden könnten. Auch diese Berufsgruppen müßten der Aufgabe des Justizvollzugs grundsätzlich verpflichtet sein und an ihrer Erfüllung teilnehmen. Durch die Formulierung des Regierungsentwurfs wäre ihre Mitwirkung an der Gestaltung des Vollzugs, die aufgrund ihrer Fachkenntnisse besonders wertvoll sei, zu sehr eingeschränkt.[217]

---

[216] § 182 Abs. 2 RegE: „*Personenbezogene Daten, die den in § 203 Abs. 1 Nr. 1, 2 und 5 des Strafgesetzbuchs genannten Personen von einem Gefangenen als Geheimnis anvertraut oder über einen Gefangenen sonst bekanntgeworden sind, unterliegen auch gegenüber der Vollzugsbehörde der Schweigepflicht. Die in § 203 Abs. 1 Nr. 1, 2 und 5 des Strafgesetzbuches genannten Personen sind zur Offenbarung gegenüber dem Anstaltsleiter befugt, soweit dies für die Aufgabenerfüllung der Vollzugsbehörde unerläßlich oder zur Abwehr von erheblichen Gefahren für Leib oder Leben des Gefangenen oder Dritter erforderlich ist. Darüber hinaus ist eine Offenbarung zulässig, soweit ihnen personenbezogene Daten bei der Wahrnehmung einer nach diesem Gesetz vorgeschriebenen Mitwirkung oder Anhörung anvertraut oder sonst bekanntgeworden sind und die Offenbarung für die Aufgabenerfüllung der Vollzugsbehörde erforderlich ist. Sonstige Offenbarungsbefugnisse bleiben unberührt. Der Gefangene ist vor der Erhebung über die nach Satz 2 und 3 bestehenden Offenbarungsbefugnisse zu unterrichten.*" (BT-Drucks. 13/10245, S. 10).

[217] BT-Drucks. 13/10245, S. 35.

In der Gegenäußerung der Bundesregierung tauchte dann erstmals, eventuell als Kompromißlösung, der Gedanke einer Differenzierung zwischen den Ärzten und den anderen Berufsgruppen im Hinblick auf den Umfang der Berechtigung bzw. Verpflichtung zur Offenbarung auf. Der Gedanke, zwischen solchen Dingen zu unterscheiden, die im Rahmen eines Tätigwerdens für die Anstalt bekanntwerden, und solchen, von denen die eigentlich schweigepflichtigen Personen anderweitig erfahren, wurde wieder in die Überlegungen eingeführt. Dieser Aspekt, der schon im ursprünglichen Entwurf eine Rolle gespielt hatte, wurde nun allerdings dahingehend modifiziert, daß diese Unterscheidung nur noch bei den Ärzten relevant sein sollte.[218]
Die Beschlußempfehlung des Rechtsausschusses (angenommen mit den Stimmen der Fraktionen der CDU/CSU, SPD und F.D.P.) griff dies auf und formulierte § 182 Abs. 2 StVollzG dergestalt, daß für sämtliche zur Rede stehende Berufsgruppen grundsätzlich eine Offenbarungs*pflicht* bei Erforderlichkeit zur Abwehr erheblicher Leib- oder Lebensgefahren sowie ebenfalls bei *Erforderlichkeit* zur Aufgabenerfüllung der Vollzugsbehörde bestehen solle. In Satz 3 wurde eine Privilegierung für die Ärzte angefügt. Für diese sollte demnach bei im Rahmen der allgemeinen Gesundheitsfürsorge bekanntgewordenen Geheimnissen keine Offenbarungspflicht,[219] sondern lediglich eine Offenbarungsbefugnis festgelegt werden und bei Erforderlichkeit zur Abwehr erheblicher Leib- oder Lebensgefahren sowie bei *Unerläßlichkeit* zur Aufgabenerfüllung der Vollzugsbehörde zum Tragen kommen.[220]
Diese Ungleichbehandlung von Ärzten und Psychologen bzw. Sozialarbeitern sollte nach der Begründung des Ausschusses der Tatsache Rechnung tragen, daß Gefangene nicht die Möglichkeit der freien Arztwahl haben, sondern der Gesundheitsfürsorge der Anstalt unterliegen.[221]
In der Fassung, die das Gesetz im Rechtsausschuß gefunden hat, wurde es vom Bundestag, nachdem auch in zweiter und dritter Beratung wie in der ersten jegliche Aussprache unterblieb, mit den Stimmen der Fraktionen der CDU/CSU, F.D.P. und SPD bei Stimmenthaltung der Abgeordneten von Bündnis 90/Die Grünen und der PDS beschlossen[222] und am 26. August 1998 ausgefertigt und verkündet.[223]

---

[218] BT-Drucks. 13/10245, S. 39.
[219] Abgesehen von eventuell einschlägigen anderen Offenbarungspflichten, wie etwa §§ 138, 139 Abs. 3 StGB.
[220] BT-Drucks. 13/11016, S. 19.
[221] BT-Drucks. 13/11016, S. 27.
[222] Siehe BT-Plenarprotokolle 13/230 (S. 21109) sowie 13/241 (S. 22308).
[223] BGBl. I, S. 2461 ff.

Bezüglich der Neuregelung des § 182 Abs. 2 StVollzG ist somit folgendes festzustellen:

Durch Satz 1 ist die einstmals umstrittene Frage der grundsätzlichen inneranstaltlichen Geltung des Schweigegebots des § 203 Abs. 1 StGB eindeutig bejaht worden.
In den Sätzen 2 und 3 werden die Ausnahmen von der Schweigepflicht geregelt, und es ist festzustellen, daß diese recht weitreichend sind. Außer der selbstverständlichen Offenbarungspflicht bzw. Offenbarungsbefugnis bei erheblichen Leib- oder Lebensgefahren[224] besteht nun eine Offenbarungspflicht, soweit die Offenbarung zur Aufgabenerfüllung der Vollzugsbehörde erforderlich erscheint. Die Anstaltsärzte wurden diesbezüglich in der Form privilegiert, daß bei im Rahmen der allgemeinen Gesundheitsfürsorge bekanntgewordenen Geheimnissen keine Offenbarungspflicht, sondern nur eine Befugnis hierzu besteht – und dies auch nur, sofern eine Offenbarung für die Aufgabenerfüllung der Vollzugsbehörde als *unerläßlich* angesehen wird.
Der Begriff der Unerläßlichkeit ist enger als derjenige der Erforderlichkeit. In Anlehnung an die Rechtsprechung des Bundesverfassungsgerichts sind Maßnahmen dann als unerläßlich anzusehen, wenn der Strafvollzug insgesamt ohne sie zusammenbrechen oder dessen Zweck, d. h. die Erreichung des Vollzugsziels, im jeweiligen Vollzugsverhältnis ernsthaft gefährdet würde.[225]

Wie oben dargelegt, hatten Literatur und Rechtsprechung verschiedene Konstellationen benannt, in denen es für erforderlich erachtet wurde, die Verschwiegenheitspflicht des § 203 Abs. 1 StGB zu durchbrechen. Wenn man nicht auf zum Teil, wie ebenfalls gezeigt wurde, rechtlich fragwürdige Konstruktionen zurückgriff, um freieres Offenbaren zu ermöglichen, wurden diese Konstellationen zum Anlaß genommen, um eindeutige gesetzliche Regelungen der Problematik von Schweigen und Offenbaren zu fordern.
Wie aus den vorangegangenen Ausführungen ebenfalls ersichtlich geworden ist, war das Augenmerk von Literatur und Rechtsprechung im Hinblick auf die Verschwiegenheitsproblematik im Strafvollzug vor Erlaß des § 182 Abs. 2 StVollzG vornehmlich auf den Aspekt der Verschwiegenheit des Arztes gerichtet. Allerdings wirft die Neuregelung wegen der im Vergleich zum ärztlichen Geheimnis niedrigeren Eingriffsschwelle in das therapeutische Geheimnis und der dort festgelegten Offenbarungs*pflicht* insbesondere Fragen im Hinblick auf den Tätigkeitsbereich des Psychotherapeuten im Strafvollzug auf. Zudem liegt

[224] Wobei sich aber die Offenbarungsbefugnis des Arztes im Sinne des Satzes 3 wegen der hohen Bedeutung der auf dem Spiel stehenden Rechtsgüter vielfach zu einer Offenbarungspflicht verdichten wird (Schwind/Böhm-*Schmid* 1999, § 182 Rn. 14).

[225] BVerfGE 40, S. 276, 284; vgl. Schwind/Böhm-*Schmid* 1999, § 182 Rn. 14 i. V. m. Schwind/Böhm-*Schwind* 1999, § 68 Rn. 2.

der Gedanke nahe, daß die Art und Weise der Handhabung der Verschwiegenheit des Psychotherapeuten unmittelbarer in Ablauf und Erfolg der Behandlung eingreift, als bei medizinisch-somatischen Maßnahmen. Es ist insofern verständlich, daß sich auch die Literaturreaktionen nun fast ausschließlich auf diesen Aspekt beziehen.[226]

Auch diese Arbeit soll sich schwerpunktmäßig hierauf konzentrieren, wobei allerdings im Anschluß daran auch auf die Folgen der Neuregelung für die übrigen von der Literatur nach alter Rechtslage als ergänzungsbedürftig erachteten Konstellationen kurz eingegangen werden soll.

---

[226] Siehe hierzu unten Teil II 1. Kapitel B. Da durch § 182 Abs. 2 Satz 2 StVollzG nur die Ärzte privilegiert werden, ergibt sich für die von der Norm ebenfalls betroffenen Sozialarbeiter und Sozialpädagogen die gleiche Eingriffsschwelle, wie für die Anstaltspsychologen. Daß dem Problem der Verschwiegenheit der Angehörigen der Sozialdienste in der Vergangenheit wenig Aufmerksamkeit geschenkt wurde und ihm nun, nach Erlaß der Neuregelung, auch nicht mehr Beachtung zuteil wird, ist wohl darauf zurückzuführen, daß den Gesprächsinhalten zwischen Sozialarbeiter/Sozialpädagogen und Gefangenen ein weit weniger die Intimsphäre berührender Gehalt beigemessen wird, als dies bei Ärzten und Psychotherapeuten der Fall ist. Regelmäßig handelt es sich nicht um therapeutische, sondern mehr um praktisch-beratende Gespräche (vgl. auch oben 2. Kapitel B.II.1.).

Teil II: Schweigen und Offenbaren des Psychotherapeuten im Strafvollzug

1. Kapitel: Gesetzliche Neuregelung

A. Mögliche Auswirkungen des § 182 Abs. 2 StVollzG auf den Tätigkeitsbereich des Anstaltspsychologen

Betrachtet man die Problematik der Mitwirkung von als Therapeuten tätigen Anstaltspsychologen bei Lockerungsentscheidungen unter dem Aspekt der Mitwirkung bei der prognostischen Beurteilung bezüglich des Vorliegens einer Flucht- und Mißbrauchsgefahr, so ergibt sich aus dem Wortlaut des Gesetzes unproblematisch eine Offenbarungspflicht, falls der Therapeut Kenntnisse erlangt, die ihm in irgendeiner Hinsicht für die prognostische Einschätzung relevant erscheinen.
Über die Mitwirkung bei Lockerungsentscheidungen gemäß §§ 11 ff. StVollzG hinaus können psychodiagnostische Stellungnahmen und somit die eventuelle Weitergabe von Geheimnissen noch in einer Fülle weiterer Konstellationen als im Sinne des § 182 Abs. 2 Satz 2 StVollzG für die Aufgabenerfüllung der Vollzugsbehörde erforderlich angesehen werden. Hierunter fallen beispielsweise die Fortschreibung des Vollzugsplans gemäß § 7 StVollzG; die Feststellung der Eignung für die Verlegung in eine sozialtherapeutische Anstalt gemäß § 9 StVollzG; die Fragen der Verlegung in den offenen Vollzug gemäß § 10 StVollzG; der Unterbringung während der Ruhezeit gemäß § 18 StVollzG;[227] der Entscheidung über die Zulassung von Sonderbesuchen aus Behandlungsgründen gemäß § 24 Abs. 2 StVollzG (entsprechend für Ferngespräche gemäß §§ 32 i. V. m. 24 Abs. 2 StVollzG); der Zuweisung von Arbeit im Hinblick auf die persönliche Eignung gemäß § 37 Abs. 2 StVollzG; der Eignung für Bildungsmaßnahmen gemäß § 37 Abs. 3 StVollzG; der Bedürftigkeit von und Eignung für Arbeitstherapie gemäß § 37 Abs. 5 StVollzG; der Entscheidung über tägliche Durchsuchungen des Haftraums sowie häufige körperliche Durchsuchungen bei Annahme von Gefährlichkeit, Fluchtverdacht oder Selbstmordgefährdung des Gefangenen gemäß § 84 StVollzG i. V. m. der VV Nr. 1; der Verantwortlichkeit für eine Selbstverletzung oder die Verletzung eines anderen Gefangenen als Voraussetzung der Einforderung von Aufwendungsersatz gemäß § 93 Abs. 1 StVollzG sowie die Klärung der Frage der Schuldfähigkeit vor Anordnung einer Disziplinarmaßnahme gemäß § 102 Abs. 1 StVollzG.[228]

---

[227] Hier ist allerdings bei Annahme einer Gefahr der Selbst- oder Fremdgefährdung schon von einer Offenbarungspflicht aufgrund der anderen Alternative des § 182 Abs. 2 Satz 2 StVollzG (Gefahrenabwehr) auszugehen.

[228] Vgl. Schwind/Böhm-*Schmid* 1999, § 182 Rn. 10; *Haas* 1981, S. 36 ff.; *Mai* 1981, S. 14 f.

Ein Ermessensspielraum, ob er sich bei Vorliegen der Voraussetzungen des § 182 Abs. 2 StVollzG gegenüber dem Anstaltsleiter offenbart, wird dem Psychologen nicht eingeräumt.
Wohl aber steht ihm die Einschätzungsprärogative zu, die Situation dahingehend zu beurteilen, ob die gesetzlichen Voraussetzungen, d. h. Erforderlichkeit zur Aufgabenerfüllung der Vollzugsbehörde bzw. Leib- oder Lebensgefahr, gegeben sind oder nicht.[229] Es handelt sich hier aber nicht um einen gerichtlich unüberprüfbaren Beurteilungsspielraum.[230]
Verstößt ein Geheimnisträger in einem konkreten Fall gegen eine aus § 182 Abs. 2 StVollzG resultierende Offenbarungspflicht, setzt er sich der Gefahr aus, disziplinarrechtlich zur Verantwortung gezogen zu werden. Es besteht sogar die Möglichkeit der Strafverfolgung wegen eines Fahrlässigkeitsdelikts, falls von den Strafverfolgungsbehörden ein Zusammenhang zwischen einer versäumten Geheimnisoffenbarung und einer fehlgeschlagenen Lockerung, während der es zu einer diesbezüglich relevanten Straftat kommt, gesehen wird.[231]
Das therapeutische Personal wandelt somit nach der nunmehrigen Rechtslage stets auf einem schmalen Grat zwischen einer Strafbarkeit wegen Verstoßes gegen § 203 Abs. 1 StGB bei ungerechtfertigter Offenbarung auf der einen Seite sowie einer disziplinarrechtlichen Ahndung und möglichen Strafbarkeit wegen eines Fahrlässigkeitsdelikts auf der anderen Seite. Da bei einer ungerechtfertigten Offenbarung wohl vielfach ein zur Straflosigkeit führender Erlaubnistatbestandsirrtum[232] angenommen werden kann, im Gegenzug aber der Fahrlässigkeitsvorwurf bei einer fehlgeschlagenen Lockerung schwerer von der Hand zu weisen sein wird, besteht die Gefahr eines einseitigen Druckes hin zu einem freimütigen Offenbaren, da so das Risiko einer straf- bzw. disziplinarrechtlichen Sanktionierung geringer zu veranschlagen ist.[233]

---

[229] *Calliess/Müller-Dietz* 2002, § 182 Rn. 6; *Schöch* 1999, S. 262.

[230] BT-Drucks. 13/11016, S. 27; *Calliess/Müller-Dietz* 2002, § 182, Rn. 6; Schwind/Böhm-*Schmid* 1999, § 182 Rn. 9; *Rösch* 2000, S. 2; *Schöch* 1999, S. 262 f. Dagegen einen gewissen, der gerichtlichen Beurteilung entzogenen Abwägungsspielraum annehmend AK-StVollzG-Feest/*Weichert* 2000, § 182 Rn. 35

[231] Vgl. *Rösch* 2000, S. 2; *Schöch* 1999, S. 263; Schwind/Böhm-*Schmid* 1999, § 182 Rn. 9.

[232] Bzw. ein Tatbestandsirrtum, je nachdem, ob man das Merkmal der Unbefugtheit im Rahmen des § 203 Abs. 1 StGB als Verweis auf das allgemeine Deliktsmerkmal der Rechtswidrigkeit oder als Tatbestandsmerkmal ansieht, vgl. oben Teil I. 2. Kapitel A.II.1.

[233] Vgl. hierzu nur *Wulf* (1998, S. 190), der psychotherapeutischen Fachkräften im Justizvollzug rät, sich im Zweifel – und Zweifel könne es in schwierigen Fragen immer geben – für ein Offenbaren zu entscheiden: „*Eine psychotherapeutische Fachkraft darf sicher sein, daß Anstaltsleitung und Aufsichtsbehörde auf ihrer Seite stehen, falls es bei einem innerbehördlichen Offenbaren zur Strafanzeige eines Betroffenen kommt. Sie darf davon ausgehen, daß die Staatsanwaltschaft in solchen Fällen zurückhaltend ermittelt. Angst vor Strafe wäre insoweit unangebracht. Dies liegt beim umgekehrten Fall anders – der fehlgeschlagenen Vollzugslockerung aufgrund unberechtigten Schweigens. Die Zahl der Staatsanwälte und Staatsanwältinnen, die für Opferschutz allgemein und besonders für den*

Es ist allerdings insgesamt schwer zu beurteilen, in welchem Ausmaß die gesetzliche Neuregelung tatsächlich Änderungen im Vergleich zum vorherigen Zustand mit sich bringt.
Wie versucht wurde zu zeigen, war die diesbezügliche Rechtslage früher äußerst unklar und die Praxis demzufolge uneinheitlich. Vertrat man die bereits ausführlich dargelegte, auf *Geppert* zurückgehende Ansicht von der Offenbarungsbefugnis aus der Gesamtverantwortung der Vollzugsbehörde, so ließen sich auch vor Erlaß des § 182 Abs. 2 StVollzG Offenbarungsbefugnisse und -pflichten für die genannten Problemkreise ableiten.
Man kann somit annehmen, daß es dem Gesetzgeber weniger darum ging, die Problematik völlig neu zu regeln, als vielmehr darum, die frühere, wie oben dargelegt rechtlich zwar fragwürdige, aber doch wohl herrschende Meinung rechtsdogmatisch auf stabileren Grund zu stellen und für ihre allgemeine Durchsetzung in der Praxis zu sorgen.

In der Mitte des Jahres 1999 wurde vom Deutschen Psychotherapeutenverband eine Umfrage unter den psychologischen Diensten der Justizvollzugsanstalten zum § 182 StVollzG durchgeführt.[234] Die Ergebnisse sind aber im Hinblick auf die Frage nach dem Ausmaß der tatsächlichen Änderungen im Verhalten der Psychologen bezüglich der Offenbarungsproblematik wenig aussagekräftig.
Auf die Frage, ob die Neuregelung, die zum Zeitpunkt der Umfrage etwa seit einem halben Jahr in Kraft war, bereits Auswirkungen auf die psychotherapeutische Arbeit in der jeweiligen Anstalt habe, antworteten 72 % mit „Nein“, 25 % sahen negative und 2 % positive Auswirkungen.[235] Es ist hier aber nicht ersichtlich, ob die 72 %, die zum Zeitpunkt der Umfrage keine Auswirkungen sahen, vielleicht schon immer unter Zugrundelegung der Betrachtungsweise von der Offenbarungsbefugnis aus der Gesamtverantwortung der Vollzugsbehörde zu freimütigem Offenbaren tendierten oder ob sie die Neuregelung einfach noch nicht in die Praxis umgesetzt haben oder ob sie mittlerweile zwar tatsächlich anders verfahren als zuvor, ohne aber Auswirkungen auf den Erfolg der therapeutischen Arbeit feststellen zu können.
Bezüglich der zukünftigen Entwicklung wurde nicht danach gefragt, ob überhaupt Veränderungen zu erwarten seien, sondern lediglich danach, ob Probleme und nachteilige Auswirkungen befürchtet würden, was 56 % bejahten und 43 % verneinten.[236] Auch hier ergibt sich wieder das Problem, daß nicht unterschieden

Schutz von Kindern und Frauen eintreten, scheint gestiegen zu sein." Zustimmend *Rösch* 2000, S. 3.

[234] Ergebnisse veröffentlicht bei *Hartmann* 1999, S. 49 ff. Siehe auch oben Teil I. 2. Kapitel B.IV.4.

[235] S. 51.

[236] S. 51.

wurde, ob und inwieweit die Antwortenden bereits zuvor zum Offenbaren neigten.
Es ist zudem zu berücksichtigen, daß nur 42 % der angeschriebenen psychologischen Dienste überhaupt geantwortet haben.

B. Reaktionen der Literatur

Während sich die Literatur zur Schweigepflicht im Strafvollzug vor Erlaß des § 182 StVollzG überwiegend mit der ärztlichen Verschwiegenheit befaßte, beziehen sich die Reaktionen auf die Neuregelung fast ausschließlich auf den Problemkreis der psychotherapeutischen Arbeit. Dieses Ungleichgewicht ist vermutlich darauf zurückzuführen, daß, obgleich die Intimsphäre des hilfesuchenden Gefangenen sowohl bei ärztlich-medizinischer Betreuung als auch bei psychotherapeutischer Behandlung in vergleichbarem Maße berührt sein kann, die Eingriffsschwelle in das ärztliche Geheimnis durch § 182 Abs. 2 Satz 2 StVollzG nun deutlich höher liegt, als dies bei Psychologen der Fall ist.[237]

Neben weitgehend wertungsfreien Darlegungen der neuen Rechtslage und der Diskussion von Anwendungsfragen[238] sowie verhalten bis deutlich begrüßenden Stimmen[239] stößt die Neuregelung auf zahlreiche moderat kritische bis vehement ablehnende Reaktionen.[240]

Wulf[241] und *Preusker/Rosemeier*[242] begrüßen, daß durch § 182 Abs. 2 StVollzG nunmehr Rechtssicherheit bzw. Rechtsklarheit gewonnen sei. *Wulf*, der mit dem erschütterten Sicherheitsgefühl der Bevölkerung argumentiert, rät den Therapeuten (ebenso wie *Rösch*[243]), sich im Zweifel zu offenbaren. Therapiemethoden, die einer absoluten Verschwiegenheit bedürfen, hält er für ungeeignet, im Strafvollzug praktiziert zu werden.[244]

---

237 Daß das Sozialgeheimnis (Sozialarbeiter/Sozialpädagogen) durch die Neuregelung in gleichem Maße betroffen ist, wie das psychotherapeutische Geheimnis, findet in den Literaturreaktionen ebenfalls keinen Niederschlag. Siehe hierzu Anm. 226.

238 *Calliess/Müller-Dietz* 2002, § 182; K/S-*Schöch* 2002, § 7 Rn. 217 ff.; *Laubenthal* 2003, Rn. 919 ff.; Schwind/Böhm-*Schmid* 1999, § 182; *Schöch* 1999.

239 *Preusker/Rosemeier* 1998; *Rösch* 2000; *Wulf* 1998.

240 AK-StVollzG-Feest/*Weichert* 2000, § 182; *Böhm* 2003, Rn. 111; *Böllinger* 1999; *ders.* 2000; *Hartmann* 1999; *ders.* 1999a; *ders.* 2000; *Kamann* 1998; *Rosenau* 1999, S. 397; *Thorwart* 1999; *Volckart* 1998; *Deutsche Gesellschaft für Sexualforschung* 1999. Kritisch aus allgemein datenschutzrechtlicher Sicht *Rixen* 2000.

241 *Wulf* 1998, S. 190.

242 *Preusker/Rosemeier* 1998, S. 323.

243 *Rösch* 2000, S. 3.

244 *Wulf* 1998, S. 186, 190 f.

Preusker/Rosemeier erkennen, daß der Bruch der Verschwiegenheit weitreichende Auswirkungen auf den weiteren Verlauf und Erfolg einer therapeutischen Beziehung haben kann. Dennoch halten sie es für möglich, im Wege einer dahingehenden Gesetzesauslegung, daß ebenjene möglichen Auswirkungen einer Offenbarung auf die therapeutische Beziehung im Rahmen einer Abwägungsentscheidung bezüglich der Frage der Erforderlichkeit der Offenbarung für die Aufgabenerfüllung der Vollzugsbehörde zu berücksichtigen seien, Freiräume für erfolgreiche Therapien zu schaffen.[245]

Die in der Wortwahl wohl drastischste Kritik kommt von *Kamann*, der in dem „Stammtischparagraphen 182" einen gegen die Verfassung verstoßenden Schildbürgerstreich sieht, der das Ende des Resozialisierungsgrundsatzes bewirke und auch die Sicherheit der Allgemeinheit empfindlich treffe. Es sei denkbar, daß auch Art. 102 GG dem neuen Verfassungsverständnis eines parteiübergreifenden Neokonservativismus nicht werde entgehen können und auch der Grundsatz der Menschenwürde kein festes Bollwerk mehr gegen eine am Ende eines Weges über Lauschangriff, Asylrechtsänderungen und § 182 StVollzG stehende Wiedereinführung der Todesstrafe sei.[246]

Eine mehrfache Verfassungswidrigkeit des Gesetzes konstatieren auch *Böllinger*[247] und *Weichert.*[248]

Die *Deutsche Gesellschaft für Sexualforschung* ordnet in einer Stellungnahme zur Offenbarungspflicht die Neuregelung in den Kontext einer gesellschaftlichen Entwicklung in Richtung auf eine zunehmende und tendenziell absolute Kontrolle der Innenwelt ein.[249]

Thorwart[250] kommt zu der Erkenntnis, daß durch die neue Rechtslage viele Formen psychotherapeutischen Handelns unmöglich gemacht würden, *Böllinger*[251] und *Hartmann*[252] ziehen diese Schlußfolgerung für die gesamte psychotherapeutische Arbeit im Strafvollzug.

Zudem bezweifelt *Böllinger*, daß ein de lege artis handelnder Therapeut überhaupt als brauchbarer Diagnostiker oder Prognostiker angesehen werden kann.[253]

---

245 *Preusker/Rosemeier* 1998, S. 324 f., 327. Im Ergebnis ähnlich *Laubenthal* 2003, Rn. 923 sowie *Rosenau* 1999, S. 397.

246 *Kamann* 1998, S. 321 f.

247 *Böllinger* 1999, S. 142 f.; *ders.* 2000, S. 12.

248 AK-StVollzG-Feest/*Weichert* 2000, § 182 Rn. 40 f.

249 Deutsche Gesellschaft für Sexualforschung 1999, S. 340.

250 *Thorwart* 1999, S. 12.

251 *Böllinger* 1999, S. 144.

252 *Hartmann* 1999, S. 49; 1999a, S. 78.

253 *Böllinger* 1999, S. 146; 149.

Allen Kritikern gemeinsam ist allerdings, daß sich die Einwände jeweils nur auf die Tatbestandsalternative der Offenbarung wegen Erforderlichkeit zur Aufgabenerfüllung der Vollzugsbehörde beziehen. Das Recht bzw. die Verpflichtung zur Offenbarung bei konkreten Gefahren für Leib oder Leben von Gefangenen oder Dritten ist unbestritten, ein Scheitern der Therapie wird in diesen Fällen um des Schutzes hoher Rechtsgüter willen hingenommen. Betont wird allerdings, daß es sich diesbezüglich um seltene Ausnahmefälle handele, und daß hierfür die Regelung des § 182 Abs. 2 StVollzG nicht erforderlich gewesen wäre, da die §§ 34, 138 StGB ein ausreichendes Instrumentarium böten.[254]

Hartmann erhebt den Vorwurf, die Rechtswissenschaft verweigere es, sich einer Diskussion der Fragen nach den Bedingungen, unter denen psychotherapeutisches Arbeiten im Strafvollzug gelingen kann, zu stellen. Er bemängelt, daß eine Klärung der Frage, welche Bedeutung die Schweigepflicht für das Gelingen von Psychotherapie hat, nicht erfolgt sei.[255]

2. Kapitel: Bedeutung von Schweigen und Offenbaren des Psychotherapeuten im Strafvollzug

Es soll somit im folgenden den für eine Normierung der Antinomie von Schweigen und Offenbaren des Psychotherapeuten im Strafvollzug relevanten psychologischen Grundfragen nachgegangen werden, um die Regelung des § 182 Abs. 2 StVollzG daran messen zu können.

Im wesentlichen ergeben sich zwei Fragestellungen:

1. Ist der im Strafvollzug tätige Psychotherapeut in der Lage, zuverlässige Prognosen über das weitere Verhalten der von ihm therapierten Gefangenen zu geben, oder sind externe Gutachter hierfür besser geeignet?

2. Welche Bedeutung hat die Wahrung bzw. der Bruch der Verschwiegenheit für den Erfolg oder Mißerfolg einzelner im Strafvollzug praktizierter Therapiemodelle?

A. Stellung und Bedeutung von Psychotherapie im Strafvollzug

Bevor auf die genannten psychologischen Fragestellungen eingegangen wird, ist zunächst ein Blick auf die Stellung und Bedeutung von Psychotherapie[256] im Strafvollzug zu werfen.

---

[254] Vgl. *Böllinger* 1999, S. 145; *Hartmann* 1999a, S. 78; *Thorwart* 1999, S. 12.

[255] *Hartmann* 2000, S. 206 f.

[256] Zur Erläuterung des Begriffes „Psychotherapie" sei hier eine gängige Definition wieder-

Wie § 2 Satz 1 StVollzG zu entnehmen ist, soll der Gefangene im Vollzug der Freiheitsstrafe befähigt werden, künftig in sozialer Verantwortung ein Leben ohne Straftaten zu führen.
Aus dieser eindeutigen Festlegung der Resozialisierung als Vollzugsziel sowie aus den §§ 6 und 7 StVollzG folgt, daß Aufgabe des Strafvollzugs primär die Behandlung der Straftäter sein soll.[257]
Unter den im Gesetz nicht näher definierten Begriff der Behandlung sind sämtliche Maßnahmen zu subsumieren, die mit dem Ziel stattfinden, den Gefangenen auf die Zeit nach der Entlassung vorzubereiten und ihm, wie durch das gesetzliche Vollzugsziel ausgedrückt, ein Leben ohne Straftaten in sozialer Verantwortung zu ermöglichen. Hierunter fallen beispielsweise Arbeit, Aus- und Weiterbildung, Haftlockerungen, die Förderung der Außenkontakte und, falls angezeigt, auch psychotherapeutische Maßnahmen.[258]

Obwohl Kriminalität und Krankheit keinesfalls gleichgesetzt werden können,[259] findet sich unter der Population des Strafvollzugs eine deutlich erhöhte Prävalenz von psychischen Störungen. *Stemmer-Lück* kommt im Rahmen einer Stichprobenuntersuchung unter 397 rechtskräftig zu einer Freiheitsstrafe verurteilten (d. h. ohne Berücksichtigung der Schuldunfähigen) Männern zwischen 21 und 40 Jahren zu dem Ergebnis, daß bei gut der Hälfte Bedarf an psychotherapeutischer Behandlung besteht und wiederum bei etwa der Hälfte dieser Gruppe auch eine Behandlungsbereitschaft vorhanden ist.[260]

---

gegeben: „Psychotherapie ist ein bewußter und geplanter Prozeß zur Beeinflussung von Verhaltensstörungen und Leidenszuständen, die in einem Konsensus (möglichst zwischen Patient, Therapeut und Bezugsgruppe) für behandlungsbedürftig gehalten werden, mit psychologischen Mitteln (durch Kommunikation) meist verbal, aber auch averbal, in Richtung auf ein definiertes, nach Möglichkeit gemeinsam erarbeitetes Ziel (Symptomminimalisierung und/oder Strukturänderung der Persönlichkeit) mittels lehrbarer Techniken auf der Basis einer Theorie des normalen und pathologischen Verhaltens. In der Regel ist dazu eine tragfähige emotionale Bindung notwendig" (*Remschmidt/Kruse* 1987, S. 347). Diese Definition lag auch den „Sankelmarker Thesen zur Psychotherapie mit Straffälligen" zugrunde (veröffentlicht bei *Beier/Hinrichs* 1995, S. 158 ff., siehe hierzu S. 171).

[257] Das Modell des Behandlungsvollzugs sieht sich mitunter heftiger Kritik ausgesetzt (siehe z. B. *Feest* 1990, S. 223 ff.; *Lamott* 1982, S. 79 ff.). Wegen der eindeutigen Gesetzeslage (*Göppinger* 1997, S. 773) soll hier auf die Kritik am Behandlungsvollzug nicht näher eingegangen werden. Diesbezüglich sei verwiesen auf *Bock* 1999, S. 285 ff.; *Dölling* 2000, S. 21 ff.; *Kury* 1986a, S. 12 ff.; *Rehn* 1995, S. 69 ff. sowie *Schüler-Springorum* 1998, S. 1270 f.

[258] Schwind/Böhm-*Böhm* 1999, § 4 Rn. 6; *Laubenthal* 2003, Rn. 572.

[259] *Göppinger* 1997, S. 182.

[260] *Stemmer-Lück* 1980, S. 144; siehe auch *Rasch* 1986, S. 129.

Im übrigen schwanken die in der Literatur bezüglich einer Psychotherapiebedürftigkeit angegebenen Zahlen zwischen 10 – 20%,[261] 30 – 50%[262] sowie 50 – 75%[263] der Population des Regelvollzugs.[264]

Auch wenn Straffälligkeit in manchen Fällen durchaus als Symptom einer Erkrankung angesehen werden kann,[265] erscheint eine monokausale Beziehung zwischen Krankheit und kriminellem Verhalten auch bei vielen psychisch kranken Straftätern fraglich. Hinsichtlich ihrer demographischen Daten gleichen psychisch kranke Straftäter eher den nicht erkrankten Straftätern als den nichtdelinquenten psychisch Kranken, was auf das Bestehen weiterer Ursachenfaktoren für das kriminelle Verhalten dieser Personen schließen läßt.[266]
Die Frage der Ursächlichkeit einer psychischen Störung für kriminelles Verhalten braucht aber nicht abschließend geklärt zu werden, um Bedeutung und Bedarf an psychotherapeutischer Arbeit im Strafvollzug zu ermessen.
Nimmt man an, eine psychische Störung sei (mit-)ursächlich für die Delinquenz, so ergibt sich eine Behandlungsnotwendigkeit juristisch betrachtet aus der Vollzugszielbestimmung des § 2 Satz 1 StVollzG. Sind in anderen Fällen psychische Störungen als Folgen der Haftsituation zu qualifizieren,[267] fordert der Gegenwirkungsgrundsatz des § 3 Abs. 2 StVollzG psychotherapeutische Behandlung. Bei Störungen, die in keinem Zusammenhang mit der Straffälligkeit oder der Haftsituation stehen, stellt Psychotherapie eine Maßnahme der allgemeinen Gesundheitsfürsorge im Sinne der §§ 56 Abs. 1, 58 Satz 1 StVollzG dar.[268]

Bezogen auf den institutionellen Rahmen, in dem Psychotherapie mit Strafgefangenen stattfindet, ist zu unterscheiden zwischen Regelvollzug und sozialtherapeutischen Anstalten.
Während Psychotherapie im Regelvollzug faktisch nur schwach implementiert ist,[269] stehen therapeutische Bemühungen in sozialtherapeutischen Anstalten im Mittelpunkt der Arbeit mit Strafgefangenen.[270]

---

261 *Hinrichs* 1995, S. 71.
262 *Dahle* 1998, S. 98.
263 Vgl. *Foerster/Poremba* 1993, S. 214.
264 Als zu weit gehend erscheint hier die Ansicht von *Mauch/Mauch* (1971, S. 5), wonach strafbares Verhalten regelmäßig auf eine Störung im geistig-psychischen Bereich hinwiese.
265 Siehe hierzu z. B. *Pfäfflin/Haake* 1983, S. 100.
266 *Leygraf* 1988, S. 176; *ders.* 1994, S. 470.
267 Zu psychischen Störungen als im Strafvollzug entwickelten Haftreaktionen siehe *Mechler* 1981, S. 17 ff., 39 ff.; *Schleuss* 1994, S. 425 f.
268 Vgl. *Böllinger* 1999, S. 143. Der Gesetzgeber hatte hier zwar ursprünglich wohl ärztliche Behandlung im Auge, seit 1999 ist jedoch durch das Psychotherapeutengesetz die psychotherapeutische Behandlung der ärztlichen Behandlung förmlich gleichgestellt.
269 Vgl. *Böhm* 2003, Rn. 230; *Kury* 1986, S. 45 f.; *Schöch* 1995, S. 93.

Besondere gesetzliche Regelungen, welche Art und Weise der Behandlung in der Sozialtherapie näher definieren, existieren nicht. Der Begriff der Sozialtherapie hat sich jedoch im Laufe der Zeit auf ein Modell konkretisiert, das Maßnahmen in den Schwerpunktbereichen Psychotherapie, Sozialarbeit und Ausbildung umfaßt. Der diesbezügliche Rahmen ist der Wohngruppenvollzug.[271]
Während die psychotherapeutische Arbeit in der Sozialtherapie ursprünglich überwiegend psychoanalytisch ausgerichtet war,[272] erfolgte im Laufe der Zeit eine Schwerpunktverschiebung hin zur Verhaltenstherapie und Gesprächspsychotherapie. Die Entscheidung für eine bestimmte Therapierichtung hängt aber wohl vielfach weniger von wissenschaftlich begründeten Indikationskriterien ab, sondern eher von den Präferenzen, welche die jeweiligen Psychologen aufgrund ihrer Ausbildung aufweisen.[273]
Die Anzahl der Haftplätze in sozialtherapeutischen Einrichtungen war bislang im Vergleich zu denen im Regelvollzug gering. Zum 31.03.1996 gab es bundesweit 840 sozialtherapeutische Haftplätze für Männer sowie 35 für Frauen.[274]
Durch die am 01.01.2003 in Kraft getretene Neufassung des § 9 StVollzG hat die Sozialtherapie im Strafvollzug jedoch erheblich an Gewicht gewonnen und die Notwendigkeit einer Aufstockung der Haftplätze mit sich gebracht.[275]

B. Kompetenz des Psychotherapeuten zur prognostischen Stellungnahme

Wenn durch § 182 Abs. 2 StVollzG eine Offenbarungspflicht auch des Psychotherapeuten postuliert wird, so spricht hieraus die Erwartung des Gesetzgebers, dieser könne wegen seiner Kenntnisse über von ihm behandelte Gefangene brauchbare prognostische Stellungnahmen abgeben oder wenigstens Hilfreiches zur Prognosestellung beitragen.
Dies ist in der Fachliteratur jedoch nicht unumstritten.[276]

I. Arten der Kriminalprognose

Man unterscheidet je nach der Art des Vorgehens herkömmlicherweise drei voneinander mehr oder weniger scharf abgrenzbare Arten der Kriminalprognose

---

[270] *Böhm* 2003, Rn. 231.
[271] Vgl. *Bock* 2000, Rn. 933 ff.
[272] *Mauch/Mauch* bezeichnen analytisch orientierte Psychotherapie als das Kernstück aller sozialtherapeutischen Anstrengungen (1971, S. 42).
[273] *Kury* 1986, S. 31.
[274] *Egg* 1997, S. 165.
[275] Vgl. *Calliess/Müller-Dietz* 2002, § 9 Rn. 1.
[276] Kritisch diesbezüglich *Adt* 1998, S. 329; *Böllinger* 1999, S. 146, 149; *ders.* 2000. S. 14 f.; *Frottier/Frühwald* 1998, S. 94; *Goudsmit* 1973, S. 56; *Mey* 1995, S. 212; *Preusker/Rosemeier* 1998, S. 325.

mit jeweils eigenen Stärken und eigenen Schwächen: die statistische, die klinische und die intuitive Prognose.

Statistische Prognosemethoden basieren auf Vergleichsuntersuchungen, in deren Rahmen mit Straffälligkeit korrelierende Faktoren herausgearbeitet wurden. Diese Erkenntnisse bilden die Basis für Prognosetafeln, derer man sich bei einer Prognosestellung bedienen kann.
Die Methodik der statistischen Verfahren ist im Hinblick auf die konkrete Durchführung (insbesondere die Gewichtung einzelner Faktoren) unterschiedlich, dem Grunde nach beruht aber jede Art der statistischen Prognose auf einer abgleichenden Betrachtung der Persönlichkeitsfaktoren des Probanden mit denen der Prognosetafel. Aus dem Maß des Vorliegens der mit Straffälligkeit korrelierenden Faktoren der Prognosetafel bei dem jeweiligen Probanden wird auf einen bestimmten Grad der kriminellen Gefährdung geschlossen.
Eindeutige Vorteile der statistischen Vorgehensweise sind die einfache Handhabbarkeit, zu der es keiner speziellen Ausbildung bedarf, sowie die wissenschaftliche Transparenz.
Den Vorteilen der statistischen Prognose stehen aber auch wesentliche Mängel gegenüber.
Der Proband wird nur als Zugehöriger einer bestimmten nach mehr oder weniger statischen Faktoren gebildeten Risikogruppe erfaßt. Eine individuelle Betrachtung der Persönlichkeitsfaktoren sowie eine Beurteilung der Relevanz der allgemein mit Straffälligkeit korrelierenden Faktoren für die Lebensgeschichte und kriminelle Gefährdung des konkreten Probanden finden nicht statt. Es werden jeweils nur abstrakte Wahrscheinlichkeiten eines bestimmten Verhaltens ermittelt.
Zudem führt die Anwendung von Prognosetafeln aufgrund der retrospektiven und statischen Vorgehensweise zu einer Festschreibung des Probanden auf die Vergangenheit. Trotz eventueller Kompensation von Defiziten und der Fortentwicklung der Persönlichkeit finden in der Vergangenheit liegende, unter Umständen längst keine Rolle mehr spielende Faktoren bei jeder Prognosestellung erneut Berücksichtigung.[277]

Eine klinische Prognosestellung beruht, im Gegensatz zur statistischen Prognose, auf einer Erforschung der Persönlichkeit des Probanden. Der individuelle Einzelbezug ist somit gegeben.
Die Durchführung erfolgt durch einen Psychiater oder Psychologen, der mit dem ihm aufgrund seiner Ausbildung zur Verfügung stehenden Instrumentarium (z. B. durch Exploration, Tests unterschiedlicher Natur, medizinische Untersuchungen) die jeweilige Persönlichkeit zu erfassen und aufgrund seines Fachwis-

---

[277] Vgl. *Bock* 2000, Rn. 397 ff.; *Göppinger* 1997, S. 197 ff.; *Leygraf* 1994, S. 473.

sens Schlußfolgerungen bezüglich der zukünftigen Entwicklung zu ziehen versucht.
Ein wesentliches Problem der klinischen Vorgehensweise ist die mangelnde Objektivierbarkeit sowohl der Methodik als auch der Befunde. Die konkrete methodische Vorgehensweise des klinische Prognostikers im Rahmen der Persönlichkeitserforschung sowie der schlußfolgernden Beurteilung ist abhängig von seiner jeweiligen Ausbildung, der Schulenzugehörigkeit und vom individuellen Erfahrungswissen. Eine klinische Prognose birgt somit ein hohes Maß an Subjektivität in sich.[278]

Von einer intuitiven Prognose wird gesprochen, wenn ein psychologisch/psychiatrischer Laie aus einer subjektiv-gefühlsmäßigen Betrachtung des Einzelfalls Schlußfolgerungen bezüglich des zukünftigen Verhaltens zu ziehen versucht.
Von einer im Wortsinne rein intuitiven Verfahrensweise ist aber im Regelfall nicht auszugehen. Zumeist fließt in die prognostische Beurteilung ein gewisses Maß an Erfahrungswissen ein. Die intuitive Prognose kann somit der statistischen Vorgehensweise ähneln. Zu den schon dargelegten Mängeln der statistischen Methode kommt nun aber aufgrund der Unreflektiertheit der Berücksichtigung von Erfahrungswerten das Problem der fehlenden Objektivierbarkeit hinzu.
Es ist auch denkbar, daß der jeweilige Prognostiker über psychologische Laienkenntnisse verfügt und die intuitive Prognose sich somit einer klinischen Prognose annähert. Neben deren dargelegten Schwächen leidet sie aber nun noch an dem Mangel der Laienhaftigkeit.[279]

II. Prognostische Stellungnahme des Therapeuten

Eine prognostische Stellungnahme, die ein Psychotherapeut bezüglich eines von ihm behandelten Gefangenen auf der Basis seiner wissenschaftlichen Sachkunde und seines Erfahrungswissens abgibt, ist auf der Ebene der klinischen Prognose zu verorten.
Problematisch ist hier allerdings, daß, unterteilt man den Vorgang der prognostischen Beurteilung in die Elemente Begutachtung und Schlußfolgerung, das Element der Begutachtung (z. B. durch Exploration) im Vorgang der Prognosestellung durch den Therapeuten nicht in seiner Reinform vorhanden ist. Ein The-

[278] Vgl. *Bock* 2000, Rn. 400 ff.; *Göppinger* 1997, S. 194 ff.; *Leygraf* 1994, S. 473 f. Weitergehend noch *Beyer*, der wegen der Komplexität menschlichen Handelns der Psychoprognostik im Hinblick auf die Frage des Mißbrauchs von Vollzugslockerungen prozentual betrachtet keine höhere Erfolgsquote beimißt als sie auch bei Verwendung eines Zufallsgenerators erreicht werden könnte (1992, S. 88).

[279] Vgl. *Bock* 2000 Rn. 405 f.; *Göppinger* 1997, S. 193 f.; *Leygraf* 1994, S. 473.

rapeut exploriert seinen Patienten[280] regelmäßig nicht, um Prognosen bezüglich des zukünftigen Verhaltens aufzustellen. Soweit er diagnostisch tätig wird, geschieht dies, um festzustellen, ob und welche Störungen vorhanden sind und in welcher Weise auf welches Ziel hin Psychotherapie erfolgen sollte.
Somit lautet auch ein Kritikpunkt bezüglich der Eignung des Therapeuten zur Abgabe von prognostischen Stellungnahmen, dieser agiere methodologisch und handlungstheoretisch im Rahmen eines anderen Paradigmas. Während eine Therapie einen längerfristigen Prozeß mit der Person des Therapeuten als Schutz- und Wirkfaktor darstelle, entspräche die Handlungssituation der Diagnose und somit der Prognose einer Momentaufnahme, einer Querschnittserhebung unter Einbeziehung aller aktuellen Informationen.[281]

Als zentrales Problem der Zuverlässigkeit einer prognostischen Stellungnahme durch den Psychotherapeuten wird jedoch die Gefahr der affektiven Verblendung des Therapeuten durch Mechanismen der Gegenübertragung angesehen. Demnach könne es vorkommen, daß die Wahrnehmung des Therapeuten aufgrund des aus der therapeutischen Beziehung resultierenden Übertragungs- / Gegenübertragungsgeschehens zeitweise negativ oder positiv verzerrt sei.[282]

Die Bearbeitung von Übertragungen und Gegenübertragungen ist ein wesentlicher Wirkfaktor psychodynamischer Therapieformen,[283] das Phänomen der Gegenübertragung ist allerdings nicht auf diese Art der Therapieverhältnisse beschränkt.

---

[280] Der Begriff „Patient" als Bezeichnung der Person, die sich einer Psychotherapie unterzieht, ist nicht unumstritten, da dieser ein Verständnis von psychischen Störungen als Krankheit und von Therapie als Verfahren zur Beseitigung dieser Krankheit voraussetzt. Kliniker, die im Gegensatz hierzu psychische Störungen als fehlangepaßte Verhaltens- oder Denkweisen und Therapie als Prozeß zum Erlernen neuer Verhaltens- oder Denkweisen begreifen, haben stattdessen den Begriff „Klient" geprägt (*Comer* 1995, S. 142). Wegen der allgemeinen Verbreitung der Bezeichnung „Patient" und der auch in der psychologischen Literatur vielfach ohne strenge Beachtung dieser Einteilung erfolgenden Verwendung (*Comer* aaO) soll auch in dieser Arbeit der an einer therapeutischen Maßnahme Teilnehmende so bezeichnet werden. Auf die Verwendung sprachlicher Neuschöpfungen wie etwa der des „Delinquo-Patienten" (vgl. *Hinrichs* 1995, S. 72) wird ebenfalls verzichtet. Der Begriff „Klient" soll nur dann Anwendung finden, wenn ausdrücklich von Gesprächspsychotherapie (=„klientenzentrierte Therapie") die Rede ist.

[281] *Böllinger* 1999, S. 149; *ders.* 2000, S. 14 f. *Venzlaff* hingegen sieht den Längsschnitt als zentrale Erfahrungsquelle für eine prognostische Aussage an (1984, S. 103).

[282] *Böllinger* 1999, S. 146; *ders.* 2000, S. 15. Siehe auch *Frottier/Frühwald* 1998, S. 94; *Goudsmit* 1973, S. 56; *Mey* 1995, S. 212; *Strasburger et al.* 1997, S. 452. Zu diesen eigenen Erkenntnissen in Widerspruch steht allerdings *Böllingers* Forderung nach Verlagerung von behandlungsrelevanten Entscheidungen (worunter wohl auch Lockerungsentscheidungen fallen müßten) auf das Behandlungsteam (*Böllinger* 1979, S. 217).

[283] *Zimbardo/Gerrig* 1999, S. 650 f. Siehe ausführlich unten unter C.II.1.3.

Nach *Devereux* ist die Gegenübertragung das entscheidende Datum jeglicher Verhaltenswissenschaft. Die wissenschaftliche Erforschung des Menschen wird durch die angsterregende Überschneidung von Objekt und Beobachter behindert, es werden Gegenübertragungsreaktionen hervorgerufen, welche die Wahrnehmung und Deutung von Daten verzerren.[284] Eine derartige Wahrnehmungsstörung kann somit bei einem Therapeuten jedweder Therapierichtung auftreten.[285]
Fraglich ist allerdings, ob sich die Situation bei Bestellung eines externen Gutachters, der nicht in die Therapie des Gefangenen eingebunden ist, wesentlich anders darstellt.
Die Beziehung eines externen Gutachters zum Probanden mag weniger eng sein als das Verhältnis Therapeut-Patient, doch auch hier ist eine völlige Objektivität mit totaler Ausschaltung des eigenen Empfindens und Erlebens nicht möglich.[286]
Betrachtet man die Einschaltung eines externen Gutachters als einen der Subjektivität entgegenwirkenden Filter, so ist es illusorisch anzunehmen, es könne jegliche Subjektivität vermieden werden. Selbst wenn es sich bei dem Gutachter um einen unsichtbaren Beobachter handeln würde, müßte er an einem bestimmten Punkt sagen: „Dies nehme ich wahr, und dies bedeutet, daß...“. Die hierin liegende Entscheidung muß nach *Devereux* mit derselben Subjektivität und in Erwiderung auf dieselben Ängste getroffen werden, wie dies der Fall wäre, wenn überhaupt keine Filter verwendet würden.[287]

Eine weitere für externe Prognostiker sprechende Überlegung ist die, daß bei einer Prognosestellung durch eine im Anstaltsbetrieb stehende Person (allerdings unabhängig davon, ob es sich um einen den betreffenden Gefangenen behandelnden Therapeuten oder einen sonstigen Anstaltsbediensteten handelt) die Gefahr besteht, daß zu stark auf anstaltskonformes Wohlverhalten abgestellt wird. Das Vorliegen oder Nichtvorliegen derartigen Verhaltens muß aber nicht unbedingt von prognostischer Relevanz sein.[288]

Demgegenüber wird in der Literatur allerdings vielfach auch die Bedeutung der Kenntnisse des Therapeuten für eine zuverlässige Prognosestellung hervorgehoben.

Venzlaff[289] erkennt die Problematik der eventuellen Verfälschung des Eindrucks durch Übertragungs- und Gegenübertragungsphänomene, hält es aber dennoch

---

284 *Devereux* 1998, S. 17.
285 *Frottier/Frühwald* 1998, S. 94.
286 *Rauchfleisch* 1982, S. 59; Vgl. *Gretenkord* 1995, S. 133; *Venzlaff* 1994, S. 116.
287 *Devereux* 1988, S. 19.
288 Vgl. *Leygraf* 1988 S. 173; *ders.* 1994, S. 470 ; *Rasch* 1985, S. 316.
289 *Venzlaff* 1984, S. 103 f. Konkret bezieht *Venzlaff* sich hier, ebenso wie ein großer Teil der

für unverzichtbar, daß der Therapeut zumindest angehört wird. Der Therapeut verfüge über einen Erfahrungshintergrund, der für die Individualprognose von unschätzbarem Wert sei und dessen Fehlen Ursache schwerwiegender Fehlentscheidungen sein könne. Im Gegensatz zu *Böllinger,*[290] der eine Querschnittserhebung als den wesentlichen Faktor ansieht, betrachtet *Venzlaff* den Längsschnitt als zentrale Erkenntnisquelle für eine prognostische Aussage.

Auch *Parfy/Wagner*[291] messen der Stellungnahme des Therapeuten eine wesentliche Bedeutung bei. Grundsätzlich sei zwar davon auszugehen, daß eine erfolgreich abgeschlossene Therapie zu Veränderungen führt, die auch von externen Gutachtern festgestellt werden können. Lockerungsentscheidungen stehen aber auch während der Behandlungszeit an, nach *Parfy/Wagner* ein Zeitraum, in dem die Veränderungen unter Umständen noch nicht von der Intensität sein könnten, daß sie für einen externen Beobachter unübersehbar wären.
Problematisch könne eine externe Begutachtung auch dann sein, wenn der Gutachter eine der therapeutischen Ausrichtung des jeweiligen Therapeuten nicht entsprechende Schulenzugehörigkeit aufweist. So kann beispielsweise bei einer psychoanalytischen Therapie, deren Funktion es ist, frühkindliche Konflikte in der Übertragungsbeziehung zu aktualisieren und mit Hilfe des deutenden Therapeuten aufzuarbeiten, eine nach Beginn der Behandlung eintretende Regression des Patienten als positiver Indikator für das Entstehen einer funktionierenden therapeutischen Beziehung gewertet werden. Von kognitiv-behavioraler Warte aus betrachtet würde die Bewertung anders ausfallen. Hier soll der Patient als selbstverantwortlicher, vernünftiger Partner motiviert werden, seine Schwierigkeiten zu definieren, um sie mit Hilfe des Therapeuten in konkreten Alltagssituationen anders als bisher bewältigen zu können. Eine Regression könnte als mangelnde Therapiebereitschaft oder Therapiefähigkeit gedeutet werden.
Auch könne es schwierig sein, einzelne im Rahmen einer Begutachtung festgestellte Befunde ohne genauere Kenntnis der Behandlungsgeschichte einzuordnen und zu werten. So könnten beispielsweise Drohungen im Rahmen einer verbalen Auseinandersetzung bei einem ursprünglich als aggressiv-gehemmt eingeschätzten Patienten als Fortschritt angesehen werden, wohingegen sie vielleicht bei einem anderen als Wiederholung eines pathologischen Verhaltensmusters zu deuten wären.[292]

Literatur zu den Problemkreisen psychiatrisch-psychologische Behandlung/Begutachtung von Straftätern, auf die Situation im Maßregelvollzug. Die Argumentation ist aber im Hinblick auf die an dieser Stelle behandelte Fragestellung auf den Strafvollzug übertragbar

290 *Böllinger* 1999, S. 149.

291 *Parfy/Wagner* 1998, S. 362 ff.; 373.

292 Zu ähnlichen Ergebnissen wie *Parfy/Wagner* kommen *Schleusener* (1977, S. 160 f.) sowie *Gretenkord* (1995, S. 129; 1998, S. 71).

Eine Notwendigkeit des Zusammentragens verschiedener Stimmen und Ansichten und somit auch einer Stellungnahme des behandelnden Psychotherapeuten wird insbesondere bei Borderline-Persönlichkeiten gesehen.
Aufgrund der mit der Borderline-Symptomatik zusammenhängenden starken Spaltungstendenzen[293] kann der Eindruck entstehen, als könne der jeweilige Patient seinen Charakter und seine Persönlichkeit wechseln, je nachdem, mit wem er es gerade zu tun hat. Persönlichkeiten dieses Typs existieren in multiplen Identitäten und gespaltenen Beziehungen. Um ein zutreffendes, für eine prognostische Entscheidung geeignetes Bild der jeweiligen Person zu erhalten, sei das Sammeln sämtlicher, möglicherweise konträrer, aber dennoch in den jeweiligen Ausschnitten richtiger Eindrücke erforderlich.[294]

Auch *Rasch*, der für eine grundsätzliche Trennung therapeutischer und diagnostisch-prognostischer Aufgaben plädiert, hält es für notwendig und selbstverständlich, daß in die Stellungnahme des Prognostikers auch die Auffassungen des jeweiligen Therapeuten eingehen.[295]

III. Schlußfolgerungen

Jede prognostische Stellungnahme bringt naturgemäß Unsicherheiten mit sich, da es sich um eine Aussage bezüglich zukünftigen und somit noch nicht beobachtbaren Verhaltens handelt.
Um dennoch zu einigermaßen verläßlichen Aussagen zu kommen, wurden verschiedene prognostische Ansätze entwickelt, deren Stärken und Schwächen oben dargestellt wurden. Bezüglich des klinischen Ansatzes zeigte sich das Problem der mangelnden Objektivierbarkeit der Vorgehensweise und der Befunde. Bei der hier näher betrachteten klinischen prognostischen Stellungnahme des behandelnden Therapeuten tritt das Problem der Existenz von aus der engen Beziehung Therapeut-Patient resultierenden Verzerrungsfaktoren hinzu. Dennoch wird vielfach wenigstens eine Mitwirkung des Therapeuten bei der prognosti-

---

[293] Der Spaltungsmechanismus wird in der normalen frühkindlichen Entwicklung bis etwa zum dritten Lebensjahr vor der Etablierung der Verdrängung eingesetzt, um die Erfahrungen befriedigender bzw. frustrierender Ereignisse innerseelisch zu bewältigen. Durch ihn werden alle wichtigen Erfahrungen in „nur gute“ und „nur schlechte“ aufgespalten. Unterstützend treten die sogenannten „primitiven Abwehrmechanismen“ der Introjektion, Projektion, projektiven Identifizierung, primitiven Idealisierung und Entwertung hinzu. Gelingt es einem Menschen im Zuge seiner Entwicklung nicht, das Gute und das Schlechte in der Welt, in seinen wichtigen Bezugspersonen und besonders in sich selbst wahrzunehmen, anzuerkennen und miteinander in Einklang zu bringen, so führt das zu schwerwiegenden Persönlichkeitsstörungen, die unter der Bezeichnung „Borderline-Syndrom“ zusammengefaßt werden (*Venzlaff* 1994a, S. 171).

[294] *Tress/Ehl* 1987, S. 117.

[295] *Rasch* 1985, S. 322 f.; vgl. auch *Leygraf* 1994, S. 474.

schen Beurteilung durch Lieferung von Erkenntnissen für notwendig gehalten, da nur dieser über eine ausreichende Kenntnis der Persönlichkeit des Probanden verfüge.

Hinzuweisen ist in diesem Zusammenhang auf die Prognosemethode der idealtypisch-vergleichenden Einzelfallanalyse.[296]
Diese aus der Tübinger Jungtäter-Vergleichsuntersuchung hervorgegangene Methode ermöglicht – im Gegensatz zu statistischen Vorgehensweisen – eine einzelfallbezogene Würdigung der individuellen Täterpersönlichkeit bei gleichzeitiger objektiver Nachvollziehbarkeit des Erkenntnisweges. Zudem handelt es sich hierbei um ein Verfahren, zu dessen Anwendung es keiner speziellen fachlichen Ausbildung bedarf.
Nicht geeignet ist das Instrumentarium der Methode der idealtypisch-vergleichenden Einzelfallanalyse allerdings für prognostische Aussagen bei psychisch gestörten Persönlichkeiten.[297]
Bei der hier zur Diskussion stehenden Gefangenenklientel die sich in psychotherapeutischer Behandlung befindet, ist somit eine allein auf der Methode der idealtypisch-vergleichenden Einzelfallanalyse beruhende prognostische Beurteilung nicht möglich. Es bedarf zumindest der Aussage eines Klinikers, ob der jeweilige Gefangene sich für eine Beurteilung nach der Methode der idealtypisch-vergleichenden Einzelfallanalyse eignet. Sollte dies nicht der Fall sein, bleibt es bei der Notwendigkeit einer klinischen Prognosestellung.
Ob diese durch den bzw. wenigstens unter Mitwirkung des Therapeuten erfolgen oder hierfür ein externer Gutachter herangezogen werden sollte, kann nach dem bisher Dargestellten aus psychologischer Sicht nicht widerspruchsfrei beantwortet werden.
Aufgrund der zahlreichen dahingehenden Stimmen aus der psychologischen Literatur, daß es, trotz aller damit zusammenhängender Probleme, zur Erstellung einer verläßlichen Prognose erforderlich sei, Erkenntnisses des Therapeuten mit einzubeziehen, mag jedenfalls der Schluß gezogen werden, daß nicht pauschal gesagt werden kann, der Therapeut sei nicht in der Lage, bei der prognostischen Beurteilung kompetent mitzuwirken.

Um zu klären, inwieweit den Vorteilen einer Stellungnahme des Therapeuten Nachteile gegenüberstehen, und um letztlich bewerten zu können, ob § 182 Abs. 2 StVollzG eine sachgerechte Behandlung der Problematik erlaubt, ist im folgenden zu untersuchen, welche Bedeutung die Alternativen Wahrung oder Bruch der Verschwiegenheit für die Praktikabilität der verschiedenen im Strafvollzug praktizierten psychotherapeutischen Behandlungsmodelle haben.

---

[296] Siehe hierzu die Darstellung bei *Göppinger* 1997, S. 328 ff.; vgl. *Bock* 2000, Rn. 407 ff. sowie *Schallert* 1998.

[297] *Bock* 2000, Rn. 442 f.; *Göppinger* 1997, S. S. 339 f.

C. Bedeutung von Schweigen und Offenbaren für verschiedene psychotherapeutische Modelle

I. Vorbemerkungen

Um die Alternativen Wahrung und Bruch der Verschwiegenheit in ihrem jeweiligen Kontext betrachten zu können, sind zunächst die gängigen Therapiemodelle darzustellen. Es ist dann zu untersuchen, welche Bedeutung die Diskretion des Therapeuten grundsätzlich für den Erfolg und die Durchführbarkeit dieser Modelle hat.
Im Anschluß daran soll geklärt werden, ob und inwieweit die klassischen Therapiemodelle wegen der besonderen Klientel bzw. der besonderen Bedingungen des Strafvollzugs aus therapeutischen Gründen einer Modifikation bedürfen und ob sich vor diesem Hintergrund bezüglich der Problematik der Verschwiegenheit andere Schlußfolgerungen ziehen lassen.

II. Therapiemodelle

Als die auch für den Bereich der Straftäterbehandlung wesentlichen Therapiemodelle werden die auf den psychodynamischen Ansätzen beruhende Psychoanalyse, die verschiedenen aus dem Behaviorismus entwickelten Methoden der Verhaltenstherapie sowie die Gesprächspsychotherapie genannt.[298]

1. Psychoanalyse

1.1. Grundlagen

Das psychoanalytische Therapieverständnis geht davon aus, daß die Probleme des Patienten durch die Spannung zwischen seinen unbewußten Impulsen und der Unmöglichkeit, diese Impulse auszuleben, verursacht werden.[299]
Grundlage der auf *Sigmund Freud (1856-1939)* zurückgehenden Psychoanalyse ist die psychodynamische Persönlichkeitstheorie.

Die psychodynamische Betrachtung der Persönlichkeit basiert auf mehreren Annahmen.

Es wird zum einen davon ausgegangen, daß jeder Mensch über angeborenen Triebe verfügt, eine wesentliche Rolle spielen hier der Sexual- und der Aggressionstrieb. Unter diesen Trieben sind Systeme zu verstehen, die Spannungen er-

---

[298] Vgl. *Bock* 2000, Rn. 918 ff.; *Eisenberg* 2000, § 36 Rn. 98; *Hinrichs* 1995, S. 74; *Mechler* 1981, S. 57, 59; *Schmitt* 1977a, S. 97.
[299] *Zimbardo/Gerrig* 1999, S. 647.

zeugen und zum unmittelbaren Ausdruck drängen. Die Ausdrucksmöglichkeiten ein und desselben Triebes können unterschiedlicher Natur sein. *Freuds* Hauptinteresse galt dem Sexualtrieb. Er unterschied vom Säuglings- bis zum Erwachsenenalter mehrere Stufen der psychosexuellen Entwicklung, wobei es in dieser Entwicklungsfolge insbesondere durch frühkindliche Erfahrungen zu Störungen der Fortentwicklung und somit zu einer Fixierung auf einer bestimmten Stufe kommen könne. Eine Reihe von Auffälligkeiten im Erwachsenenalter seien auf derartige Fixierungen zurückzuführen.[300]
Eine wesentliche Rolle in der Entwicklung spielt der sogenannte Ödipuskomplex. Es handelt sich hierbei um eine Konfliktkonstellation der sogenannten phallischen Phase (etwa im Alter von 4-5 Jahren). Entwicklungsaufgabe dieser Phase ist die Bewältigung der rivalisierenden aggressiven Gefühle gegenüber dem gleichgeschlechtlichen und der positiven, zugeneigten Gefühle gegenüber dem gegengeschlechtlichen Elternteil. Normalerweise endet dieser Entwicklungsabschnitt durch die Identifizierung mit dem gleichgeschlechtlichen Elternteil und einer diesbezüglichen Identitätsübernahme.[301]

Des weiteren wird nach dem psychodynamische Modell von verschiedenen Bewußtseinsstufen ausgegangen. Es sind dies die Zustände des Bewußten, Vorbewußten und Unbewußten.
Das Bewußte ist der Zustand, in dem Erlebnisse usw. leicht erinnert werden können. Es steht in direkter Beziehung mit der Realität. Als vorbewußt sind die psychischen Inhalte zu verstehen, die zum Bewußtsein gehören und nur latent unbewußt sind. Das Unbewußte besteht aus Triebregungen und verdrängten emotionalen Erfahrungen. Nach dem psychodynamischen Persönlichkeitsbild kann Verhalten durch Triebe bestimmt sein, derer sich der Mensch nicht bewußt ist.[302]

Persönlichkeitsunterschiede erklären sich nach *Freud* durch die unterschiedliche Art und Weise, auf die jeder Mensch mit den grundlegenden Trieben umgeht. Das Wesen des Menschen sei bestimmt durch einen ständigen Kampf zwischen zwei Teilen der Persönlichkeit, dem Es und dem Über-Ich, moderiert durch einen dritten Aspekt des Selbst, das Ich.
Unter dem Es ist ein primitiver, unbewußter Teil der Persönlichkeit zu verstehen, welcher den Sitz der primären Triebe darstellt. Das Es wird vom Lustprinzip bestimmt, dem ungesteuerten Streben nach Befriedigung ohne Rücksicht auf die Konsequenzen.
Dem Es gegenüber steht das Über-Ich, der Sitz der Werte und der in der Gesellschaft geltenden moralischen Regeln und Normen. Das Über-Ich entwickelt sich

---

300 *Zimbardo/Gerrig* 1999, S. 531 f.
301 *Freud* 1975b, S. 299 f.; *Hoffmann* 1994, S. 580.
302 *Schmitt* 1977a, S. 99; *Zimbardo/Gerrig* 1999, S. 532; vgl. *Freud* 1975b, S. 284 f.

dadurch, daß das Kind die Verbote, mit denen die Eltern oder andere Autoritätspersonen sozial unerwünschte Handlungen belegen, internalisiert.
Das Über-Ich steht in Konflikt mit dem Es. Letzteres drängt auf Lustbefriedigung, das Über-Ich hingegen arbeitet nach moralischen Grundsätzen und versucht, das Es zu zügeln.
Das Ich verkörpert den realitätsorientierten Aspekt der Persönlichkeit, welcher im genannten Konflikt vermittelt. Es gehört zu den Aufgaben dieser Instanz, Handlungen auszuwählen, welche geeignet sind, die Impulse des Es zu befriedigen, ohne mit dem Über-Ich in Konflikt zu geraten, bzw. einen für Es und Über-Ich gleichermaßen gangbaren Kompromiß zu arrangieren.
Extreme Wünsche des Es sind unter diesen Bedingungen unter Umständen nicht erfüllbar. Es müssen somit Abwehrmechanismen entwickelt werden, um diese Triebregungen zu bewältigen. Einen wesentlichen Abwehrmechanismus stellt die Verdrängung dar. Hierunter ist eine psychische Maßnahme zu verstehen, durch welche starke von Es-Impulsen hervorgerufene Konflikte aus dem Bewußtsein in die Verschwiegenheit des Unbewußten verschoben werden.
Derartige Abwehrmechanismen spielen eine wichtige Rolle für das Funktionieren jeder Persönlichkeit. Ihr übermäßiger Gebrauch jedoch ist als neurotisch, als krankhaft anzusehen. Neurotiker verwenden einen Großteil ihrer psychischen Energie darauf, nicht annehmbare Triebe umzulenken oder zu verkleiden, so daß wenig Zeit und Kraft für ein produktives und befriedigendes Leben verbleibt. Durch derartige neurotische Umlenkungen lassen sich aus psychodynamischer Sicht viele scheinbar irrationale und sinnlose Verhaltensweisen erklären.[303]

1.2. Erklärungsmöglichkeiten strafbaren Verhaltens

Eine Möglichkeit, um strafbares Verhalten auf der Grundlage der psychodynamischen Persönlichkeitstheorie zu erklären, stellt die Annahme eines Persönlichkeitstyps des „Verbrechers aus Schuldbewußtsein“ dar, den *Freud* in einer erstmals im Jahre 1916 erschienenen Schrift beschrieb.
Zugrundeliegendes Problem ist hier eine, aus welchen Gründen auch immer, nicht erfolgte Bewältigung des Ödipuskomplexes in früher Kindheit. Da die in dieser Phase auftretenden Triebwünsche der Tötung des Vaters und des sexuellen Verkehrs mit der Mutter keine Auflösung gefunden haben, bleibt ein unbewußtes Schuldgefühl zurück.
Dieses Schuldgefühl, dessen Herkunft für den Betroffenen nicht erklärbar ist, kann diesen nun dazu drängen, eine Straftat zu begehen. Hierdurch wird es ihm ermöglicht, zum einen das vorher diffuse, nicht zu verortende Schuldgefühl im Zusammenhang mit der Tat einzuordnen und zum anderen durch eine daraufhin erfolgende Bestrafung Erleichterung zu erlangen.[304]

---

303 *Zimbardo/Gerrig* 1999, S. 533 f., 624.
304 *Freud* 1969, S. 252 f.

Die Straftat ist somit als kreative Abwehrleistung des Ich des Täters zu verstehen. Im Vergleich zum Leben mit dem unbewußten, aber drängenden Schuldgefühl ist die Begehung der Straftat mit anschließender Bestrafung subjektiv eine harmlosere Möglichkeit der Konfliktbewältigung.[305]

Eine weitere Möglichkeit zur Erklärung strafbaren Verhaltens aus der psychodynamischen Perspektive basiert auf der Annahme einer mangelhaften Ausbildung des Über-Ich.
Die Entwicklung des Über-Ich erfolgt regelmäßig am Orientierungsbild der Eltern. Sind Eltern oder vergleichbare Erziehungspersonen nicht vorhanden oder gelingt es ihnen nicht bzw. sind sie nicht willens, dem Kind soziales Verhalten vorzuleben, so besteht die Gefahr, daß das Über-Ich entweder überhaupt nicht zur Entwicklung kommt oder selbst von normabweichenden Inhalten geprägt wird. Die Konsequenz ist Verwahrlosung und dissoziales Verhalten aufgrund eines ungezügelten Auslebens der Es-Impulse.[306]

1.3. Therapeutische Vorgehensweise

Ziel einer klassisch-psychoanalytischen Therapie ist die Lösung der innerpsychischen Konflikte des Patienten und die Beseitigung der negativen Symptomhandlungen. Der Patient soll zur Einsicht der ihn steuernden psychischen Mechanismen gelangen und Möglichkeiten erkennen, die seinen Handlungen zugrundeliegenden Wünsche anders als bisher ohne die Verwendung unbewußter Vermeidungstaktiken auszuleben oder zu bewältigen.[307]

Um die innerpsychischen Konflikte und verdrängten Gedanken zu erkennen und an die Oberfläche des Bewußtseins zu holen, ist eine intensive, zeitaufwendige Erkundung der Psyche des Patienten erforderlich.
Wesentliche Techniken der Bewußtmachung verdrängter Konflikte sind die freie Assoziation, die Analyse der Widerstände, die Traumanalyse sowie die Analyse der Übertragung und der Gegenübertragung.[308]

Bei der freien Assoziation ist der regelmäßig auf einer Couch liegende Patient aufgefordert, seinen Gedanken freien Lauf zu lassen und dem Analytiker alle ihm in den Sinn kommenden Bilder, Wünsche, Gefühle usw. zu berichten, gleichgültig wie unsinnig oder beschämend sie ihm erscheinen. Aufgabe des

---

[305] Vgl. *Pfäfflin/Haake* 1983, S. 100.
[306] Vgl. *Aichhorn* 1951, S. 190 ff.; *Mechler* 1981, S. 62; *Schneider* 1987, S. 477 ff.
[307] Vgl. *Schmitt* 1977a, S. 104.
[308] *Zimbardo/Gerrig* 1999, S. 648.

Analytikers ist es nun, der Kette der Assoziationen zu folgen und zu versuchen, Rückschlüsse auf unbewußte Geschehnisse zu ziehen.[309]

Während der freien Assoziation kann es vorkommen, daß für den Analytiker bestimmte Vermeidungshaltungen ersichtlich werden. Es kann sein, daß der Patient während einer bestimmten Assoziationssituation plötzlich das Thema wechselt, Unwillen zeigt, über eine bestimmte Empfindung zu sprechen, oder etwa zu spät zur darauffolgenden Therapiesitzung kommt.
Es wird davon ausgegangen, daß es sich hierbei um Widerstände handelt, die dazu dienen, potentiell schmerzliche Erkenntnisse zu vermeiden. Diese Widerstände sind Zeichen einer unbewußten Kontrolle über besonders empfindliche Bereiche des Seelenlebens, und genau diese Bereiche muß der Analytiker sorgfältig erkunden.[310]

Da man nach der psychodynamischen Betrachtungsweise davon ausgeht, daß während des Schlafes Abwehrmechanismen wie die Verdrängung nur eingeschränkt tätig sind, d. h. das Über-Ich weniger streng über die Impulse des Es wacht, spielt auch die Traumdeutung in der Psychoanalyse eine wichtige Rolle.[311]

Wesentlicher Wirkfaktor der Psychoanalyse ist die Übertragungsbeziehung.
Während einer psychoanalytischen Therapie werden sich regelmäßig Gefühlsregungen des Patienten gegenüber dem Therapeuten zeigen. Diese können negativer oder positiver Art sein. Es wird davon ausgegangen, daß der Patient unbewußt in der Person des Analytikers die Person sieht, die in der Vergangenheit im Mittelpunkt eines emotionalen Konflikts stand (z. B. ein Elternteil). In der Übertragungsbeziehung sollen gewissermaßen die Kindheitssituation nacherlebt, die neurotischen Konflikte erkannt und Wege zu deren Auflösung gefunden werden.[312]

Eine für die klassische Psychoanalyse wichtige Verhaltensanforderung an den Therapeuten formuliert die sogenannte Abstinenzregel. Dieser zufolge darf der Analytiker keine Anstrengungen unternehmen, um dem Patienten bei der Bewältigung seiner Alltagsprobleme zu helfen. Er muß sich ihm gegenüber passiv verhalten und hat jede Intervention, jeden Rat und jeden direkten Vorschlag zu vermeiden.

---

309 *Comer* 1995, S. 148 f.; *Davison/Neale* 1988, S. 609 f.; *Zimbardo/Gerrig* 1999, S. 648 f.
310 *Comer* 1995, S. 150; *Davison/Neale* 1988, S. 610; *Zimbardo/Gerrig* 1999, S. 650; vgl. *Freud* 1975a, S. 118.
311 *Comer* 1995, S. 151; *Davison/Neale* 1988, S. 610; *Zimbardo/Gerrig* 1999, S. 650.
312 Vgl. *Comer* 1995, S. 150; *Davison/Neale* 1988, S. 612 f.; *Huber* 1999, S. 624; *Zimbardo/Gerrig* 1999, S. 650; vgl. *Freud* 1969a, S. 436 f.

Dies wird im wesentlichen mit zwei Überlegungen begründet.
Zum einen könnte eine wie auch immer geartete helfende Intervention des Analytikers bezüglich der praktischen Probleme des Patienten eine kurzfristige Erleichterung des Leidensdrucks mit sich bringen und somit dessen Antrieb schwächen, sich verdrängten Konflikten im Rahmen der Therapie zu stellen und diese aufzuarbeiten. Zum anderen ist es für das Funktionieren der Übertragungsbeziehung wichtig, daß der Analytiker dem Patienten als leere Projektionsfläche zur Verfügung steht. Äußert ein Analytiker Meinungen oder erteilt er Ratschläge und zeigt er somit Konturen seiner eigenen Persönlichkeit, erschwert dies das Entstehen einer unbeeinflußten Übertragung.[313]

Bei dem oben dargestellten Typus des Verbrechers aus Schuldbewußtsein liegt das Problem in einem zu strengen, ein permanentes Strafbedürfnis produzierenden Über-Ich.[314] Hier ist es Aufgabe des Analytikers, dem Patienten die Herkunft des Strafbedürfnisses aus einem nicht bewältigten Ödipuskomplex bewußt zu machen und ihm zu einem verträglichen Zusammenspiel der Instanzen von Es, Über-Ich und Ich zu verhelfen. Die erläuterten Methoden zur Offenlegung der innerseelischen Konflikte sind somit aus psychoanalytischer Sicht die Mittel der Wahl zur Behandlung dieser zu Delinquenz führenden Störung.
Problematischer erscheint dies bei dem anderen Typus des Delinquenten, dem sogenannten Verwahrlosten mit fehlender oder unzureichender Ausbildung des Über-Ich. Ursache des kriminellen Verhaltens ist hier, daß aufgrund der Schwäche des Über-Ich extremen Wünschen des Es kein ausreichender Widerstand entgegengesetzt wird.[315]
Es kann also nicht von einem ergründungs- und auflösungsbedürftigen innerseelischen Konflikt im eigentlichen Sinne gesprochen werden.[316] Wesentliche Bedeutung kommt bei diesem Persönlichkeitstyp der Übertragungsbeziehung zu, die so auszugestalten ist, daß eine Nachreifung des Über-Ich erfolgen kann.[317] Auf diesen Problempunkt wird noch zurückzukommen sein.

---

313 *Davison/Neale* 1988, S. 613 ff.; *Huber* 1999, S. 624; *Thomä/Kächele* 1996, S. 276 f. *Wetzel/Linster* 1994, S. 632.
314 *Schneider* 1987, S. 476.
315 *Bock* 2000, Rn. 125.
316 *Mechler* 1981, S. 61 f.
317 Vgl. *Schneider* 1987, S. 479.

2. Verhaltenstherapie

2.1. Grundlagen

Theoretische Grundlage der verhaltenstherapeutischen Ansätze ist die behavioristische Psychologie, deren wesentliche Vordenker *John B. Watson (1878-1958)* und *B. F. Skinner (1904-1990)* waren.
Während in der Psychoanalyse die Ursachen für psychische Störungen in unzureichend bewältigten innerseelischen Konflikten gesucht und unerwünschte bzw. fehlangepaßte Verhaltensweisen als Symptome dieser Störungen verstanden werden, setzen Behavioristen psychische Störungen im wesentlichen mit unerwünschtem bzw. fehlangepaßtem Verhalten gleich. Das Interesse verhaltenstherapeutisch orientierter Psychologen gilt somit weniger der tiefenpsychologischen Ursachenforschung als vielmehr dem Verhalten an sich.

Erworben werden die vielfältigen angepaßten oder unangepaßten Verhaltensweisen nach Ansicht der Behavioristen durch Lernprozesse. Es werden im wesentlichen drei Grundarten des Lernens unterschieden: die klassische Konditionierung, die operante Konditionierung sowie, bei Abkehr von einem extremen Behaviorismus unter Hinzunahme kognitiver Elemente, das Modellernen.[318]

Unter klassischer Konditionierung ist ein auf zeitlicher Assoziation beruhender Lernprozeß zu verstehen.
Reagiert eine Person auf einen bestimmten Reiz (unkonditionierter Stimulus) angeborenerweise mit einem bestimmten Verhalten (unkonditionierter Reflex) und wird diesem Reiz über einen gewissen Zeitraum hinweg ein anderer Reiz hinzugefügt, der für sich genommen keine angeborene Reaktion auslöst, so genügt nach einiger Zeit der neutrale Reiz, um den gleichen Reflex hervorzurufen. Aus dem neutralen Reiz wird ein konditionierter Stimulus, das durch ihn hervorgerufene Verhalten ist der konditionierte Reflex.[319]
Das Muster der klassischen Konditionierung eignet sich insbesondere zur Erklärung scheinbar irrationaler Einstellungen und Emotionen, die ihren Ausdruck in

---

[318] Vgl. *Comer* 1995, S. 48 ff.; *Davison/Neale* 1988, S. 47 ff.; *Zimbardo/Gerrig* 1999, S. 207 ff., 652.

[319] Entdeckt wurde dieser Mechanismus zufälligerweise von dem russischen Physiologen *Iwan Petrowitsch Pawlow (1849-1936)*. Im Rahmen einer eigentlich dem Verdauungstrakt des Hundes geltenden Untersuchung wurde einem Versuchstier ein Napf mit Futter vorgesetzt (unkonditionierter Stimulus), was verstärkten Speichelfluß (unkonditionierter Reflex) hervorrief. Dieses Vorsetzen des Napfes wurde mehrfach mit dem Ingangsetzen eines Metronoms verbunden. Nach einiger Zeit genügte das Ticken des Metronoms (konditionierter Stimulus) um den Speichelfluß hervorzurufen (konditionierter Reflex). Siehe hierzu *Pawlow* 1998, S. 113 f.

unangebrachten Verhaltensweisen finden. Verschiedene Forschungsprojekte galten beispielsweise der konditionierten Furcht.[320]

Während Lernen in Form der klassischen Konditionierung eine Verknüpfung von zwei Reizen darstellt, basiert das operante Konditionieren auf der Verbindung zwischen einem Reiz bzw. einem Verhalten und einer Reaktion. Dem Modell des operanten Konditionierens liegt die Überlegung zugrunde, daß ein Verhalten, dessen Folgen befriedigend sind, häufiger wiederholt werden wird, während die Häufigkeit eines Verhaltens bei unangenehmen Konsequenzen abnimmt.
Wesentliche Faktoren des Lernens sind demnach Verstärkung und Bestrafung. Das regelmäßige Auftreten angenehmer Folgen auf ein bestimmtes Verhalten wird als positive Verstärkung bezeichnet. Führt ein bestimmtes Verhalten zur Vermeidung oder Entfernung eines unangenehmen Reizes, so spricht man von negativer Verstärkung. Spiegelbildlich hierzu werden positive und negative Bestrafung unterschieden. Folgt ein unangenehmer Reiz auf ein bestimmtes Verhalten, so handelt es sich um positive Bestrafung, unter negativer Bestrafung versteht man das Ausbleiben oder die Entfernung eines angenehmen Reizes als Konsequenz eines Verhaltens.
Verstärkung erhöht die Wahrscheinlichkeit eines bestimmten Verhaltens, Bestrafung senkt sie.[321]

Gegen die ausschließlich auf Konditionierung bauenden Lerntheorien wurde der Einwand erhoben, sie hätten ein rein mechanistisches Menschenbild zur Grundlage. Ihnen zufolge würde der Mensch wie eine Marionette von Umwelteinflüssen manipuliert. Diese Überlegungen führten zur Ergänzung der gängigen Lerntheorien um kognitive Elemente.
Verstärkungen und Bestrafungen wurden somit nicht mehr als mechanisch wirkende Faktoren gesehen, die zwangsläufig zur Wiederholung der gleichen Verhaltensmuster führen. Ihnen wurde statt dessen eine informierende und motivierende Wirkung beigemessen. Der zu freiem Räsonieren und zu vorausschauendem Handeln fähige Mensch bekommt demnach durch erfahrene Konsequenzen seines Handelns Informationen zur Verfügung gestellt, die er bei zukünftigen Verhaltensentscheidungen berücksichtigen kann.[322]
Verzichtet man auf eine mechanistisch-deterministische Betrachtung, die Erfahrungen an der eigenen Person voraussetzt, wird auch erklärlich, wie Verhaltens-

---

[320] Vgl. *Comer* 1995, S. 48 ff.; *Davison/Neale* 1988, S. 48 ff.; *Zimbardo/Gerrig* 1999, S. 209 f., 215.

[321] Vgl. *Comer* 1995, S. 50 f.; *Davison/Neale* 1988, S. 50 f.; *Zimbardo/Gerrig* 1999, S. 218 ff.

[322] *Bandura* 1976, S. 206 ff.

weisen erlernt werden, die zunächst nicht in eigener Person ausgeführt und verstärkt bzw. bestraft, sondern bei anderen beobachtet wurden.
Es handelt sich hier um das sogenannte Modellernen. Werden Verhaltensweisen und deren Konsequenzen bei anderen beobachtet, kann der Beobachter motiviert werden, sich ebenso zu verhalten oder dieses Verhalten zu vermeiden.[323]

2.2. Erklärungsmöglichkeiten strafbaren Verhaltens

Geht man davon aus, daß jedwedes menschliche Verhalten nach bestimmten Mustern erlernt wird, so ist auch das als abweichend definierte und unter die Strafgesetze fallende Verhalten eine Folge von Lernprozessen.[324]

Auf der Basis des Modells der Konditionierung ließe sich sagen, daß strafbares Verhalten eine Folge fehlender oder falscher Konditionierung ist. *Eysenck* geht davon aus, daß das Gewissen als eine Instanz, die den Menschen dazu anhält, sich moralisch und gesetzestreu zu verhalten, durch Mechanismen der klassischen Konditionierung im Kindheitsalter gebildet wird. So würden beispielsweise auf Fehlverhalten unmittelbar folgende Strafen zu einer Reizverknüpfung führen, der zufolge auch später das unerwünschte Verhalten mit einem unangenehmen Reiz assoziiert und somit unterlassen würde.[325]
Aus der Perspektive des operanten Konditionierens betrachtet kann Straffälligkeit eine Folge regelmäßiger Verstärkung unerwünschten Verhaltens sein. So kann das Fehlverhalten dem Verursacher beispielsweise Vorteile materieller oder imaterieller Art, etwa erhöhte Aufmerksamkeit, eingebracht haben.
Ebenfalls zur Erklärung abweichenden Verhaltens geeignet ist das Prinzip des Modellernens.
Bezüglich des Erlernens aggressiven Verhaltens am Modell wurden von *Bandura* Experimente durchgeführt. Kinder, die zusahen, wie Erwachsene eine Plastikpuppe mißhandelten, zeigten später selbst eine höhere Rate aggressiven Verhaltens gegenüber der Puppe als Kinder der Vergleichsgruppe, welche das Verhalten der Erwachsenen nicht beobachtet hatten.[326]
Besondere Bedeutung für das Modellernen kommt wichtigen Bezugspersonen des Lernenden wie z. B. Eltern, Lehrern und Freunden zu. Ebenfalls eine Rolle können Darstellungen der Massenmedien spielen.[327]

---

[323] *Bandura* 1976, S. 215 f.
[324] *Bock* 2000, Rn. 131.
[325] *Eysenck* 1977, S. 138 ff., wobei hier allerdings die Abgrenzung zwischen klassischer und operanter Konditionierung fließend ist.
[326] *Zimbardo/Gerrig* 1999, S. 232 f.
[327] Vgl. *Bock* 2000, Rn. 135; *Göppinger* 1997, S. 119.

2.3. Therapeutische Vorgehensweise

Wenn man davon ausgeht, daß abweichendes Verhalten erlernt ist, so läßt sich folgern, daß es auch wieder verlernt bzw. durch neu erlerntes angepaßtes Verhalten ersetzt werden kann. Diese Überlegung ist die Basis der verschiedenen verhaltenstherapeutischen Ansätze, welche jeweils auf den oben geschilderten Arten des Lernens aufbauen.

Als methodische Grundrichtungen werden die Gegenkonditionierung, das Kontingenzmanagement sowie das soziale Lernen unterschieden.[328]

Die Methoden der Gegenkonditionierung beruhen auf den Prinzipien des klassischen Konditionierens.
Eine in der Praxis bedeutsame Methode der Gegenkonditionierung ist die der systematischen Desensibilisierung. Diese auf der Konfrontation des Patienten mit bestimmten angstbesetzten Reizen beruhende Methode ist vor allem zur Behandlung von Phobien aller Art indiziert.[329]
Eine weitere Methode der Gegenkonditionierung stellt die sogenannte Aversionstherapie dar. Während der Patient im Wege der systematischen Desensibilisierung lernen soll, mit angstbesetzten, in Wirklichkeit aber harmlosen Reizen umzugehen, hat die Aversionstherapie die Behandlung derjenigen zum Ziel, die sich von schädlichen oder illegalen Reizen angezogen fühlen. Zu denken ist hier etwa an die Behandlung von Alkoholismus oder Pädophilie.
Das methodische Vorgehen liegt hier in der Verknüpfung des vom Patienten angestrebten Reizes mit einem unangenehmen Reiz, so daß sich im Laufe der Behandlung eine Aversion gegen das ursprünglich praktizierte, aber unerwünschte Verhalten herausbildet.
Denkbare Maßnahmen sind z. B. die Verabreichung eines Medikaments, welches bei Einnahme von Alkohol Übelkeit hervorruft, oder, im Falle von Pädophilie, das Vorführen von Bildern mit Darstellungen pädophilen Charakters bei gleichzeitiger Zufügung von Elektroschocks.[330]
Derartige schmerzverursachende Verfahren werfen ethische und rechtliche Fragen auf. Es ist auf jeden Fall zu vermeiden, daß sich Menschen nur auf institutionellen Druck hin einer solchen Behandlung unterziehen. Insofern hat der Therapeut, insbesondere wenn es sich um Therapie innerhalb des Strafvollzugs handelt, die Motivationslage des Patienten genau zu erforschen.

---

328 *Zimbardo/Gerrig* 1999, S. 653.

329 Da hier die Bezüge zur Straftäterbehandlung gering sind, wird auf eine genauere Darstellung verzichtet. Siehe hierzu *Davison/Neale* 1988, S. 640 ff.; *Linden* 1996, S. 308 ff.; *Zimbardo/Gerrig* 1999, S. 653 f.

330 *Zimbardo/Gerrig* 1999, S. 655 f.

Angezeigt sein können aversive Methoden zur Behandlung lebensbedrohlichen selbstverletzenden Verhaltens oder in Fällen, in denen die Einsicht des Patienten vorhanden ist, daß die langfristigen Folgen der bisherigen Verhaltensmuster auf Dauer die Gesundheit zerstören oder das Leben ruinieren würden.[331]

Unter der zweiten methodischen Grundrichtung der Verhaltenstherapie, dem Kontingenzmanagement, sind Maßnahmen zusammengefaßt, die durch Modifikation der Konsequenzen eines Verhaltens das Verhalten selbst ändern sollen. Grundlage ist das Modell der operanten Konditionierung, Wirkfaktoren sind hier Verstärkung und Bestrafung.[332]

Eine herausgehobene Rolle spielt der Mechanismus der positiven Verstärkung. Grundgedanke ist es, zu versuchen, durch gezielt eingesetzte Belohnungen nach einem erwünschten Verhalten die Häufigkeit dieses Verhaltens zu erhöhen.
Eine Möglichkeit der praktischen Umsetzung ist hier beispielsweise das sogenannte Münzverstärkungssystem („token economy"). Erfüllt ein Patient die jeweils für seinen Fall definierten Zielverhaltensweisen, so kann er sich Wertmünzen oder Gutscheine verdienen, die später gegen bestimmte Vergünstigungen eingetauscht werden können.[333]
Die Anwendungsfelder von Münzverstärkungssystemen sind vielfältig. Beeindruckende Erfolge solcher Programme im Hinblick auf den Abbau negativen und das Erlernen positiven Verhaltens wurden im Bereich der Kindererziehung in Vor- und Grundschule sowie in der Arbeit mit Psychiatriepatienten (selbst bei akut psychotischen Patienten) und Gefängnisinsassen festgestellt.[334]

Mechanismen der positiven Verstärkung spielen auch eine Rolle bei den sogenannten Löschungsstrategien, diesmal allerdings von der entgegengesetzten Seite aus betrachtet.
Es geht darum festzustellen, ob unerwünschtes Verhalten durch zuvor unter Umständen nicht erkannte Faktoren verstärkt wurde. Nach Ermittlung dieser Verstärkungsquellen muß versucht werden, diese auszuschalten. Gelingt dies, so kann es zunächst zu einem kurzfristigen Anstieg der Rate des Fehlverhaltens kommen, da der Patient eventuell versuchen wird, durch eine Intensivierung des bisher „erfolgreichen" Verhaltens doch noch zur Verstärkung zu gelangen. Bei

[331] Vgl. hierzu *Davison/Neale* 1988, S. 644 f.; *Sandler* 1996, S. 93 ff. Letzterer bringt Vorschläge zum Einsatz aversiver Reize nichtphysiologischer Art, welche weg vom Modell des klassischen Konditionierens hin zur operanten Konditionierung führen.
[332] *Zimbardo/Gerrig* 1999, S. 656.
[333] *Ayllon/Cole* 1996, S. 240; *Zimbardo/Gerrig* 1999, S. 656.
[334] *Ayllon/Cole* 1996, S. 241, 244; *Davison/Neale* 1988, S. 647 ff. Letztere äußern bei Anerkennung der offensichtlichen Erfolge kritische Denkanstöße im Hinblick auf die Gefahr einer Erziehung zum materialistischen Denken (S. 650 f.).

konsequenter Vermeidung der Verstärkung ist nach einiger Zeit mit einem Sinken der Verhaltensrate zu rechnen.
Ein vielfach nicht als solcher wahrgenommener Verstärker kann die erhöhte Aufmerksamkeit bei Fehlverhalten der betroffenen Person sein. Hier wäre es somit geboten, dieses Verhalten konsequent zu ignorieren, wobei allerdings gerade die erforderliche Konsequenz der Nichtbeachtung in der Praxis oft nicht einfach durchzuhalten sein wird. Jedenfalls erfordert dies eine enge Abstimmung all jener, die mit dem Patienten Umgang haben.[335]

Eine weitere Behandlungsmethode im Rahmen des Kontingenzmanagements ist die Bestrafung. Hier wird versucht, unerwünschte Verhaltensweisen durch unangenehme Sanktionen zum Abklingen zu bringen. Es besteht eine enge Verwandtschaft zur klassisch konditionierenden Aversionstherapie. Der Unterschied liegt darin, daß bei der klassischen Konditionierung der Reiz, den der jeweiligen Patienten üblicherweise anstrebt und der zu unerwünschtem Verhalten führt, mit einem unangenehmen Reiz gekoppelt wird, wohingegen bei einer Bestrafung im Rahmen des operant konditionierenden Kontingenzmanagements das unerwünschte Verhalten selbst mit einem unangenehmen Reiz sanktioniert wird.
Ebenso wie die Aversionstherapie ist die Bestrafung nicht unumstritten. Keinesfalls darf sie so eingesetzt werden, daß sie als feindselige Reaktion verstanden wird.[336]

Die dritte methodische Grundrichtung der Verhaltenstherapie, das soziale Lernen, basiert auf den Erkenntnissen zum Modellernen.
Als wirkungsvoll zum Abbau von Phobien hat sich das sogenannte In-vivo-Modellernen erwiesen. Hierbei werden den Patienten Filme vorgeführt, in denen sich menschliche Modelle in verschiedenen Stufen allmählich den angstbesetzten Objekten annähern oder sich angstbesetzten Situationen aussetzen, ohne daß es zu negativen Konsequenzen kommt.[337]
Eine weitere Methode zum Abbau unangepaßten Verhaltens stellt das Training sozialer Fertigkeiten dar. Unter den zu erlernenden sozialen Fertigkeiten sind Verhaltensmuster zu verstehen, die es dem einzelnen ermöglichen, sich in der Interaktion mit anderen Menschen adäquat zu verhalten, ohne auf unangemessene Verhaltensweisen wie z. B. Gewaltanwendung zurückgreifen zu müssen.
Konkrete Form des Trainings sozialer Fähigkeiten kann beispielsweise das Rollenspiel sein.[338]

---

[335] *Hautzinger* 1996, S. 223 ff.; *Zimbardo/Gerrig* 1999, S. 657.
[336] *Zimbardo/Gerrig* 1999, S. 657 f.; Vgl. *Reinecker* 1996, S. 97 ff.
[337] *Zimbardo/Gerrig* 1999, S. 658 ff.
[338] Vgl. *Petermann* 1996, S. 289 ff.; *Zimbardo/Gerrig* 1999, S. 660.

Bei allen Methoden der Verhaltenstherapie stellt sich die wesentliche Frage, inwieweit die in einer künstlichen Umgebung, etwa einer Klinik oder einer Justizvollzugsanstalt, erlernten Verhaltensweisen im Alltag der Therapierten aufrechterhalten bleiben.
So funktionieren beispielsweise Münzverstärkungssysteme nur in einem geschlossenen Umfeld. Den auf den jeweiligen Patienten abgestimmten Verstärkungsmaßnahmen in der Behandlungsphase können andere, unter Umständen gegenläufige Verstärker im „wirklichen Leben" gegenüberstehen. Es müssen somit schon während der jeweiligen Behandlung Bemühungen unternommen werden, die Behandlungseffekte für den Alltag zu generalisieren.
Eine Möglichkeit ist hier, falls eine Verhaltensweise durch ständige Verstärkung erlernt worden ist, zu einer intermittierenden Verstärkung überzugehen, d. h. das erwünschte Verhalten nicht mehr jedesmal, sondern nur noch in bestimmten Abständen zu belohnen.
Künstliche Verstärker (z. B. Wertmünzen) müssen zunehmend durch natürliche Verstärker (Anerkennung von Bezugspersonen, Erfolg im Umgang mit anderen) ersetzt werden.
In manchen Fällen wird zu klären sein, ob Bedarf und Möglichkeiten bestehen, auf das Umfeld, in das der Patient zurückkehrt, Einfluß zu nehmen. So kann es angeraten sein, die jeweiligen Bezugspersonen darüber aufzuklären, welche Verhaltensweisen wodurch verstärkt werden sollen und können.
Wichtig kann es auch sein, daß neu erlernte Verhaltensweisen bei Ausflügen aus der Institution (bzw. bei Haftlockerungen) unter der unterstützenden Anleitung des Therapeuten trainiert werden.[339]

Als aus der Verhaltenstherapie hervorgegangene Weiterentwicklung ist noch die kognitive Verhaltenstherapie zu erwähnen.
Diese basiert auf verhaltenstherapeutischen Techniken, möchte aber in Abkehr von einem extremen Behaviorismus der Erkenntnis Geltung verschaffen, daß Verhaltensänderungen nur von Dauer sind, wenn auch zugrundeliegende Überzeugungen verändert werden. Grundüberlegung der kognitiven Verhaltenstherapie ist, daß Verhaltensweisen davon beeinflußt werden, was der Mensch darüber denkt, wie er sich verhalten soll und wozu er glaubt, in der Lage zu sein.
Unerwünschte Verhaltensmuster sollen dadurch modifiziert werden, daß zunächst negative Einstellungen einer Person zu sich selbst in konstruktive Überzeugungen umgewandelt und im Anschluß daran neue Fähigkeiten erworben und eingeübt werden. Wichtige Aufgabe der dem Verhaltenstraining vorausgehenden kognitiven Umstrukturierung ist es, dem Patienten ein Gefühl der Selbstwirksamkeit zu vermitteln, d. h. die Überzeugung, das eigene Schicksal meistern zu können.[340]

---

[339] Vgl. *Davison/Neale* 1988, S. 651 f.; *Zimbardo/Gerrig* 1999, S. 661.
[340] *Davison/Neale* 1988, S. 666; *Zimbardo/Gerrig* 1999, S. 661 ff.

3. Gesprächspsychotherapie

3.1. Grundlagen

Die im wesentlichen auf *Carl R. Rogers (1902-1987)* zurückgehende Gesprächspsychotherapie[341] fußt auf humanistischen Modellen und hat somit ein anderes Menschenbild zur Grundlage als Psychoanalyse und Verhaltenstherapie. Sieht die Psychoanalyse den Menschen als ein von Trieben beherrschtes Wesen und läßt der Behaviorismus den einzelnen als von äußeren Einflüssen determiniert erscheinen, so setzt dem die humanistische Betrachtungsweise die Annahme der Willensfreiheit jedes Menschen entgegen.[342]

Die Humanisten vertreten eine recht optimistische Sicht des Menschen. Ihnen zufolge ist jeder Mensch von Natur aus gut und mit der Fähigkeit ausgestattet, sein Leben aktiv, schöpferisch, zielgerichtet und kooperativ zu führen. Das Hauptstreben des Menschen ist es, sich im Sinne dieser positiven Grundeigenschaften selbst zu verwirklichen, d. h. das eigene innere Potential zu erkennen und voll zur Entfaltung zu bringen.[343]
Wichtigste Vorbedingung der Selbstverwirklichung (sog. Selbstaktualisierung) ist es, sich selbst, so wie man ist, zu akzeptieren und unbedingt wertzuschätzen.

Eine zu gering ausgeprägte Wertschätzung des eigenen individuellen Selbst kann zur Ursache für psychische Störungen werden. Ein Mensch, der seine Eigenart nicht akzeptieren kann, gerät unter den Druck, sein Selbstkonzept an Bewertungen und Wertmaßstäben der Umwelt zu messen und auszurichten. Dies birgt die Gefahr in sich, daß er sein Lebensziel verfehlt.
Richtet ein Mensch sich zu sehr an von außen an ihn herangetragenen Maßstäben aus, so wird es vorkommen, daß bestimmte Gedanken und Erfahrungen für unpassend gehalten werden und nicht in dieses Selbstkonzept integriert werden können. Die Folge ist eine Inkongruenz zwischen Selbstkonzept und Erfahrungen bzw. Empfindungen, welche regelmäßig zu einer Inkongruenz zwischen den guten und produktiven Bedürfnissen des Menschen und seinem tatsächlichen Verhalten führen wird.[344]

Eine Ursache für die am Beginn dieser Fehlentwicklung stehende zu gering ausgeprägte Wertschätzung des eigenen Selbst kann darin liegen, daß dem Betrof-

---

341 Auch bekannt unter den Bezeichnungen klientenzentrierte bzw. nichtdirektive Therapie.

342 *Rogers* 1973, S. 191 ff.; vgl. *Davison/Neale* 1988, S. 59; *Zimbardo/Gerrig* 1999, S. 538.

343 *Comer* 1995, S. 57; *Davison/Neale* 1988, S. 59; *Zimbardo/Gerrig* 1999, S. 538. Vgl. *Rogers* 1973, S. 99 f.

344 Vgl. *Comer* 1995, S. 58 f.; *Davison/Neale* 1988, S. 60, 624; *Linster* 1982, S. 171; *Zimbardo/Gerrig* 1999, S. 665. Zum Begriff der Inkongruenz siehe *Rogers* 1973, S. 329 ff.

fenen in der Kindheit von den Eltern oder anderen wichtigen Bezugspersonen keine unbedingte, sondern nur an bestimmte Verhaltensweisen geknüpfte Wertschätzung entgegengebracht wurde.[345]

3.2. Erklärungsmöglichkeiten strafbaren Verhaltens

Sieht man als dominierenden Faktor einer psychischen Störung eine Inkongruenz zwischen Selbstkonzept und Erfahrungen an und geht man davon aus, daß Erscheinungsformen derartiger Inkongruenzen Wahrnehmungsverzerrungen, Verletzlichkeiten, Angstzustände, Zwänge, Selbstunsicherheiten und ähnliches sein können, so erscheint es auch plausibel, dissoziales, kriminelles Verhalten als ein Ausagieren von durch Inkongruenzen hervorgerufenen Spannungen anzusehen.[346]

3.3. Therapeutische Vorgehensweise

Ziel der Gesprächspsychotherapie ist es, dem Klienten die Möglichkeit zur Selbsterfahrung zu geben, was nach dem dargelegten Modell Voraussetzung zur Selbstverwirklichung und zum Abbau von Inkongruenzen ist. Aufgabe des Therapeuten ist es somit, eine Atmosphäre zu schaffen, in welcher der Klient sich

---

[345] *Comer* 1995, S. 58 f.; *Zimbardo/Gerrig* 1999, S. 538.

[346] *Minsel/Howe* 1983, S. 250. Aus dem entgegengesetzten Blickwinkel betrachtet, d. h. nicht unter der Fragestellung, warum es zu kriminellem Verhalten kommt, sondern warum es in vielen Fällen *nicht* dazu kommt, ist in diesem Zusammenhang die Halttheorie von *Reckless* zu erwähnen. Bringt nach *Rogers* eine hinreichend ausgeprägte Wertschätzung des eigenen Selbst einen gewissen Schutz vor psychischen Fehlentwicklungen mit sich, so sieht *Reckless* in einem positiven Selbstkonzept einen Faktor, der inneren Halt bietet und geeignet erscheint, gegen straffälliges Verhalten weitgehend zu immunisieren (*Reckless* 1961, S. 8 ff.).
Auch im Hinblick auf eine andere sehr komplexe Problematik der Kriminologie erscheinen die oben dargelegten theoretischen Grundlagen der Gesprächspsychotherapie nach *Rogers* interessant. Wie gezeigt wurde, ist hiernach Ausgangspunkt für Fehlentwicklungen eine unzureichende Wertschätzung der eigenen Persönlichkeit, wofür eine fehlende Wertschätzung durch die Eltern in der Kindheit ursächlich sein kann. Diese unzureichende Wertschätzung des eigenen Selbst wiederum macht den Betroffenen anfällig dafür, das Selbst nach äußeren Wertmaßstäben zu beurteilen, das Selbstkonzept hieran auszurichten und letztlich Bewertungen der eigenen Person durch die Gesellschaft zu internalisieren, was zu den dargelegten Inkongruenzen führt (vgl. *Comer* 1995, S. 58 f.; *Davison/Neale* 1988, S. 624). Es handelt sich somit um ein Modell zur Erklärung von Störungen, welches sowohl ätiologische (mangelnde Wertschätzung durch die Eltern) wie etikettierungstheoretische Faktoren (Prägung des Selbstkonzepts durch die Gesellschaft) enthält. Das sogenannte Erklärungspatt zwischen den ätiologischen Theorien und den Etikettierungsansätzen (siehe hierzu die Darstellung der Problematik bei *Bock* 2000, Rn. 179 ff.) kann folglich im Theoriengebäude *Rogers* eine Auflösung finden.

selbst ehrlich betrachten und entdecken kann und vor allem in die Lage versetzt wird, sich so anzunehmen, wie er ist.[347]
Da die Selbstverwirklichung bzw. Selbstaktualisierung ein lebenslanger Prozeß ist und jeder Mensch hierfür einer Umgebung bedarf, die ihm Selbsterfahrung und Selbstakzeptanz ermöglicht, stellt die therapeutische Beziehung nach *Rogers* nur eine spezielle Ausprägung der Idealform einer jeglichen zwischenmenschlichen Beziehung dar.[348] Es kann hier somit weniger von therapeutischen Methoden und Techniken gesprochen werden, sondern eher von einer besonderen Art und Weise der Beziehungsausgestaltung und zwischenmenschlichen Begegnung von Therapeut und Klient.

Basisvariablen einer therapeutischen Beziehung und somit Grundeigenschaften des Therapeuten sollten sein: Echtheit (bzw. Kongruenz), unbedingte Wertschätzung des Klienten sowie empathisches Verstehen.[349]

Der Aspekt der Echtheit bzw. Kongruenz fordert vom Therapeuten, daß er gegenüber dem Klienten er selbst ist und keine Fassade aufbaut oder eine Rolle vorspielt. Er soll sagen, was er wirklich empfindet, zwischen Verhalten und Bewußtsein muß Kongruenz bestehen.
Nur wenn auch von Seiten des Therapeuten Bereitschaft vorhanden ist, sich gegenüber dem Klienten zu öffnen, kann von diesem erwartet werden, daß er die eigenen Abwehrhaltungen fallen läßt.[350]

Unbedingte Wertschätzung bringt ein Therapeut dem Klienten entgegen, wenn er diesem signalisiert, daß er so wie er ist geschätzt wird. Er soll dem Klienten ein Gefühl von Wärme und Angenommensein vermitteln, das nicht von einem bestimmtem Verhalten abhängig ist. Dies muß nicht bedeuten, daß der Therapeut das gesamte Verhalten des Klienten gutheißt, er muß ihm aber zeigen, daß er als Mensch trotz seines Verhaltens angenommen ist.
Hierdurch kann der Klient lernen, sich selbst wertzuschätzen und sein Selbstbild nicht von äußeren Bewertungen abhängig zu machen.[351]

Wesentlicher Wirkfaktor ist nun das empathische Verstehen.
Sorgen Echtheit und unbedingte Wertschätzung dafür, daß der Klient sich gegenüber dem Therapeuten öffnen und über seine tiefsten Ängste, Sorgen und Wünsche sprechen kann, so ist es nun Aufgabe des Therapeuten, sich in die Gedanken- und Gefühlswelt des Klienten hineinzuversetzen. Ist der Therapeut

347 *Comer* 1995, S. 155; *Linster* 1994, S. 245.
348 *Rogers* 1973, S. 53.
349 *Davison/Neale* 1988, S. 624; *Leibing/Rüger* 1997, S. 303; *Linster* 1994, S. 244.
350 *Rogers* 1973, S. 276; vgl. *Davison/Neale* 1988, S. 624.
351 *Davison/Neale* 1988, S. 624; *Rogers* 1973, S. 277.

hierdurch zum Verständnis der Gedanken und Gefühle des Klienten gelangt, so gibt er diese in eigenen Worten an den Klienten zurück, allerdings ohne eine Wertung oder Interpretation vorzunehmen.
Dies soll dem Klienten zur Erkenntnis seiner selbst und seiner wahren Bedürfnisse verhelfen, wodurch ihm ermöglicht werden soll, auf der Grundlage der Selbstakzeptanz Inkongruenzen aufzulösen und ein freies, schöpferisches und selbstverwirklichtes Leben zu führen.[352]

Wichtig für das Funktionieren der Gesprächspsychotherapie ist, daß der Therapeut nicht versucht, Ereignisse für den Klienten zu manipulieren oder ihm Ziele vorzugeben. Der Klient soll lernen, sein Leben nach seinen individuellen Bedürfnissen auf der Grundlage seines freien Willens selbstverantwortlich zu führen. Einflußnahmen des Therapeuten auf die Umwelt und Lebensgestaltung des Klienten oder Zielvorgaben wären kontraproduktiv.[353] Insofern ist auch die Alternativbezeichnung „nichtdirektive Therapie" zu verstehen.

4. Psychotherapeutisches Arbeiten in Gruppen

Die drei dargestellten therapeutischen Ansätze lassen sich mit gewissen Modifikationen auf psychotherapeutisches Arbeiten in Gruppen übertragen.[354] Denkbar ist auch eine Kombination von Einzel- und Gruppentherapie.[355]

Therapiegruppen bieten vielfältige Möglichkeiten der Intervention und des feedback, entsprechen im Gegensatz zur Einzelsitzung eher der äußeren Welt und eignen sich somit besonders als soziales Trainingsfeld.[356]
Insbesondere für den Bereich der therapeutischen Arbeit mit Strafgefangenen wird der Gruppentherapie mitunter eine besondere Bedeutung zugemessen, da sie ein starkes Gegengewicht gegen die Bildung dissozialer Gruppen mit dissozialen Normen darstellen würde. Überließe man die Gruppenbildung allein den Gefangenen, würden die stärksten und dissozialsten die Führung übernehmen und den Behandlungsprinzipien der Anstalt entgegenarbeiten.[357]

So positiv sich Gruppentherapie auf die Anstaltsstruktur auswirken mag, ist aber auch zu bedenken, daß bei derartigen Therapiegruppen mit wenig Diskretion zu rechnen ist, wenn Mitglieder Einblick in ihr inneres Gefühlsleben geben. Es be-

---

[352] Vgl. *Davison/Neale* 1988, S. 625; *Linster* 1994, S. 245; *Rogers* 1973, S. 278 f.; *Zimbardo/Gerrig* 1999, S. 666.
[353] *Davison/Neale* 1988, S. 61, 623.
[354] *Mechler* 1981, S. 64; *Schmitt* 1977a, S. 144 ff.; *Rüger/Staats* 1997, S. 436 ff.
[355] *Hoeck-Gradenwitz* 1966, S. 67; *Mechler* 1981, S. 65.
[356] *Mechler* 1981, S. 64; *Schmitt* 1977a, S. 145.
[357] *Hoeck-Gradenwitz* 1966, S. 66.

steht somit die Gefahr, daß die Gruppengespräche regelmäßig sehr oberflächlich bleiben.[358]

III. Bedeutung von Verschwiegenheit und Offenbarung

Da zu der Frage, ob und inwieweit sich Stellungnahmen des Therapeuten aus dem Behandlungsgeschehen auf den Erfolg der Behandlung auswirken, keine Untersuchungen im Sinne des „random design outcome research“ vorliegen,[359] ist zu versuchen, diese Frage anhand von theoretischen, sich aus den verschiedenen psychotherapeutischen Modellen ergebenden Überlegungen zu beantworten.

Erlegt man einem im Strafvollzug tätigen Psychotherapeuten auf, Inhalte oder Ergebnisse einer psychotherapeutischen Behandlung zu offenbaren, so sind damit zwingend zwei Konsequenzen verbunden.
Zum einen erfährt und erlebt der Patient, daß das Wissen um von ihm geäußerte Dinge unter Umständen nicht auf die Zweierbeziehung zwischen ihm und dem Therapeuten beschränkt bleibt, zum anderen bekommt der Therapeut die Möglichkeit in die Hand gegeben, durch Stellungnahmen zu strafvollzuglichen Fragen indirekt auf die Gestaltung des Vollzugs der Freiheitsstrafe des jeweiligen Patienten und damit auf dessen Lebensgestaltung Einfluß zu nehmen.

Hieraus ergeben sich zwei Fragen.
Es ist zu klären,

1. welchen Einfluß die Öffnung des therapeutischen Verhältnisses nach außen auf die Qualität der therapeutischen Beziehung, insbesondere im Hinblick auf die Offenheit des Patienten gegenüber dem Therapeuten, hat und

2. wie die Öffnung des therapeutischen Verhältnisses nach außen, insbesondere unter dem Blickwinkel der hieraus erlangten Macht des Therapeuten, auf die Vollzugsgestaltung Einfluß zu nehmen, nach dem Wirkgefüge der verschiedenen therapeutischen Ansätze zu beurteilen ist.

---

[358] *Mechler* 1981, S. 64.

[359] *Gretenkord* 1995, S. 125. Zudem ist fraglich, ob eine derartige Untersuchung hier zu einem aussagekräftigen Ergebnis führen würde. Sicherlich könnte man daran denken, durch Zufallsauswahl unter den Patienten zwei Therapiegruppen mit jeweils unterschiedlichem Offenbarungsverhalten des Therapeuten zu bilden, um später die Behandlungserfolge zu vergleichen. Um aber intervenierende Variablen auszuschalten, müßte, bis auf das Offenbarungsverhalten, beiden Therapiegruppen dasselbe therapeutische Konzept zugrunde liegen. Dies ist allerdings nicht möglich, da die Art und Weise des Umgangs des Therapeuten mit den Faktoren Schweigen und Offenbaren, wie noch zu zeigen sein wird, als integraler Bestandteil der jeweiligen Therapiekonzepte anzusehen ist.

1. Qualität der therapeutischen Beziehung

Wichtigste Grundlage therapeutischer Erfolge ist die Struktur der Beziehung zwischen Patient und Therapeut.[360]
Ist in einer therapeutischen Beziehung das Vertrauen in die Verschwiegenheit des Therapeuten nicht gegeben, so ist es möglich, daß die Offenheit des Patienten hierunter leidet. Es besteht die Gefahr des bewußten oder unbewußten Verschweigens von Dingen, deren Bearbeitung für den Erfolg der Therapie wesentlich sein könnte.[361]

Daß mangelnde Offenheit des Patienten gegenüber dem Therapeuten die Aufnahme einer erfolgreichen therapeutischen Beziehung behindert, ist bei der Psychoanalyse und der Gesprächspsychotherapie ohne weiteres einsichtig.
Bei der Psychoanalyse geht es darum, das Innenleben des Patienten zu erforschen. Es ist erforderlich, daß frei über oft intime Erlebnisse, Ängste, Sorgen und Wünsche gesprochen werden kann. *Sigmund Freud* führte hierzu aus: *„Das kranke Ich verspricht uns vollste Aufrichtigkeit, d. h. die Verfügung über allen Stoff, den ihm seine Selbstwahrnehmung liefert, wir sichern ihm strengste Diskretion zu...“*[362]
Auch bei der Gesprächspsychotherapie ist zur Ermöglichung der empathischen Wiedergabe der Gedanken, Gefühle und Einstellungen des Klienten durch den Therapeuten zunächst einmal erforderlich, daß der Klient auch tatsächlich frei und unbeeinflußt hierüber sprechen kann.

Im Gegensatz hierzu setzt die Verhaltenstherapie weniger auf verbale Interaktion. Um Behandlungsziele zu definieren sowie ein Therapieprogramm zu erstellen und durchzuführen, bedarf aber auch ein Verhaltenstherapeut der ehrlichen und offenen Mitwirkung des Patienten. Dieser muß ihm etwa sagen, wo seine Störungen und Defizite liegen, welche Reize von ihm positiv und welche negativ empfunden werden usw.[363]

---

[360] *Mey* 1987, S. 44.

[361] *Abel et al.* 1985, S. 198; *Adt* 1998, S. 333 f.; *Böllinger* 1999, S. 143 f., *Hartmann* 1999a, S. 77; *ders.* 2000, S. 206; *Deutsche Gesellschaft f. Sexualforschung* 1999, S. 340; *Pfäfflin* 1997, S. 153 f.; *Strasburger et al.* 1997, S. 451 f.; *Thorwart* 1999, S. 14; vgl. *Gretenkord* 1995, S. 125 f.

[362] *Freud* 1975, S. 412.

[363] Vgl. *Abel et al.* 1985, S. 198; *Adt* 1998, S. 334; *Böllinger* 1999, S. 145; *Davison/Neale* 1988, S. 672; *Hartmann* 1999a, S. 74, Anm. 25. Wegen der Gefahr mangelnder Offenheit empfehlen allerdings *Abel et al.* (aaO) zu Beginn einer Therapie von Sexualdelinquenten die Durchführung einer Phallographie (Erektionsmessung bei visueller Stimulation des Probanden), um sichere Aussagen über die jeweiligen sexuellen Neigungen machen zu können. Eine Phallographie mag zur Kontrolle und zur Objektivierung von Behandlungsfortschritten sinnvoll sein (*Mechler* 1981, S. 74), fraglich ist jedoch, ob hierin ein ausrei-

Die Ursachen für eine geringere Offenheit des Patienten gegenüber dem Therapeuten bei Befürchtung der Weitergabe von Gesprächsinhalten können unterschiedlicher Natur sein.
So ist denkbar, daß das Schamgefühl einen Patienten daran hindern könnte, dem Therapeuten intime Details anzuvertrauen, wenn er nicht weiß, wem und in welcher Art und Weise dieser eventuell davon berichten wird.[364]
Vor allem jedoch liegt der Gedanke nahe, daß ein Gefangener im Hinblick auf die indirekte Möglichkeit der Einflußnahme des Therapeuten auf ihn betreffende Vollzugsentscheidungen (etwa im Rahmen von Stellungnahmen zur Flucht- und Mißbrauchsgefahr bei Haftlockerungen), dazu neigen könnte, verschiedene ihm selbst kritisch erscheinende Punkte aus dem therapeutischen Gespräch auszuklammern.[365] Ferner besteht die Gefahr, daß er versuchen könnte, den Therapeuten manipulativ einzusetzen, um Lockerungen zu erreichen, und ihm hierzu während der Therapiesitzungen eine Rolle vorspielt, die nach seiner Ansicht geeignet erscheint, eine positive Stellungnahme zu erlangen.[366]

In diesem Zusammenhang ist zu bedenken, daß unter den inhaftierten Therapiepatienten tatsächlich vielfach der Wunsch besteht, der Therapeut möge sich gegenüber dem Anstaltsleiter für die Gewährung von Vergünstigungen einsetzen. Oft ist gerade diese Erwartung ein wesentlicher Grund zur Aufnahme einer Therapie.[367]
Hieraus kann aber nicht zwingend auf eine rein utilitaristische Einstellung gegenüber dem Therapeuten und der Therapie geschlossen werden. Der Wunsch nach Haftlockerungen ist an sich verständlich. Es ist durchaus denkbar, daß ne-

---

chender Ersatz für eine offene und ehrliche Darlegung der persönlichen Problematik gesehen werden kann.

364 *Pfäfflin* 1997, S. 153 f. Jedoch handelt es sich hierbei schwerlich um einen konkret meßbaren Effekt. Auch der Patient, der auf eine absolute Diskretion des Therapeuten vertraut, muß zunächst die Hürde des eigenen Schamgefühls überwinden, um dem Therapeuten heikle Punkte des eigenen Erlebens und Empfindens mitzuteilen. Besitzt der Patient die Überwindungskraft, einem Menschen, dem er Auge in Auge gegenübersitzt, derlei Dinge anzuvertrauen, so ist fraglich, ob die abstrakte Vorstellung, dieser könne beispielsweise dem Anstaltsleiter davon berichten, die Schamschwelle noch einmal wesentlich anhebt.

365 *Hartmann* 2000, S. 208; *Kunze* 1983, S. 152; *Thorwart* 1999, S. 14.

366 Vgl. *Böllinger* 1999, S. 146 f.; *Gretenkord* 1995, S. 127; *Janicek/Berner* 1986, S. 156.

367 Vgl. *Goudsmit* 1973, S. 56; *ders.* 1974, S. 692; *Gretenkord* 1995, S. 132; *Mechler/Wilde* 1976, S. 195; *Pielmaier et al.* 1986, S. 227. Vgl. hierzu *Cox*, der ausführt, daß die Patienten der Londoner Broadmoor-Klinik, einer geschlossenen psychiatrischen Einrichtung, im Hinblick auf die Einstellung zur Frage der Weitergabe von Inhalten und Ergebnissen therapeutischer Sitzungen (hier Gruppengespräche) an die Entscheidungsträger innerhalb der Anstalt in zwei etwa gleich große Gruppen unterfallen. Die eine Hälfte ist der Ansicht, der Therapeut dürfe *nichts* an die Leitung weitergeben, die andere Hälfte der Patienten hingegen meint, die Sitzungen hätten nur dann einen Sinn, wenn *alles* Besprochene an die Entscheidungsträger übermittelt würde (*Cox* 1974, S. 13).

ben diesem Wunsch aufgrund eines unmittelbaren Leidensdrucks auch echte Behandlungsbereitschaft besteht, die sich in ehrlichem und kooperativem Verhalten in der Therapie äußert.
Zudem ist fraglich, ob sich bezüglich derjenigen Gefangenen, die tatsächlich versuchen, den Therapeuten und die Therapie zur Erreichung von Haftlockerungen zu instrumentalisieren, sagen läßt, sie würden sich, fände die Behandlung unter dem Gebot strikter Verschwiegenheit statt, offener und ehrlicher verhalten. Ebenso ist denkbar, daß Gefangene mit dieser utilitaristischen Einstellung ganz auf die Teilnahme an einer Therapie verzichten, wenn die Aussicht, über die Person des Therapeuten Vergünstigungen zu erlangen, nicht gegeben erscheint. Auch im Zuge einer ursprünglich aus utilitaristischen Motiven begonnenen Behandlung kann sich aber unter Umständen echte Einsicht und echte Behandlungsbereitschaft entwickeln, so daß es zum erfolgreichen Abschluß einer Therapie kommen kann, die vielleicht ohne die zu Beginn stehende Hoffnung auf eine günstige Stellungnahme des Therapeuten gar nicht aufgenommen worden wäre. Das Vorliegen echter Behandlungsbereitschaft kann in der forensischen Psychotherapie nicht nur als Therapievoraussetzung, sondern muß vielfach auch als erstes Therapieziel begriffen werden. Die Hoffnung auf Sanktionserleichterung kann hierbei mit der Hoffnung auf Problembesserung Hand in Hand gehen.[368]

Es läßt sich somit nicht pauschal sagen, eine Öffnung des Verhältnisses Therapeut-Patient würde die Entstehung einer fruchtbaren therapeutischen Beziehung zwangsläufig behindern.
In einigen Fällen mag es sein, daß aufgrund des Wissens des Gefangenen um die Möglichkeit der Erkenntnisweitergabe eine therapeutische Beziehung scheitert oder gar nicht erst zustande kommt, in anderen Fällen kann es aber dennoch zu einer vertrauensvollen Beziehung bzw. gerade deshalb überhaupt erst zu einer Kontaktaufnahme zwischen Gefangenen und Therapeuten kommen.[369]

2. Bedeutung der Öffnung einer therapeutischen Beziehung nach dem Wirk- und Regelgefüge der verschiedenen psychotherapeutischen Modelle

Im folgenden ist zu untersuchen, welche Bedeutung eine aus den weitreichenden Offenbarungsmöglichkeiten und Offenbarungspflichten des § 182 Abs. 2

[368] *Dahle* 1998, S. 99, 104. Vgl. auch die dahingehenden Feststellungen von *Rotthaus* im Zusammenhang mit der zwangsweisen Einweisung in sozialtherapeutische Anstalten nach § 9 Abs. 1 StVollzG, daß anfängliche Behandlungsmotivation nicht zwingend zu Behandlungserfolgen führen muß, ebensowenig wie die zunächst zwangsweise erfolgende Zuführung zur Therapie notwendigerweise deren Scheitern bedingen würde (Schwind/Böhm-*Rotthaus* 1999, § 9 Rn. 8).
[369] Vgl. *Dahle* 1998, S. 99, 104; *Gretenkord* 1995, S. 135.

StVollzG resultierende Öffnung der therapeutischen Beziehung nach außen für das Funktionieren der verschiedenen therapeutischen Modelle im Hinblick auf das diesen jeweils zugrundeliegende Wirk- und Regelgefüge hat.
In diesem Zusammenhang ist auch die Frage zu betrachten, ob und inwieweit die klassischen Modelle wegen der besonderen Patientenklientel (Strafgefangene) und des besonderen Umfelds (Strafvollzug) aus therapeutischen Gründen einer Modifikation bedürfen und ob bzw. inwieweit sich diese etwaigen Modifikationen auf die hier zugrundeliegende Fragestellung auswirken.

2.1. Psychoanalyse

2.1.1. Klassische psychoanalytische Therapie – Abstinenzregel

Bezüglich der klassischen psychoanalytischen Therapie wird allgemein darin übereingestimmt, daß sich eine Öffnung der therapeutischen Beziehung nach außen durch Offenbarungspflichten und Offenbarungsbefugnisse sowie eine damit notwendigerweise verknüpfte Machtzuweisung an den Therapeuten, über Fragen der Lebensgestaltung des Patienten (mit-)zu entscheiden, auf das Funktionieren der entsprechenden Methoden negativ auswirkt bzw. diese unmöglich macht. Eine Mitwirkung des Therapeuten an Vollzugsentscheidungen durch Geheimnisoffenbarung wird als Kunstfehler angesehen. Idealbild des nach den klassischen Methoden tätigen Psychoanalytikers ist der externe Therapeut, der von außerhalb zu den Therapiesitzungen anreist und mit dem Anstaltsgeschehen nichts weiter zu tun hat.[370]

Diesbezügliches Grundgebot ist die sog. Abstinenzregel.
Diese fordert vom Analytiker, sich gegenüber dem Patienten weitestgehend passiv zu verhalten. Weder darf er Anstrengungen unternehmen, dem Patienten bei dessen Alltagsproblemen helfend beizustehen noch soll er sich mit seiner eigenen Persönlichkeit, d. h. seinen Empfindungen, Meinungen und Überzeugungen in die therapeutische Beziehung einbringen.
Eine Unterstützung bei der Bewältigung von praktischen Problemen könnte als von den eigentlichen inneren Konflikten ablenkende Triebbefriedigung empfunden werden und birgt somit die Gefahr in sich, daß sich der Leidensdrucks und somit auch die Therapiemotivation vorübergehend mindern.
Durch ein zu starkes Einbringen der eigenen Persönlichkeitscharakteristika verliert der Therapeut ferner die Eigenschaft, für Übertragungen des Patienten als leere Projektionsfläche zur Verfügung zu stehen.[371]

---

[370] Vgl. *Adt* 1998, S. 334; *Böllinger* 1999, S. 144 f.; *Foerster/Poremba* 1993, S. 215 f.; *Goudsmit* 1973, S. 56; *ders.* 1974, S. 692, 702; *Gretenkord* 1995, S. 139; *ders.* 1998, S. 77; *Mechler/Wilde* 1976, S. 199; *Parfy/Wagner* 1998, S. 368; *Thorwart* 1999, S. 12.

[371] *Davison/Neale* 1988, S. 613 ff.; *Huber* 1999, S. 624; *Thomä/Kächele* 1996, S. 276 f.; *Wet-*

Gibt nun der Therapeut, sei es auf Verlangen der Anstaltsleitung oder auf Wunsch des Patienten, Stellungnahmen etwa zur Frage von Haftlockerungen ab, so wird er für den Patienten zu einem Mittel der Erfüllung konkreter Alltagswünsche, was diesen davon abhalten könnte, sich ganz auf den unter Umständen schmerzhaften Prozeß der Erkundung der eigenen Persönlichkeit einzulassen. Zudem liegt in jeder Stellungnahme des Therapeuten eine Meinungskundgabe. Es besteht somit die Gefahr, daß der Gefangene, gleichwie die Anstaltsleitung auf seinen Antrag auch entscheidet, mittelbar eine Wertung seiner selbst durch den Therapeuten wahrzunehmen glaubt. Sollte sein Antrag positiv beschieden werden, wird er glauben, der Therapeut habe sich positiv und somit lobend über ihn geäußert, wird er abgelehnt, so wird er dies als Kritik verstehen. Hierdurch erhält die Persönlichkeit des Therapeuten in seinen Augen Konturen, welche die Übertragung beeinflussen können.

Erlegt man einem nach den Regeln der klassischen Psychoanalyse arbeitenden Therapeuten auf, sich gegenüber der Anstaltsleitung zu offenbaren, um vollzugliche Entscheidungen an diesen Erkenntnissen auszurichten, so zwingt man ihn demnach in zweifacher Hinsicht zum Verstoß gegen die Abstinenzregel.

Neben den allgemeinen Grundsätzen der Abstinenzregel sind in diesem Zusammenhang weitere spezielle Elemente des psychoanalytischen Wirkmusters näher zu betrachten.

2.1.1.1. Widerstandsanalyse

Wie oben dargelegt wurde, kommt der Analyse der im Zuge der freien Assoziation zu Tage tretenden Widerstände eine wichtige Funktion bei der Erkundung unbewußter Ängste und Hemmungen zu.
Gegen die Wiederbewußtmachung konflikthaften Materials leistet der neurotische Patient vielfach unbewußt Widerstand, um potentiell schmerzhafte Erkenntnisse zu vermeiden. Somit können gerade diese Widerstände ein Schlüssel zu verdrängten Geschehnissen und Empfindungen und somit zum Kern der krankmachenden Konflikte sein.[372]

Muß nun ein Patient damit rechnen, daß der Analytiker durch Stellungnahmen auf die Gestaltung des Vollzugs seiner Freiheitsstrafe Einfluß nimmt, so ist denkbar, daß es zum bewußten oder unbewußten Versuch einer Selbstzensur der Gesprächsinhalte bezüglich der ihm für die Erlangung einer positiven Stellungnahme ungünstig erscheinenden Punkte kommt. Der Analytiker wird somit Wi-

---

zel/Linster 1994, S. 632. Siehe auch oben unter II.1.3.

[372] Vgl. *Comer* 1995, S. 150; *Davison/Neale* 1988, S. 610; *Huber* 1999, S. 624; *Zimbardo/Gerrig* 1999, S. 650; siehe auch oben unter II.1.3.

derstände feststellen, ohne allerdings sicher deuten zu können, ob es sich hierbei um Abwehrmechanismen zur Zurückdrängung konflikthafter Gedankeninhalte oder aber um Angstreaktionen wegen der Befürchtung negativer Konsequenzen handelt.

Eine Offenbarungspflicht des Therapeuten birgt demnach die Gefahr der Verzerrung der Widerstandsanalyse in sich, eine wichtige Deutungsquelle der Psychoanalyse droht somit verloren zu gehen.

2.1.1.2. Fixierung der Persönlichkeitsproblematik durch Öffnung der therapeutischen Beziehung

Adt befürchtet, daß die Öffnung der therapeutischen Beziehung gegenüber Dritten zu einer Fixierung der jeweiligen Persönlichkeitsproblematik führen und die Chance ihrer erfolgreichen Bearbeitung verringern kann.[373] Sie erläutert dies anhand eines Beispielsfalls aus ihrer therapeutischen Praxis in einer sozialtherapeutischen Anstalt.
Um einen von ihr gehaltenen Tagungsvortrag mit einem praktischen Beispiel untermalen zu können, bat sie einen ihrer Patienten (einen Sexualdelinquenten mit ödipaler Problematik) um Einwilligung in eine anonymisierte Darstellung seines Falles, welche dieser ihr auch erteilte. Die ursprünglich erfolgversprechend erscheinende Behandlung stagnierte hierauf und erfuhr in der Folgezeit eine unerfreuliche Wende. Erste Lockerungsschritte schlugen fehl, innerhalb weniger Wochen nach der Entlassung zum Strafende kam es wiederum zu einer schweren Straftat.[374]
Adt folgert nun, ihre Bitte um Entbindung von der Schweigepflicht zwecks Falldarstellung innerhalb ihres Tagungsberichts habe in den Augen des Patienten zu einer narzißtischen Aufwertung geführt, die ihn für seine Ängste und Kränkbarkeiten betreffende Interventionen nur noch schwer erreichbar machte.
Der exklusiv an ihn herangetragene Wunsch nach Entbindung von der Schweigepflicht ließ ihn die Beziehung zur Therapeutin als besonders eng und vertrauensvoll erscheinen. Sie wurde für ihn zu einer Mutterfigur, und um diese nicht zu verlieren, glaubte der Patient, böse und negative Gedankeninhalte verleugnen zu müssen. Es fand sich somit kein Zugang mehr zur Behandlung der Persönlichkeitsproblematik des Betroffenen.[375]

Fraglich ist aber, ob sich aus dieser speziellen Konstellation Schlußfolgerungen bezüglich der durch § 182 Abs. 2 StVollzG geschaffenen Situation ziehen lassen.

---

[373] *Adt* 1998, S. 331; vgl. *Böllinger* 1999, S. 147.
[374] *Adt* 1998, S. 329 ff.
[375] *Adt* 1998, S. 331; vgl. *Böllinger* 1999, S. 147.

War es bei der von *Adt* geschilderten Problematik gerade das Herausgehobensein des einzelnen Patienten aus der Masse der anderen, welches zu der narzißtischen Aufwertung geführt hat, folgt aus § 182 Abs. 2 StVollzG eine Offenbarungspflicht für eine Vielzahl von Fällen. Eine dem Patienten bekanntgewordene Offenbarung seinen Fall betreffend bietet ihm somit weit weniger die Möglichkeit, sich in einer exklusiven Beziehung zur Person des Therapeuten zu sehen, als dies bei einer außerhalb der Regel erfolgenden Entbindung von der Schweigepflicht der Fall sein könnte.

Auch ein weiterer in diesen Bereich hineinreichender Punkt wird von *Adt* bei ihren Überlegungen nicht berücksichtigt.
Bei der von ihr geschilderten und im nachhinein als kritisch empfundenen Öffnung der therapeutischen Beziehung handelte es sich um eine anonymisierte Falldarstellung vor einem Fachpublikum, welches keinerlei Einfluß auf die Situation des konkreten Patienten auszuüben in der Lage war. Nicht anders verhält es sich bei einer Falldarstellung durch den Therapeuten im Rahmen der Supervision.
Die Möglichkeit des supervisorischen Gesprächs des Analytikers mit einem Kollegen wird auch und gerade von Autoren, die grundsätzlich auf strikter Verschwiegenheit beharren, für erforderlich gehalten, da es auch für die Person des Analytikers und für dessen Funktionsfähigkeit ein Bedürfnis sei, über ihn belastende Probleme, wie beispielsweise ihm anvertraute und vor der Anstalt geheimgehaltene Handlungen und Pläne des Patienten, zu sprechen.[376]
Eine Auseinandersetzung mit der Problematik der durch das Gespräch im Rahmen der Supervision erfolgenden Öffnung der therapeutischen Beziehung findet in diesem Zusammenhang erstaunlicherweise nicht statt.[377]

2.1.1.3. Auswirkungen der Öffnung des therapeutischen Verhältnisses auf die Übertragungsbeziehung

Wie bereits dargelegt wurde, stellt die Übertragungsbeziehung einen wesentlichen Wirkfaktor der Psychoanalyse dar. In der Übertragungsbeziehung, d. h. in der emotionalen Reaktion des Patienten auf den Therapeuten, die sich idealerweise als Projektion von Eigenschaften einer oder mehrerer Personen, die im

---

[376] So *Goudsmit* 1974, S. 701. Vgl. auch *Hinrichs* 1991, S. 22.

[377] *Petzold/Rodriguez-Petzold* setzen sich (unabhängig von der speziellen Problematik des Strafvollzugs) ausführlich mit der Frage auseinander, warum selbst bei einer anonymisierten Falldarstellung im Rahmen der Supervision (wobei sie die Anonymisierung eher kritisch betrachten) der betroffene Patient informiert und seine Einwilligung eingeholt werden sollte (1997, S. 288 ff.). Es wird für erforderlich gehalten, das Faktum der Offenbarung von Dingen an einen außerhalb der Zweierbeziehung stehenden Supervisor selbst zum Gegenstand des therapeutischen Gesprächs zu machen (S. 297 f.).

Mittelpunkt eines emotionalen Konflikts des Patienten standen oder stehen, auf die Person des Therapeuten darstellt, sollen konfliktbeladene Beziehungen und Situationen nachempfunden, unbewußte neurotische Konflikte erkannt und Wege zu deren Auflösung gefunden werden.[378]

Die Auswirkungen einer durch Offenbarungsbefugnisse und Offenbarungspflichten bedingten Öffnung der therapeutischen Beziehung auf diesen fragilen Mechanismus sind vielfältig.
Auf das Problem der Beeinflussung der Art und des Inhalts der Übertragung wurde oben (2.1.1.) bereits hingewiesen. Ein im Rahmen von Stellungnahmen gegenüber dem Anstaltsleiter zu Tage tretendes Engagement des Therapeuten könnte vom Gefangenen als wertend empfunden werden und somit der Person des Therapeuten eigene Konturen verleihen, die eine unbeeinflußte Übertragung unter Umständen nicht mehr zulassen.

Die Übertragungsbeziehung dient dazu, den Patienten das eigene Trauma in der schützenden therapeutischen Beziehung wiedererleben zu lassen. Sie spielt somit zum einen eine wichtige Rolle zur Erforschung der Ursache der Erkrankung und hat zum anderen kurativen Charakter.[379]
Ist eine Übertragungsneurose, d. h. die Wiederholung der ursprünglichen (vielfach einer infantilen) Neurose in der Beziehung zum Therapeuten, entstanden, so soll diese durch die Einsicht des Patienten, daß die Wahrnehmungen, die er in der analytischen Situation macht, mehr oder weniger grobe Verzerrungen der Wirklichkeit darstellen, aufgelöst werden.[380] Hierzu muß es dem Patienten ermöglicht werden, im Verhältnis zum Analytiker letztendlich eine neue Beziehungserfahrung zu machen, die seinen bisherigen Übertragungserwartungen nicht entspricht.[381]
Handelt es sich um Patienten mit einer Über-Ich Pathologie, die sich dadurch auszeichnet, daß die Betroffenen sich in extremer Weise Vorwürfen verbietender Instanzen ausgesetzt fühlen, werden die Therapeuten in der Übertragung vielfach als Ankläger oder Richter gesehen. Wirkt nun ein Therapeut durch Stellungnahmen an der Vollzugsgestaltung mit und hat dies eine für den gefangenen Patienten unerwünschte Folge wie etwa die Versagung einer Haftlockerung, sieht sich der Patient in seiner Übertragungserwartung, wiederum einer verfolgenden Person oder Instanz begegnet zu sein, bestätigt. Eine Auflösung der Übertragungsneurose ist somit nur noch schwer möglich.[382]

---

378 Vgl. *Comer* 1995, S. 150; *Davison/Neale* 1988, S. 612 f.; *Huber* 1999, S. 624; *Zimbardo/Gerrig* 1999, S. 650; siehe auch oben unter II.1.3.
379 *Parfy/Wagner* 1998, S. 366; *Thomä/Kächele* 1996, S. 68.
380 *Thomä/Kächele* 1996, S. 68.
381 *Thorwart* 1999, S. 12.
382 *Adt* 1998, S. 333 f.

Ein wesentliches Problem vieler Therapiepatienten ist die Angst vor einer dyadischen Beziehung.[383]
Hat ein Patient seit seiner frühesten Jugend die Erfahrung gemacht, daß Personen unterschiedlicher Art sich zum Kontakt anboten, dieser dann aber stets wieder abgebrochen wurde, so bildet sich in ihm die Überzeugung heran, sich auf niemanden verlassen zu können.[384] Hier ist es Aufgabe der Übertragungsbeziehung, eine abermalige, zunächst von der Angst, verlassen oder verraten zu werden, dominierte Zweierbeziehung zu inszenieren, in der es dann aber zu einer neuen Beziehungserfahrung kommen kann. Erlebt der Patient, daß die therapeutische Beziehung trotz eventuell provokativ eingesetzten Fehlverhaltens standhält, kann es zu einer allmählichen Rücknahme der jegliche erfolgreiche Beziehungsaufnahme hindernden Projektionen kommen.
Reagiert der Analytiker auf den Versuch der Beziehungsaufnahme durch den Patienten mit Offenbarungen gegenüber dem Anstaltsleiter, so besteht die Gefahr, daß der Patient sich in seinen bisherigen Beziehungserfahrungen bestätigt sieht und die Therapie somit nicht zu einer Auflösung sondern, eher zu einer Verfestigung der Problematik beitragen wird.[385]

Eine Geheimnisoffenbarung durch den Analytiker kann ferner dazu führen, daß Gefühle wie Wut oder Enttäuschung, die der Patient in der Übertragungsbeziehung gegenüber dem Analytiker zeigt, nicht mehr sicher als Kreation unbewußter Phantasien, d. h. als inszenierte Wiederholung der traumatisierenden Ursituation, zu deuten sind. Es kann sich hierbei auch um Reaktionen auf den tatsächlich erlebten Bruch der Diskretion und den hierin gesehenen Vertrauensverrat handeln.[386]

Es ist somit festzuhalten, daß die Öffnung des therapeutischen Verhältnisses nach außen nicht ohne Einfluß auf die Übertragungsbeziehung sowohl im Hinblick auf ihre kurative Wirkung als auch auf ihre Funktion als Deutungsinstrument bleibt.

2.1.2. Bedeutung der Psychoanalyse für die Arbeit mit Delinquenten

Wie gezeigt wurde, stellt die Öffnung der therapeutischen Beziehung nach außen durch die Festlegung von Offenbarungspflichten einen nicht unerheblichen Eingriff in das Funktionieren einer klassischen psychoanalytischen Therapie dar.

---

[383] Vgl. *Adt* 1998, S. 334; *Baulitz et al.* 1978, S. 4. *Mentzos* bezeichnet den Konflikt zwischen Liebe (Bindung) und Autonomie (Selbstbestimmung und Selbstbezogenheit) als den primären Konflikt unserer Kultur (*Mentzos* 1994, S. 119 f.).
[384] Vgl. *Goudsmit* 1974, S. 690; *Mechler/Wilde* 1976, S. 196.
[385] Vgl. *Adt* 1998, S. 334; *Thorwart* 1999, S. 12.
[386] *Böllinger* 2000, S. 15.

Es ist nun zu untersuchen, welche Bedeutung der Psychoanalyse für die therapeutische Arbeit mit Delinquenten zukommt.

2.1.2.1. Evaluation

Im Zuge der Behandlungsforschung wird rein psychodynamischen Verfahren in der Straftäterbehandlung eine geringe Wirksamkeit bzw. sogar eine Kontraproduktivität attestiert.[387]
Es ist hier allerdings darauf hinzuweisen, daß die Ergebnisse der Behandlungsforschung aufgrund erheblicher methodischer Probleme mit einer gewissen Vorsicht zu betrachten sind.[388]

2.1.2.2. Persönlichkeitsanforderungen

Schon *Sigmund Freud* setzte sich mit der Frage auseinander, welche Anforderungen an die Persönlichkeitsstruktur der Patienten zu stellen sind, um eine Analyse erfolgreich durchführen zu können. So riet er, Kranke zurückzuweisen, *„welche nicht einen gewissen Bildungsgrad und einen einigermaßen verläßlichen Charakter"* besäßen. Die analytische Psychotherapie sei *„bei Personen nicht anwendbar, die sich nicht selbst durch ihre Leiden zur Therapie gedrängt"* fühlten.[389]

Als Kontraindikationen für eine Psychoanalyse werden allgemein unter anderem folgende Kriterien genannt: Intelligenzdefizite; zu geringe Möglichkeiten zur Introspektion und Verbalisation; zu hohes Lebensalter; zu negative Einstellung; fehlende Einsicht in die eigene Persönlichkeitsstruktur, in Probleme und Konflikte sowie innere und äußere Bedingungen der Straftat; tiefgreifende Persönlichkeitsveränderungen mit oder ohne hirnorganische Schäden; Psychosen; hohe Gewaltbereitschaft; frühes Auftreten von Delinquenz; Drogenabhängigkeit; fehlende Distanzierung vom subkulturellen Milieu sowie nicht ernstzunehmende Motivation.[390]
Untersuchungen haben gezeigt, daß Psychotherapeuten einen bestimmten Patiententyp, den sog. "Yavis-Patienten" (youthful, attractive, verbal, intelligent, successful), bevorzugen.

---

[387] *Andrews/Bonta* 1998, S. 275; *Lösel/Bender* 1997, S. 185, 189; *Müller-Isberner* 1998, S. 207; vgl. *Schneider* 2001, S. 434, jeweils mit weiteren Nachweisen.

[388] Siehe hierzu *Bock* 2000, Rn. 276 ff.; *Kury* 1986a, S. 33 ff.; vgl. *Lösel/Bender* 1997, S. 190.

[389] *Freud* 1975a, S. 115.

[390] *Duncker et al.* 1994, S. 48; *Goudsmit* 1974, S. 698 f.; *Gretenkord* 1995, S. 136 f.; ders. 1998, S. 77; *Mauch/Mauch* 1971, S. 14 ff.

Dieser "ideale Patient" entstammt regelmäßig der Mittel- oder Oberschicht und sucht keine therapeutische Behandlung, die sich bloß auf eine gegenwärtige unbefriedigende Situation bezieht, sondern ist an der Bearbeitung vergangener Ereignisse interessiert.[391]

Mittel- und Oberschichtangehörige sind in der Strafgefangenenpopulation selten, der weit überwiegende Teil entstammt der Unterschicht.[392]
Bei einem Großteil der eigentlich behandlungsbedürftigen Strafgefangenen liegt regelmäßig wenigstens einer der oben genannten Faktoren vor. Nur ein kleiner Bruchteil der Delinquenten insgesamt kommt somit für eine Psychoanalyse in Frage. Der Delinquent ist oft der Prototyp des ungeeigneten Patienten.[393]

Betrachtet man die beiden oben (II.1.2.) erläuterten psychodynamischen Erklärungsmodelle für delinquentes Verhalten, so ist die klassische Psychoanalyse die Behandlungsmethode der Wahl für den Typus des „Verbrechers aus Schuldbewußtsein".
Dieser neurotische Persönlichkeitstyp findet sich im Strafvollzug aber eher selten. Bei den meisten Gefangenen ist die Straftat weniger eine durch ungelöste seelische Konflikte bedingte Symptomhandlung, sondern, will man psychodynamische Maßstäbe anlegen, eher eine Triebdurchbruchshandlung. Es liegt somit kein Konflikt zwischen Über-Ich und Es vor, sondern ein Defekt des Über-Ich durch emotionale Verwahrlosung. Das Über-Ich ist nicht voll zur Entwicklung gelangt, so daß die Triebimpulse des Es ungehemmt ausagiert werden.[394]
Zur Behandlung dieses Charaktertyps hielt *Freud* die Psychoanalyse im Sinne der durch ihn aufgestellten Grundregeln nicht für geeignet. Hierzu führte er aus: *„Die Möglichkeit der analytischen Beeinflussung ruht auf ganz bestimmten Voraussetzungen, die man als „analytische Situation" zusammenfassen kann,*

---

391 *Kury* 1986, S. 67; *Schmitt* 1977, S. 91. Vgl. *Schofield* 1964, S. 133.

392 Nach den Ergebnissen der Tübinger Jungtäter-Vergleichsuntersuchung gut 80 % (*Göppinger* 1983, S. 30). Auf die Ursachen dieses Befundes soll hier nicht näher eingegangen werden. Es ist allerdings darauf hinzuweisen, daß diese Korrelation keinen eindeutigen Schluß auf eine Kausalbeziehung zwischen Schichtzugehörigkeit und Straffälligkeit oder gar eine bestimmte Kausalitätsrichtung zuläßt (vgl. *Göppinger* 1983, S. 30 f.; *ders.* 1997, S. 254 f.).

393 *Goudsmit* 1974, S. 704; *Lüdeke/Pecher* 1998, S. 235. Vgl. zur identischen Situation im Maßregelvollzug *Freese* 1998, S. 211; *Gretenkord* 1998, S. 77; *Müller-Isberner* 1998, S. 207. So wiesen beispielsweise die im Rahmen der Tübinger Jungtäter-Vergleichsuntersuchung untersuchten Gefangenen im Durchschnitt einen deutlich niedrigeren Intelligenzquotienten auf als die Angehörigen der Vergleichsgruppe. Der Unterschied vergrößerte sich sogar noch bei isolierter Betrachtung der für eine erfolgreiche psychoanalytischen Behandlung besonders bedeutsamen verbalen Intelligenz (vgl. *Göppinger* 1983, S. 133).

394 *Mechler* 1981, S. 61 f.; vgl. *Andrews et al.* 1990, S. 376; *Bock* 2000, Rn. 123. Siehe auch *Göppinger* 1964, S. 249, 253.

erfordert die Ausbildung gewisser psychischer Strukturen, eine besondere Einstellung zum Analytiker. Wo diese fehlen, wie beim Kind, beim jugendlichen Verwahrlosten, in der Regel auch beim triebhaften Verbrecher, muß man etwas anderes machen als Analyse, was dann in der Absicht wieder mit ihr zusammentrifft."[395]

Es ist somit festzustellen, daß eine klassische Psychoanalyse für einige wenige Strafgefangene angezeigt ist. Will man aber das Gros der behandlungsbedürftigen Strafgefangenen auf psychoanalytischem Wege erreichen, sind Modifikationen der klassischen Methode erforderlich.[396]

2.1.3. Modifikation der psychoanalytischen Vorgehensweise

2.1.3.1. Modifikationen bezüglich der Abstinenzregel

Um die Psychoanalyse an die Bedürfnisse und Voraussetzungen der durchschnittlichen therapiebedürftigen Gefangenen anzupassen, stimmt man weitestgehend darin überein, daß die therapeutische Vorgehensweise insbesondere im Hinblick auf die Abstinenzregel bzw. das dieser zugrundeliegende Passivitätsdogma zu modifizieren ist.[397]

Der typische unterschichtangehörige Strafgefangene ist regelmäßig nicht darauf eingestellt, eigeninitiativ und ungesteuert über sich selbst zu sprechen, wie das bei der klassischen Psychoanalyse üblich und erforderlich ist. Es besteht vielmehr die Erwartungshaltung, daß eine Behandlung *an ihm* vorgenommen wird, die er passiv hinnehmen kann, so wie er auch durch den normalen Gefängnisalltag eher an eine passive denn an eine aktive Rolle gewöhnt ist.
Der Therapeut muß somit eine gegenüber der normalen psychoanalytischen Vorgehensweise eher lenkende Rolle einnehmen und auch auf pädagogische Art und Weise auf den Patienten eingehen.[398] Bisweilen kann auch die Übernahme von Hilfs-Ich-Funktionen durch aktives Eingreifen in dessen Lebensvollzüge erforderlich sein.[399]

---

395 *Freud* 1951, S. 8.

396 Vgl. *Glover* 1960, S. 319 f.; *Hinrichs* 1991, S. 17; *Kury* 1986, S. 65; *Mauch/Mauch* 1971, S. 43 ff.; *Mechler/Wilde* 1976, S. 192 ff.; *Schmitt* 1981, S. 95 f.

397 *Hauptmann* 1973, S. 249; *Hinrichs* 1991, S. 17; *Mauch/Mauch* 1971, S. 43; *Quensel/Quensel* 1971, S. 169 f.; *Rauchfleisch* 1981, S. 120 ff., 127; *Schleusener* 1977, S. 160; mit Einschränkungen auch *Mechler/Wilde* 1976, S. 195; vgl. *Engel* 1973, S. 65.

398 *Hinrichs* 1991, S. 17; *Mechler/Wilde* 1976, S. 195 f.; *Quensel/Quensel* 1971, S. 170; vgl. *Thomä/Kächele* 1997, S. 260.

399 *Rauchfleisch* 1981, S. 127.

Wie bereits festgestellt, liegt der Defekt derjenigen Delinquenten, die zur Gruppe der Verwahrlosten zu zählen sind, in einer mangelhaften Ausbildung des Über-Ich. Behandlungsziel bei Angehörigen dieser Gruppe ist somit eine Nachreifung des Über-Ich. Der Therapeut muß hierfür Bedingungen schaffen, die es dem Patienten ermöglichen, Triebverzicht zu lernen, d. h. das Lustprinzip zugunsten des Realitätsprinzips zu überwinden. Er soll in die Lage versetzt werden, die Alternativen sofortiger Lustgewinn mit späterer Unlusterduldung sowie Aufschub, Verzicht und dafür späterer gesicherter Lustbezug zu erkennen und sich zugunsten der letzteren zu entscheiden.

Anders als bei der klassischen konfliktbearbeitenden Psychoanalyse, wo die Übertragungsbeziehung für sämtliche Projektionen des Patienten offenzuhalten ist, muß sie hier so ausgestaltet werden, daß die angestrebte Nachreifung des Über-Ich durch Identifikation mit dem Therapeuten als „Ersatz-Vater" erfolgen kann.[400]
Entgegen der Abstinenzregel ist es dem Therapeuten erlaubt, bisweilen Ermunterungen und Bestätigungen auszusprechen oder zu zeigen sowie bei Alltagsproblemen helfend einzugreifen.[401] Zudem ist ihm gestattet bzw. von ihm zu verlangen, daß er zur Willensbildung auch mit Geboten und Verboten beiträgt.[402] *Schmideberg* empfiehlt die „Einimpfung" sozialer Werte.[403]

2.1.3.2. Praktische Konsequenzen bezüglich der Einbindung des Therapeuten in Entscheidungsabläufe der Anstalt

So einig man sich bei der Frage der grundsätzlichen Erforderlichkeit einer Modifikation des psychoanalytischen Vorgehens ist, so verschieden sind doch die hieraus gezogenen Schlußfolgerungen bezüglich der inneranstaltlichen Kommunikation und der Einbindung des Therapeuten in einzelne Gefangene betreffende Entscheidungsabläufe der Anstalt.

Mauch/Mauch sowie *Schleusener* fordern für den Bereich der Sozialtherapie die Teilhabe des Therapeuten an allen seine Patienten betreffenden Maßnahmen[404]

---

400 Vgl. *Aichhorn* 1951, S. 177; 199; *Schneider* 1987, S. 479.
401 Vgl. *Mechler* 1981, S. 62; *Mechler/Wilde* 1976, S. 195 f.; *Quensel/Quensel* 1971, S. 170; *Rauchfleisch* 1981, S. 120, 127. *Mechler/Wilde* (aaO) mahnen allerdings die strenge Unterscheidung zwischen Ich-Bedürfnissen und libidinösen Bedürfnissen an. Die Befriedigung von Ich-Bedürfnissen könne zur Reifung des Patienten beitragen und sei somit zu gewähren, wohingegen libidinöse Bedürfnisse nicht befriedigt werden sollten, da hierdurch wichtige Antriebskräfte des therapeutischen Prozesses verlorengehen könnten.
402 *Mauch/Mauch* 1971, S. 43.
403 *Schmideberg* 1966, S. 148.
404 *Mauch/Mauch* 1971, S. 44, allerdings bei gleichzeitiger Betonung der Geheimhaltungspflicht bezüglich der Bearbeitung höchstpersönlicher Konflikte.

bzw. wenigstens eine Anhörung desselben als Berater vor derartigen Entscheidungen.[405] *Hinrichs* hält bei vorliegendem Einverständnis des Betroffenen häufige Gesprächskontakte des Therapeuten mit den Betreuungsbeamten, Lehrkräften/Ausbildern sowie Abteilungsleitern für wünschenswert.[406] Ähnlich sehen dies *Lüdeke/Pecher*, die, für den Fall, daß die Entscheidungskompetenzen bezüglich sämtlicher behandlungsrelevanter Fragen nicht ohnehin in der Person des Therapeuten vereinigt sind, den engen Austausch aller mit der Behandlung des jeweiligen Patienten betrauten Personen für notwendig erachten.[407] *Mechler/Wilde* jedoch halten dem als Idealbild eine gegenüber der Anstalt distanzierte Stellung des Therapeuten entgegen.[408]
Jeder der von *Mechler/Wilde* psychoanalytisch betreuten Gefangenen erhielt zusätzlich einen Betreuer zugewiesen. Diesem oblag all das, was außerhalb der Therapiesitzungen wichtig war, vor allem die Mitsprache bei den jeweiligen Gefangenen betreffenden strafvollzuglichen Fragen. Die Therapeuten selbst hielten es für erforderlich, mit dem Entscheidungsprozeß der Anstaltsleitung nichts zu tun zu haben. Eine Kommunikation zwischen Therapeuten und Betreuern fand zunächst nicht statt. Äußeres Zeichen der Distanz zur Anstalt war die Tatsache, daß die Therapeuten zu jeder Sitzung von einer anderen Stadt anreisten und auch nicht über Schlüssel zu den Anstaltsräumen verfügten.
Im Laufe der Zeit erkannten aber auch *Mechler/Wilde*, daß auch bei grundsätzlicher Beibehaltung der Gewaltenteilung von Betreuern und Therapeuten ein gewisses Maß an Informationsaustausch sowie eine Verständigung über Beurteilungen und Zielsetzungen erforderlich sei. Derartige die administrative Situation betreffende Interventionen der Therapeuten sollten aber so selten wie möglich und stets mit Wissen oder sogar in Anwesenheit des Patienten erfolgen, um den Eindruck von Heimlichkeiten zu vermeiden.

Es ist somit zusammenfassend festzustellen, daß die für weite Teile der therapiebedürftigen Strafgefangenenpopulation allgemein für notwendig erachtete Modifikation der Abstinenzregel im Rahmen einer psychoanalytisch orientierten Therapie einige Stimmen zur Forderung veranlaßt, den Therapeuten in die den jeweiligen Patienten betreffenden Entscheidungsabläufe einzubinden. Andere Autoren beschränken sich hingegen auf eine Modifikation der konkreten Gesprächs- und Umgangsweisen innerhalb der Therapiesitzung und wollen eine Trennung zwischen psychotherapeutischer Behandlung und der Einwirkung auf durch strafvollzugsrechtliche Fragen bedingte Probleme der Lebensgestaltung wenigstens grundsätzlich bestehenlassen.

---

[405] *Schleusener* 1977, S. 160.
[406] *Hinrichs* 1991, S. 21, ebenfalls darauf hinweisend, daß die Gesprächs*inhalte* der Schweigepflicht unterlägen.
[407] *Lüdeke/Pecher* 1998, S. 229.
[408] *Mechler/Wilde* 1976, S. 199 ff. Siehe auch *Leky/Mohr* 1978, S. 25.

Sowohl für die Integration des Therapeuten in das Anstaltsgeschehen als auch für die Funktionstrennung können aus therapeutischer Sicht Argumente vorgebracht werden.

2.1.3.2.1. Spaltungsmechanismen als Argument für eine Integration

Erfolgt eine personale Trennung zwischen Therapeut (absolviert die Therapiestunden und hat mit dem sonstigen Anstaltsgeschehen nichts zu tun) und Betreuer (zuständig für Belange des Anstaltsgeschehens und den jeweiligen gefangenen Patienten betreffende strafvollzugsrechtliche Fragen), so besteht die Gefahr, daß diese Trennung durch eine Spaltungsübertragung nachvollzogen wird. Der Therapeut könnte somit in der Wahrnehmung des Patienten zum ausschließlich und einzig Guten, der die Anstalt repräsentierende Betreuer zum ausschließlich Bösen werden.
Hierdurch würde ein Beziehungsmuster reproduziert, welches sich Delinquenten oft von Kindheit an angeeignet haben.[409] Derartige Spaltungsmechanismen, die eine realitätskonforme Wahrnehmung von Umwelt und zwischenmenschlichen Beziehungen verhindern, spielen insbesondere bei der sogenannten „Borderline-Symptomatik" eine wichtige Rolle.[410]
Um erfolgreich zu sein, muß Therapie dem Patienten in derartigen Fällen das Erleben und Internalisieren von Ambivalenz ermöglichen. Das Umfeld der Behandlung sollte nicht zu einer abermaligen Wiederholung der Spaltungserfahrungen führen, sondern die Integration von negativ und positiv besetzten Erfahrungen oder Zuschreibungen vorantreiben. Die therapeutischen Tugenden des einfühlenden Verstehens und der Grenzsetzung sollten sich somit in ein- und derselben Person finden.[411]
Tress/Ehl sehen demnach die unbedingte Teamöffentlichkeit als Vorbedingung einer erfolgreichen stationären psychoanalytischen Behandlung von Borderline-Patienten an.
Die verschiedenen Eindrücke der mit dem Patienten befaßten Personen müßten zusammengetragen, weitere Schritte miteinander abgesprochen und dann wieder an den Patienten herangetragen werden. Nur durch eine derartige Integration sämtlicher Teilbeziehungen könne eine Reifung des Patienten in dem Sinne, daß Spaltungen in nur gute und nur böse Vorstellungen aufgegeben werden, gelingen.[412]

---

[409] Vgl. *Gretenkord* 1995, S. 127 f.; *ders.* 1998, S. 70; *Lüdeke/Pecher* 1998, S. 229; *Rauchfleisch* 1981, S. 123 f.

[410] Zur Borderline-Symptomatik siehe Anmerkung 293. Aufgrund der in Zusammenhang mit dieser Persönlichkeitsstörung häufig auftretenden Aggressivität besteht eine enge Beziehung zu delinquentem Verhalten (vgl. *Comer* 1995, S. 618 f.; *Lobos-Wild* 1993, S. 83).

[411] Vgl. *Gretenkord* 1995, S. 127 f.; *Lobos-Wild* 1993, S. 99 f.; *Lüdeke/Pecher* 1998, S. 229.

[412] *Tress/Ehl* 1987, S. 117 f. Diesbezüglich etwas widersprüchlich *Pfäfflin/Haake*: Einerseits

2.1.3.2.2. Überwindung negativer Übertragungserwartungen als Argument für eine Funktionstrennung

Läßt die Gefahr der Entstehung einer Spaltungsübertragung mit all ihren dargestellten Konsequenzen es angeraten erscheinen, den Therapeuten auch an vom Patienten eventuell als beschränkend empfundenen Maßnahmen mitwirken zu lassen, so führen Überlegungen auf der Grundlage der Problematik der Überwindung der Angst vor dyadischen Beziehungen und negativer Übertragungserwartungen (siehe oben 2.1.1.3.) zu gegenläufigen Verhaltensempfehlungen.

Bei der großen Gruppe von Delinquenten, deren Verhalten nach psychodynamischer Deutung auf frühe affektive Verwahrlosung zurückzuführen ist, besteht das Bedürfnis, in der Übertragungsbeziehung das Gefühl des Angenommenseins und keine be- oder verurteilende Haltung des Therapeuten zu erleben. Hierdurch sollen positive Beziehungserfahrungen ermöglicht und eingefahrene Übertragungserwartungen des Verlassen- oder Verratenwerdens revidiert werden.[413] Wirkt der Therapeut an strafvollzuglichen Maßnahmen durch Stellungnahmen mit, so besteht wie bereits ausgeführt die Gefahr, daß der Patient das Verhalten des Therapeuten als Verrat oder Zurückweisung mißdeuten und sich somit in seinen Übertragungserwartungen bestätigt sehen könnte.

2.1.4. Schlußfolgerungen

Als Zwischenergebnis ist zunächst festzuhalten, daß aus psychoanalytischer Sicht auf die Frage der Zulässigkeit einer Öffnung der therapeutischen Beziehung keine einheitliche und allgemeingültige Antwort gegeben werden kann.

Bei einer konfliktbearbeitenden Psychoanalyse nach klassischem Muster, die allerdings nur für wenige Strafgefangene in Betracht kommt, stellt eine durch die Offenbarungspflicht des § 182 Abs. 2 StVollzG bedingte Öffnung der therapeutischen Beziehung nach außen einen erheblichen Eingriff in das therapeutische Wirkgefüge dar, so daß zumindest fraglich ist, ob eine derartige Therapie

---

führen sie aus, daß zur Aufhebung der Spaltung beim Patienten die Aufhebung der Spaltung der forensischen Psychiatrie in einen Zweig der Begutachtung und einen Zweig der Therapie dienlich wäre (1983, S. 102), andererseits beharren sie in der Einzeltherapie auf einer Beurteilungsabstinenz des Therapeuten (S. 100).

[413] Vgl. *Adt* 1998, S. 334; *Goudsmit* 1974, S. 690; *Mechler/Wilde* 1976, S. 196; *Thorwart* 1999, S. 12. Siehe auch die Ausführungen unter 2.1.1.3. Zum Erfordernis, dem Patienten ein Gefühl des Angenommenseins zu vermitteln, siehe die Fall- und Therapiebeschreibung der ambulanten Behandlung eines Patienten mit pädophiler Problematik bei *Thomä/Kächele* (1997, S. 269 ff.).

innerhalb des Strafvollzugs unter diesen Bedingungen noch sinnvoll durchgeführt werden kann.

Betrachtet man die psychoanalytisch orientierten Vorgehensweisen, welche auf die Bedürfnisse des psychodynamischen Typus des Verwahrlosten adaptiert wurden, so ergibt sich ein differenzierteres Bild.
Neben Überlegungen, die auch hier für eine Funktionstrennung zwischen Therapie und Beurteilung sprechen, gibt es, wie dargestellt, auch Gründe, die eine stärkere Einflußnahme des Therapeuten auf die Lebensbedingungen des Patienten und somit auf die Entscheidungsfindung der Anstaltsleitung angeraten erscheinen lassen.
Es sind also sowohl Fälle denkbar, in denen der analytisch orientierte Therapeut nach Abwägung des Für und Wider ein stärkeres Engagement für den jeweiligen Patienten gegenüber der Anstaltsleitung, welches sich in der Abgabe von Stellungnahmen äußert, aus therapeutischen Gründen für sinnvoll erachtet, als auch Fälle, die eine derartige Öffnung der therapeutischen Beziehung als nicht erforderlich oder sogar schädlich erscheinen lassen.
Einen sachgerechten Umgang mit der Problematik erschwert § 182 Abs. 2 StVollzG aber auch hier, da die Norm, neben der selbstverständlich Offenbarungen notwendig machenden Situation der Leib- oder Lebensgefahr, auch im Hinblick auf die Erforderlichkeit zur Aufgabenerfüllung der Vollzugsbehörde eine pauschale Offenbarungs*pflicht* des Therapeuten statuiert. Der Gesetzeswortlaut läßt ihm in derartigen, wie oben (1. Kapitel A.) dargelegt zahlreichen, Fällen somit keinen Raum für eine auf therapeutischen Überlegungen beruhende Beurteilung der Indikation oder Kontraindikation von sich in Stellungnahmen äußernden Offenbarungen.

2.2. Gesprächspsychotherapie

Obgleich sich Gesprächspsychotherapie und Psychoanalyse im Hinblick auf das ihnen jeweils zugrundeliegende Menschenbild konträr entgegenstehen,[414] bestehen sowohl bei der therapeutischen Vorgehensweise als auch den sich hieraus ergebenden Folgerungen bezüglich der Bedeutung einer Öffnung der therapeutischen Beziehung auf das therapeutische Wirkgefüge gewisse Ähnlichkeiten. Abweichend von der Reihenfolge der abstrakten Darstellung der Therapiemethoden erscheint es somit sachgerecht, hier zunächst die Gesprächspsychotherapie zu betrachten und sich anschließend der Verhaltenstherapie zuzuwenden.

---

[414] Hier der von Grund auf gute, mit der Gabe der Willensfreiheit ausgestattete, dort der von angeborenen, z. T. destruktiven Trieben beherrschte Mensch. Siehe hierzu oben II.3.1. einerseits und II.1.1. andererseits.

2.2.1. Nichtdirektives Vorgehen als Grundregel der Gesprächspsychotherapie

Wie oben dargestellt wurde, hat die Gesprächspsychotherapie den Abbau von Inkongruenzen zum Ziel, die dadurch entstanden sind, daß der Betroffene in Ermangelung der Fähigkeit zur ausreichenden Wertschätzung des eigenen Selbst externe Bewertungen seiner Person übernommen hat, die es ihm nun nicht mehr erlauben, sein Leben selbstverwirklicht und selbstbestimmt zum Guten hin zu leben.
Im Rahmen der Therapie sollen diese Inkongruenzen erkannt, die Persönlichkeit des Klienten im Hinblick auf deren individuelle Gefühle, Wünsche und Bedürfnisse erforscht, diese dem Klienten bewußtgemacht und er zur Annahme und Akzeptanz seiner Individualität gebracht werden.

Um nun die wahren Gefühlsregungen des Klienten an die Oberfläche des Bewußtseins zu bringen, ist eine nichtdirektive Vorgehensweise des Therapeuten erforderlich. Er darf keine Ziele vorgeben, diese müssen aus dem Inneren des Klienten selbst kommen. Nichtdirektive Therapie basiert auf dem Grundsatz, daß der Klient das Recht zur selbständigen Wahl seiner Lebensziele hat, selbst wenn diese im Gegensatz zu den Zielen stehen, die der Therapeut für ihn ausgewählt hätte. Im Gegensatz zum direktiven Standpunkt, der auf soziale Übereinstimmung und das Recht des Fähigeren zur Lenkung des weniger Fähigen abstellt, betont die nichtdirektive Sichtweise das Recht jedes Individuums, psychisch unabhängig zu bleiben und die eigene psychische Integrität zu bewahren.[415]
Auch unter dem Blickwinkel der geforderten therapeutischen Eigenschaft der unbedingten Wertschätzung (s. o. unter II.3.3.) verbietet sich eine steuernde und damit bewertende Vorgehensweise.[416]

Fordert man nun den Therapeuten zur Abgabe von Stellungnahmen auf, so verlangt man von ihm, Bewertungen vorzunehmen. Dies kann dem betroffenen Klienten nicht verborgen bleiben – zum einen dürfte es ihm der Therapeut unter dem Aspekt der Selbstkongruenz nicht verschweigen, zum anderen wird er aus den strafvollzuglichen Folgen auf die Art und Weise der Bewertung schließen können oder wenigstens glauben, dies zu können.
Durch derartige Bewertungsvorgänge werden in den therapeutischen Prozeß Verzerrungsfaktoren eingebracht, welche die Erkenntnis und die Verbalisierung der eigenen Wünsche und Lebensziele beeinflussen und somit statt Inkongruenzen aufzulösen zu neuen Inkongruenzen führen können.[417]

---

[415] *Rogers* 1972, S. 119.
[416] Vgl. *Davison/Neale* 1988, S. 624.
[417] Vgl. *Hartmann* 1999a, S. 75.

Das Recht bzw. die Pflicht, gegenüber dem Anstaltsleiter Stellungnahmen abzugeben, verschafft dem Therapeuten notwendigerweise ein gewisses Maß an Macht und Autorität.
Nach *Rogers* kann es ein Nebeneinander von Therapie und Autorität in ein und derselben Beziehung nicht geben, ein Therapeut könne nicht gleichzeitig eine therapeutische Beziehung zu dem Klienten haben und Autorität über ihn besitzen.[418]

Es ist somit festzuhalten, daß eine nichtdirektive Gesprächspsychotherapie im Sinne der klassischen von *Rogers* dafür aufgestellten Regeln unter den nun vielfach zur Offenbarung und Abgabe von Stellungnahmen zwingenden Bedingungen des § 182 Abs. 2 StVollzG als nicht durchführbar erscheint.

2.2.2. Bedeutung der Gesprächspsychotherapie für die Arbeit mit Delinquenten

Im folgenden ist zu untersuchen, welche Bedeutung der Gesprächspsychotherapie nach *Rogers* für die therapeutische Arbeit mit Delinquenten zukommt.

2.2.2.1. Evaluation

Die sorgfältige Untersuchung und empirische Validierung von Therapieprozessen und Ergebnissen war ein wesentliches Anliegen von *Rogers* selbst,[419] wobei er das Fehlen ausreichenden Erfahrungsmaterials bezüglich der gesprächspsychotherapeutischen Behandlung von Delinquenten ausdrücklich bedauerte.[420]
Aus mittlerweile vorliegenden Resultaten der Behandlungsforschung ergibt sich diesbezüglich ein recht ernüchterndes Bild. Rein nichtdirektiven gesprächspsychotherapeutischen Verfahren wurde in der Straftäterbehandlung weitgehende Erfolglosigkeit bzw. sogar die Gefahr der Verschlechterung der Kriminalprognose attestiert.[421]

---

[418] *Rogers* 1972, S. 103. Auf den Folgeseiten werden zwar partielle Lösungsvorschläge für diese Problematik erörtert, welche *Rogers* selbst aber allesamt als wenig befriedigend erscheinen.

[419] *Davison/Neale* 1988, S. 627; vgl. *Rogers* 1973a, S. 24 f., 28 f.

[420] *Rogers* 1973a, S. 213.

[421] *Freese* 1998, S. 220; *Lösel/Bender* 1997, S. 185, 189; *Müller-Isberner* 1998, S. 202 jeweils mit weiteren Nachweisen. Vgl. *Andrews/Bonta* 1998, S. 280 f. Auf die methodischen Probleme der Behandlungsforschung wurde oben bereits hingewiesen (vgl. Anm. 388).

2.2.2.2. Persönlichkeitsanforderungen

Bezüglich der persönlichen Eignung für die Gesprächspsychotherapie wurde von *Rogers* ein vorläufiger Kriterienkatalog aufgestellt. Demnach sei eine derartige Behandlung bei Vorliegen sämtlicher folgender Bedingungen anzuraten:

„*1. Das Individuum steht unter einer gewissen Spannung, die sich aus nicht zu vereinbarenden persönlichen Wünschen oder aus dem Konflikt zwischen sozialen und umgebungsbedingten Forderungen und den individuellen Bedürfnissen ergibt.* [...]

2. Das Individuum verfügt über einige Kapazität, sich dem Leben zu stellen. Es besitzt in angemessenem Umfang die Fähigkeit und Stabilität, eine gewisse Kontrolle über die Elemente seiner Situation auszuüben. Die Umstände, denen es sich gegenübersieht, sind nicht so ungünstig oder so unveränderbar, daß es ihm unmöglich ist, sie zu kontrollieren oder zu verändern.

3. Dem Individuum ist Gelegenheit gegeben, seine widerstreitenden Spannungen in geplanten Kontakten mit dem Berater auszudrücken.

4. Es ist imstande, diese Spannungen entweder verbal oder mit Hilfe anderer Medien auszudrücken. Ein bewußtes Verlangen nach Hilfe ist von Vorteil, aber nicht unbedingt erforderlich.

5. [...]

6. Es ist einigermaßen frei von übermäßiger Labilität, besonders von einer solchen organischer Natur.

7. Es besitzt eine angemessene Intelligenz, um es mit seiner Lebenssituation aufnehmen zu können.

8. Es ist von angemessenem Alter. [...]“[422]

Wie oben im Rahmen der Persönlichkeitsanforderungen für eine psychoanalytische Therapie bereits ausgeführt, weist die Strafgefangenenpopulation einen im Durchschnitt niedrigeren Intelligenzquotienten auf als die Allgemeinbevölkerung. Dies betrifft in besonderem Maße die für eine gesprächspsychotherapeutische Behandlung wichtige Verbalisationsfähigkeit.[423]
Zudem sind im Strafvollzug, wie ebenfalls oben dargelegt, die Fälle selten, in denen das delinquente Verhalten auf innere Spannungszustände zurückzuführen ist.[424]

Neben Psychotikern und geistig defekten Individuen[425] hielt *Rogers* die Gesprächspsychotherapie bei den Personen nicht für angezeigt, die Umweltbedingungen gegenüberstehen, denen sie nicht gewachsen sind (siehe Punkt 2. des

---

422 *Rogers* 1972, S. 76 f.
423 Siehe oben Anm. 393.
424 *Andrews et al.* 1990, S. 376; vgl. Anm. 394.
425 *Rogers* 1972, S. 79.

Kriterienkatalogs). Beispielhaft nannte er den kriminellen Jugendlichen, *„der in einer sogenannten ‚Verbrechergegend' wohnt, in der Umweltfaktoren zu kriminellen Handlungen ermuntern, der von seiner Familie zugunsten eines jüngeren Bruders zurückgewiesen wird und eine Schule besucht, die auf seine verspätete geistige Entwicklung keine Rücksicht nimmt, sondern ihm seine Mängel ständig bewußt macht. Bei diesem Jungen wird vermutlich keinerlei Beratung oder Psychotherapie Erfolg haben. Die destruktiven Faktoren sind so stark, daß eine bloße Reorganisierung der Einstellungen nicht ausreicht, um normale Befriedigung möglich zu machen.* [...] *In seinem Fall wäre eine Behandlung, die die Umweltfaktoren verändert, der einzige richtige Ansatz."* [426]

Im Hinblick auf diese Überlegungen erscheint eine klassische nichtdirektive Gesprächspsychotherapie für die meisten behandlungsbedürftigen Strafgefangenen nicht angebracht.
Es ist allerdings darauf hinzuweisen, daß *Rogers* sich später aufgrund positiver Erfahrungen in der gesprächspsychotherapeutischen Behandlung auch mit Personen, die nach dem von ihm aufgestellten Kriterienkatalog eigentlich nicht für eine derartige Behandlung in Frage kämen, von diesen Festlegungen distanzierte. Die Gesprächspsychotherapie erschien ihm nun im Grundsatz für sämtliche Personengruppen geeignet.[427]

2.2.2.3. Eignung des gesprächspsychotherapeutischen Grundprinzips der nichtdirektiven Vorgehensweise für die therapeutische Arbeit im Strafvollzug

Die Gesprächspsychotherapie sieht sich vielfältiger Kritik ausgesetzt.
Einen Gegenstand grundsätzlicher Kritik, auf den hier allerdings nicht näher eingegangen werden soll, stellt das dieser therapeutischen Richtung zugrundeliegende optimistische Menschenbild dar. Geht *Rogers* davon aus, daß jeder Mensch von Natur aus gut ist, so ist dies keinesfalls als unbestrittene Tatsache zu sehen. *Thomas Hobbes* beispielsweise sah Wettstreben, Argwohn und Ruhmsucht als Wesensmerkmale sowie List und Gewalt als einzige Tugenden des Menschen und als Naturzustand (d. h. in den Worten *Rogers* als Zustand der Kongruenz) den Krieg aller gegen alle an.[428]

---

[426] *Rogers* 1972, S. 63.

[427] Mit gewissen Einschränkungen bei zu hohem Alter. Bezüglich der Behandlung von Delinquenten weist *Rogers* aber ausdrücklich auf das Fehlen von Erfahrungsberichten hin (*Rogers* 1973a, S. 212 f.).

[428] *Hobbes* 1965, S. 98 ff. Siehe hierzu auch das biblische Buch Genesis, wonach *„das Trachten des menschlichen Herzens böse ist von Jugend auf"* (Kapitel 8, Vers 21).
Obwohl mit dem Humanismus verwandt, nimmt der Existentialismus eine gegenüber der Sichtweise *Rogers* im Hinblick auf das Menschenbild differenziertere, aber auch pessimis-

Kritisch zu hinterfragen ist aber auch das Grundprinzip der nichtdirektiven Vorgehensweise, insbesondere wenn es sich um die Behandlung von Straftätern handelt.
Basiert die nichtdirektive Vorgehensweise auf dem Gedanken, daß der Klient das Recht habe, seine Lebensziele auch dann selbst zu wählen, wenn sie im Gegensatz zu sozialen Normen stehen,[429] so könnte dies einen gewissen Widerspruch zum Vollzugsziel des § 2 Satz 1 StVollzG darstellen, wonach Behandlungsmaßnahmen gerade darauf gerichtet sein sollen, es dem Strafgefangenen zu ermöglichen, künftig ein Leben in sozialer Verantwortung zu führen. Schon der Existenz eines Vollzugsziels wegen scheint sich der Strafvollzug eher mit direktiven Methoden zu vertragen.
Diese Problematik wirft wiederum die Frage nach der Stellung und Aufgabe von Psychotherapie im Strafvollzug auf. Wie oben bereits festgestellt wurde, kommt ihr eine Doppelfunktion zu. Einerseits stellt sie eine Methode strafvollzuglich-resozialisierender Behandlung dar, andererseits ist sie auch eine Maßnahme der Gesundheitsfürsorge, wobei eine genaue Abgrenzung dieser Ziele in der Praxis kaum möglich sein wird. Fraglich ist nun, ob sich hier ein Zielkonflikt zwischen dem auf das Vollzugsziel ausgerichteten Behandlungsvollzug und einer regelgerechten nichtdirektiven Gesprächspsychotherapie als Maßnahme der Gesundheitsfürsorge ergeben kann.
Dies hängt davon ab, ob man als Vollzugsziel des § 2 Satz 1 StVollzG eine dahingehende Beeinflussung der Gefangenen ansieht, sich künftig sämtlicher Taten zu enthalten, die unter den juristischen Verbrechensbegriff fallen, oder ob idealerweise ein Zustand erreicht werden soll, der es den Betroffenen ermöglicht, ein Leben ohne Taten zu führen, die nach dem natürlichen Verbrechensbegriff als verurteilenswert anzusehen sind.[430] Denkt man in den *Kohlberg'*schen Kategorien der verschiedenen Stufen der Moralentwicklung,[431] so ist zu fragen, ob als Vollzugsziel idealerweise die Erreichung der Stufen des konventionellen (Orientierung an Gesetz, Ordnung und sozialen Werten) oder des postkonventionellen Niveaus (Orientierung an universellen ethischen Prinzipien jenseits statischer gesellschaftlicher und gesetzlicher Vorgaben) anzustreben ist.
Akzeptiert man das der Gesprächspsychotherapie zugrundeliegende Bild vom guten, selbstbestimmten, aber kooperativen Menschen, so kann der genannte Zielkonflikt vermieden werden, wenn man bei der Deutung des Vollzugsziels des § 2 Satz 1 StVollzG der Herausbildung des moralisch-ethisch urteilenden, aufgrund dieser Prinzipien aber unter Umständen zur Regelverletzung bereiten

---

tischere Position ein (siehe hierzu und zur diesbezüglichen Kritik an der Gesprächspsychotherapie *Davison/Neale* 1988, S. 627 ff.).

429 Vgl. *Rogers* 1972, S. 119.

430 Zu den Verbrechensbegriffen siehe *Bock* 2000, Rn. 37 ff.

431 Vgl. *Kohlberg* 1995, S. 51 ff.

Menschen den Vorzug gegenüber einer Erziehung zu legalem Verhalten und sozialer Konformität gibt.

Diese hier angerissene Problematik bedarf in vorliegendem Zusammenhang keiner abschließenden Beurteilung, da in der Literatur, auch ohne daß Überlegung der hier skizzierten Art angestellt würden, bei der gesprächspsychotherapeutischen Behandlung von Delinquenten vielfach ein Abrücken von einer ausschließlich nichtdirektiven Haltung des Therapeuten empfohlen wird.[432]

2.2.3. Modifikation der gesprächspsychotherapeutischen Vorgehensweise

2.2.3.1. Modifikationen bezüglich des Grundsatzes der nichtdirektiven Haltung

War, wie oben gezeigt wurde, die Psychoanalyse für das Arbeiten mit Delinquenten im Hinblick auf die Abstinenzregel zu modifizieren, so erfordert die Gesprächspsychotherapie Modifikationen bezüglich des Grundsatzes des nichtdirektiven Vorgehens. Da sich die Abstinenz des Psychoanalytikers sowie die nichtdirektive Haltung des Gesprächspsychotherapeuten in der Praxis ähnlich auswirken, sind auch die Begründungsansätze, die für die Erforderlichkeit der jeweiligen Modifikationen vorgebracht werden, vergleichbar.
So werden als einer ausschließlich nichtdirektiven Vorgehensweise entgegenstehend die Erwartungshaltung vieler delinquenter Patienten bezüglich der aktiven Erteilung von Orientierungshilfen, Ratschlägen und Verhaltensmaßregeln[433] sowie die im Durchschnitt gering ausgeprägte Fähigkeit zur Introspektion und Verbalisation und die geringe Kooperationsbereitschaft[434] angesehen. Insbesondere beim subkulturellen Delinquenten, dem das Idealbild des aktiven, klugen und kräftigen Rechtsbrechers vor Augen steht, bestünde die Gefahr, daß eine von nichtdirektiver Zurückhaltung und Akzeptanz geprägte Haltung des Therapeuten als Schwäche, mangelnde Kompetenz oder feindseliges Zurückhalten von Informationen empfunden werden könnte.[435]
Zudem wird wegen der vielfach konstatierten geringen emotionalen Ansprechbarkeit und starken Beziehungsängsten eine sich mit ausschließlich nichtdirektivem Verhalten nicht vertragende stärkere Selbsteinbringung des Therapeuten verlangt.[436]

[432] Vgl. *Baulitz et al.* 1978, S. 11; *Engel* 1973, S. 71 Anm. 12; *Hinrichs* 1991, S. 17; *Jacobs/Lohse* 1978, S. 13, 18; *Kury* 1986, S. 117; *Minsel* 1973, S. 135; *ders.* 1974, S. 93; *Minsel/Howe* 1983, S. 251 f.; *Steller* 1977, S. 37 ff.

[433] *Steller* 1977, S. 38 f.

[434] *Minsel* 1973, S. 132.

[435] *Minsel* 1973, S. 133.

[436] *Jacobs/Lohse* 1978, S. 13.

Die praktischen Modifikationsvorschläge umfassen ein aktiveres Vorgehen des Therapeuten in der Gesprächssituation, welches beispielsweise auch das Vornehmen von Deutungen, die dem Klienten helfen, sein Verhalten und die diesbezüglichen Gründe zu verstehen, zuläßt.[437] Das Intervenieren durch direkte Lebenshilfen, wie zum Beispiel Gespräche mit der Bewährungshilfe oder Unterstützung bei der Stellensuche,[438] wird ebenso für zulässig erachtet wie Grenzsetzungen durch Konfrontation mit der sozialen Realität und Normdiskussionen.[439]

Jacobs/Lohse, die als Haupthindernis einer klassischen nichtdirektiven Gesprächspsychotherapie mit delinquenten Klienten deren regelmäßig geringe emotionale Ansprechbarkeit verbunden mit starken, sich in Mißtrauen gegenüber dem Therapeuten äußernden Beziehungsängsten ansehen, empfehlen verschiedene Interventionsstrategien, die eine teilweise Aufhebung der Abstinenz bedingen.
Hindert geringe emotionale Ansprechbarkeit das Erleben und insbesondere das Verbalisieren von Emotionen, so ist von Seiten des Therapeuten ein interpretatives Rückfragen und eine emotionale Selbsteinbringung durch das Gewähren von Einblicken in die eigene Gefühls- und Lebenswelt zu verlangen.
Zum Abbau von Beziehungsängsten werden neben der gesprächspsychotherapeutischen Basishaltung Zusatzvariablen wie Beziehungsklärung, Selbsteinbringung und Konfrontation für erforderlich angesehen, welche jeweils auch grenzsetzende Funktion haben.[440]

2.2.3.2. Praktische Konsequenzen bezüglich der Einbindung des Therapeuten in Entscheidungsabläufe der Anstalt

Wird allgemein ein Abrücken von einer rein nichtdirektiven Vorgehensweise bei der Behandlung von Delinquenten befürwortet, so finden sich doch in der Literatur kaum Hinweise darauf, wie die Stellung eines dergestalt modifiziert gesprächspsychotherapeutisch[441] arbeitenden Therapeuten innerhalb der Anstalt, insbesondere im Hinblick auf die Mitwirkung an Vollzugsentscheidungen, konkret ausgestaltet sein sollte.

Die mitunter vorgeschlagenen praktischen Lebenshilfen im Alltag bedingen vielfach eine gewisse Mitwirkung an Anstaltsentscheidungen.

---

437 *Engel* 1973, S. 71 f.
438 *Minsel* 1973, S. 135; vgl. *Pielmaier et al.* 1986, S. 231.
439 *Minsel* 1974, S. 93.
440 *Jacobs/Lohse* 1978, S. 13 ff., jeweils mit Beispielen.
441 Ob die Bezeichnung „Gesprächspsychotherapie" für derartig modifizierte Vorgehensweisen noch zutreffend und zulässig ist, sei hier offengelassen. Kritisch diesbezüglich *Minsel/Howe* (1983, S. 257 f.).

Baulitz et al. betonen die Bedeutung der Verschwiegenheit des Therapeuten bezüglich der *Inhalte* der Gesprächs-psychotherapie, setzen aber anscheinend auch eine Mitwirkung des Therapeuten an Vollzugsentscheidungen voraus.[442] *Jacobs/Lohse*, die als Interventionsstrategie bei einer Beziehungsstörung zwischen Therapeut und Klient unter anderem vorschlagen, dem Klienten deutlich zu machen, daß er selbst die Verantwortung für Veränderungen trage und es seine Entscheidung sei, eine Therapie aufzunehmen und in ihr zu verbleiben, deuten auch an, daß eine Rückmeldung bezüglich des Klientenverhaltens in der Therapiestunde gegenüber der Anstaltsleitung bei dauerhaft unkooperativem Verhalten letzten Endes erforderlich sei.[443]

2.2.4. Schlußfolgerungen

Es bleibt festzuhalten, daß auch bezüglich der Gesprächspsychotherapie auf die hier zu behandelnde Fragestellung keine eindeutige und allgemeingültige Antwort gegeben werden kann.

Handelt es sich um eine klassische nichtdirektive Gesprächspsychotherapie nach *Rogers*, die allerdings nur selten indiziert sein wird, so ist jegliches Mitwirken des Therapeuten an Vollzugsentscheidungen zu vermeiden. Die Regelung des § 182 Abs. 2 StVollzG ist insofern kontraproduktiv.

Bezüglich der gesprächspsychotherapeutisch orientierten Vorgehensweisen, die insbesondere den Grundsatz der nichtdirektiven Haltung des Therapeuten modifiziert haben,[444] kann eine Mitwirkung des Therapeuten an Vollzugsentscheidungen durch Stellungnahmen durchaus aus therapeutischen Gründen angezeigt sein. Dies hängt dann jeweils von dem konkreten therapeutischen Konzept und der konkreten Situation ab.
Aufgrund der Pauschalität, mit der § 182 Abs. 2 StVollzG Offenbarungen vorschreibt, erscheint diese Norm aber auch im Hinblick auf die letztgenannten gesprächspsychotherapeutisch orientierten Konzepte nicht sachgerecht.

---

[442] *Baulitz et al.* 1978, S. 8 f. Bei den diesbezüglich vagen Ausführungen zur Stellung des Gesprächspsychotherapeuten in einer als therapeutische Gemeinschaft organisierten sozialtherapeutischen Anstalt (S. 9) bleibt allerdings unklar, um Entscheidungen welcher Art es sich handelt, wie die Mitwirkung des Therapeuten hieran aussieht und in Bezug auf welche Klienten diese erfolgt.

[443] *Jacobs/Lohse* 1978, S. 13 f. Auf strikter Beurteilungsabstinenz beharrend *Kunze* (1983, S. 152). Seiner Darlegung einer gesprächspsychotherapeutischen Maßnahme im Jugendstrafvollzug kann jedoch nicht entnommen werden, ob er klassisch-gesprächspsychotherapeutisch tätig ist, oder seine Vorgehensweise ebenfalls in oben dargelegter Richtung modifiziert hat.

[444] Zur Frage, ob diesbezüglich die Bezeichnung „gesprächspsychotherapeutisch" noch zulässig ist, siehe Anm. 441.

2.3. Verhaltenstherapie

Einige Kritiker des § 182 Abs. 2 StVollzG räumen ein, ohne dies allerdings näher zu begründen, daß die Neuregelung die Praktikabilität verhaltenstherapeutischer Konzepte im Strafvollzug unter Umständen weniger tangieren könnte als dies bei psychoanalytischen und gesprächspsychotherapeutischen Methoden der Fall sei.[445]

2.3.1. Umweltanbindung als wesentliches Erfordernis der Verhaltenstherapie

Psychoanalyse und Gesprächspsychotherapie haben zum Ziel, psychische Störungen durch die in Gesprächen sich langsam entwickelnde Einsicht des Patienten in die ihn steuernden innerpsychischen Mechanismen bzw. die Erkenntnis der individuellen persönlichen Bedürfnisse und die darauffolgende Entwicklung einer diese akzeptierenden Geisteshaltung zu heilen. Im Gegensatz hierzu steht im Zentrum der Verhaltenstherapie die Bemühung, es dem Delinquenten zu ermöglichen, die Impulse in Bezug auf das abweichende Verhalten kontrollieren zu lernen sowie adäquate Verhaltensweisen zu erlernen und einzuüben.
Das therapeutische Geschehen spielt sich hier nicht nur zwischen dem Therapeuten und dem Patienten ab. Da man das Verhalten des Menschen als entscheidend von Umwelteinflüssen gesteuert ansieht, sind diese Umweltvariablen in den therapeutischen Prozeß mit einzubeziehen. Ist der eigentliche Wirkraum der Psychoanalyse die Übertragungsbeziehung zwischen Patient und Analytiker, so ist es bei der Verhaltenstherapie das tatsächliche oder modellhaft nachempfundene normale Lebensumfeld des Patienten.
Verhaltenstherapie kann demzufolge nicht in der Abgeschlossenheit einer Zweierbeziehung stattfinden. Der Therapeut muß die Möglichkeit haben, auf die Umwelt des Patienten aktiv einzuwirken, zudem besteht Bedarf an Reaktionen der Umwelt auf bestimmte Verhaltensweisen des Patienten.
Eine strikte Verschwiegenheit des Therapeuten bzw. ein Vorenthalten von Mitwirkungsmöglichkeiten bei der Vollzugsgestaltung würde verhaltenstherapeutischen Bemühungen somit entgegenwirken.[446]

Dies sei anhand einiger Überlegungen zu verschiedenen Vorgehensweisen der Verhaltenstherapie veranschaulicht.

---

[445] *Thorwart* 1999, S. 12; *Volckart* 1998, S. 194.
[446] Vgl. *Parfy/Wagner* 1998, S. 367 f.; *Schleusener* 1977, S. 158 f.

2.3.1.1. Gestaltungsmöglichkeiten des Therapeuten als Wirkfaktoren im Rahmen des Kontingenzmanagements

Im Gegensatz zur Abstinenzregel der Psychoanalyse und zum Grundsatz des nichtdirektiven Vorgehens der Gesprächspsychotherapie, welche den Therapeuten zumindest bei klassischer Ausrichtung des jeweiligen Therapiekonzepts zu einer eher passiv-permittiven Haltung verpflichten, ist vom Verhaltenstherapeuten ein direktives und steuerndes Vorgehen zu erwarten.[447]

Wie oben dargelegt, basiert der verhaltenstherapeutische Ansatz des Kontingenzmanagements auf der Überlegung, daß, um abweichende Verhaltensweisen abzulegen und andere aufzunehmen, mit Hilfe der Mechanismen der operanten Konditionierung die bisherigen Verhaltensmuster gelöscht und durch neuerlernte ersetzt werden müssen. Diesbezügliche Wirkfaktoren sind Verstärkung und Bestrafung, eine herausgehobene Rolle spielt die positive Verstärkung.

Für den Vorgang der Löschung unerwünschten Verhaltens (siehe oben II.2.3.) ist es zunächst erforderlich, eventuell noch nicht erkannte Quellen der Verstärkung dieses Verhaltens zu ermitteln und konsequent auszuschalten. So könnte beispielsweise bei einem sich aggressiv verhaltenden Patienten eine bestimmte Reaktionsweise des Aufsichtsbeamten, ohne daß dies zuvor erkannt worden wäre, als positiver Verstärker gewirkt haben.
Um die bisherigen Verhaltensmuster des Patienten zu löschen, gilt es nun, entsprechende Verstärkungen, wenn irgend möglich, konsequent auch über die Phase eines möglicherweise zu erwartenden vorübergehenden Anstiegs der Fehlverhaltensrate hinweg zu unterlassen.
Dies erfordert eine enge Abstimmung zwischen dem Therapeuten und sämtlichen Personen, die mit dem Gefangenen in diesbezüglich relevanter Weise Umgang haben.[448]

Für das darauffolgende Erlernen adäquater Verhaltensweisen gilt ähnliches. Exemplarisch sei dies hier am sogenannten Münzverstärkungssystem („token economy“, siehe oben II.2.3.) dargestellt.
Wie oben schon dargelegt, funktionieren Münzverstärkungssysteme in der Art, daß die Patienten bei Erfüllung der für sie durch den Therapeuten festgelegten Zielverhaltensweisen durch Wertmünzen, Gutscheine o. ä. „belohnt“ werden, welche sie wiederum gegen bestimmte Vergünstigungen, die somit als natürliche Verstärker wirken, eintauschen können.[449]

---

[447] Vgl. *Schmitt* 1977a, S. 119.
[448] *Hautzinger* 1996, S. 225; vgl. *Reinecker* 1999, S. 217.
[449] Es kann sich hierbei um Vergünstigungen innerhalb des Anstaltslebens handeln, genannt werden aber auch Haftlockerungen, wie etwa Ausgang (vgl. *Kury* 1983, S. 264). Die Ein-

Bei einem derartigen Programm wird somit im Gegensatz zu den klassischen Grundregeln von Psychoanalyse und Gesprächspsychotherapie bewußt mit der Möglichkeit der Einflußnahme auf die Gestaltung des Alltagslebens des gefangenen Patienten und somit unter gewollter Ausnutzung einer Machtposition therapeutisch gearbeitet.
Das Arbeiten mit einem Münzverstärkungssystem erfordert eine erhöhte Kommunikation zwischen dem Therapeuten und den übrigen Mitarbeitern im Strafvollzug, die im Alltagsleben mit dem Patienten in Kontakt treten. Ist es der Therapeut, der die jeweiligen zu verstärkenden Zielverhaltensweisen für den betroffenen Patienten definiert, so sind es regelmäßig die Vollzugsbeamten, die ihn in seinem Alltagsverhalten erleben. Diese müssen über die jeweiligen Zielverhaltensweisen informiert sein, um dem Therapeuten entsprechende Rückmeldungen geben zu können.[450]
Insgesamt erfordert ein Münzverstärkungssystem eine therapeutisch durchstrukturierte Institution als Rahmen. Das gesamte Anstaltsgeschehen muß von diesem Verstärkungssystem geprägt sein, und dem Therapeuten müssen wesentliche Entscheidungs- und Gestaltungskompetenzen zukommen.[451]

Ebenso wie für das Münzverstärkungssystem läßt sich für sämtliche zum Kontingenzmanagement zählende, d. h. auf dem Prinzip der operanten Konditionierung aufbauende, Vorgehensweisen sagen, daß der Therapeut regelmäßig eine wesentliche Quelle der Verstärkung darstellt und somit sein Eingreifen in die Lebensgestaltung der Patienten über die Therapiestunde hinaus auch durch Mitwirkung an vollzuglichen Entscheidungen vielfach erforderlich und angebracht ist.[452]

---

bindung von Haftlockerungen in ein Münzverstärkungssystem erscheint allerdings aus rechtlichen Gründen weniger praktikabel. Ein gefangener Patient kann sich nie sicher sein, durch das bloße Ansparen von Wertmünzen eine angestrebte Haftlockerung zu erhalten, da zusätzlich die gesetzlichen Voraussetzungen gegeben sein müssen (§ 11 Abs. 2 StVollzG). Eine kontingente Handhabung dieses Systems und somit eine kontingente Verstärkung wäre also im Bereich von Haftlockerungen nicht möglich.

450 Vgl. *Ayllon/Cole* 1996, S. 243. Es muß hier allerdings besonders sorgfältig darauf geachtet und dies gegenüber dem Anstaltspersonal betont werden, daß die Vergabe von derartigen Wertmünzen im Hinblick auf den Behandlungsprozeß und nicht um der Sicherung der anstaltsinternen Disziplin willen zu erfolgen hat (vgl. *Mauch* 1971, S. 34; *Reinecker* 1999, S. 224).

451 So *Pielmaier et al.* (1986, S. 176), die wegen der Problematik der praktischen Umsetzung aus eben diesen Gründen im Rahmen eines von ihnen mit jungen Untersuchungshäftlingen durchgeführten Therapieprojekts von der Anwendung eines Münzverstärkungssystems absahen.

452 Vgl. *Schleusener* 1977, S. 158 f.; *Schmitt* 1977a, S. 119; siehe auch *Gretenkord* 1998, S. 71.

2.3.1.2. Generalisierung von Behandlungseffekten

Das Erlernen neuer Verhaltensmuster im Rahmen eines therapeutischen Settings kann, wie oben dargelegt, nur dann langfristige Erfolge zeitigen, wenn Bemühungen unternommen werden, die Behandlungseffekte für den Alltag außerhalb des aktuellen Settings, d. h. in vorliegendem Zusammenhang außerhalb der Justizvollzugsanstalt, zu generalisieren.

Ideal wäre es, wenn der Patient in eine Umwelt entlassen werden könnte, in welcher die während der Therapie im geschlossenen Umfeld verstärkten Verhaltensweisen ebenfalls Verstärkung fänden. Diesbezüglich kann es erforderlich sein, daß von Seiten des Therapeuten versucht wird, in irgendeiner Weise modifizierend auf die Umwelt, in die der Patient entlassen wird, einzuwirken. Denkbar wäre hier ein Gespräch mit wesentlichen Bezugspersonen über Fragen des Umgangs mit dem Betroffenen, insbesondere im Hinblick darauf, welche Verhaltensweisen verstärkt und welchen Verstärkungen versagt werden sollten.[453] Zudem kann es sinnvoll sein, daß Patienten neuerlernte Verhaltensweisen im Rahmen von Ausflügen aus der Institution unter der unterstützenden Anleitung des Therapeuten üben und erproben.[454] Zu denken ist hier an Ausführungen im Sinne des § 11 Abs. 1 Nr. 2 StVollzG, an deren Beschließung, Vorbereitung und Durchführung der Therapeut mitzuwirken hätte.

Es ist somit festzuhalten, daß auch aus Gründen der Generalisierung von Behandlungseffekten eine Einwirkung des Therapeuten auf Umwelt und Lebensgestaltung des Patienten sinnvoll sein kann.

2.3.2. Bedeutung der Verhaltenstherapie für die Arbeit mit Delinquenten

Im Vergleich zu psychoanalytischen und gesprächspsychotherapeutischen Verfahren werden verhaltenstherapeutischen bzw. kognitiv-verhaltenstherapeutischen Methoden in der Erfolgsbeurteilung eine deutlich stärkere Wirksamkeit attestiert.[455]

Ein Vorteil der Verhaltenstherapie, der sie für die Arbeit mit durchschnittlichen Strafgefangenen als besonders geeignet erscheinen läßt, liegt darin, daß auch bei begrenzten intellektuellen Fähigkeiten eine erfolgversprechende Teilnahme

---

453 Vgl. *Davison/Neale* 1988, S. 652.

454 *Zimbardo/Gerrig* 1999, S. 661.

455 *Andrews/Bonta* 1998, S. 263, 267, 282 f.; *Lösel/Bender* 1997, S. 182 f.; *Müller-Isberner* 1998, S. 207; vgl. *Schneider* 2001, S. 434.

möglich ist.[456] Besondere Fähigkeiten zur Introspektion und Verbalisation sind regelmäßig nicht erforderlich.

Zum erfolgreichen Funktionieren insbesondere von auf den Prinzipien der operanten Konditionierung aufbauenden Programmen ist es notwendig, daß sie in einem institutionellen Rahmen stattfinden, in dem der Therapeut ein beträchtliches Maß an Kontrolle ausüben kann.[457]

2.3.3. Schlußfolgerungen

War bezüglich der zuvor erörterten psychotherapeutischen Grundrichtungen zu klären, ob und inwieweit die therapeutische Beziehung eine Öffnung nach außen verträgt – was zunächst einmal grundsätzlich zu verneinen war, um dann festzustellen, daß aufgrund der besonderen Klientel unter Umständen doch gewisse diesbezügliche Konzessionen zu machen sind – so stellt sich diese Frage bei der Verhaltenstherapie grundsätzlich anders dar. Die Offenheit der therapeutischen Beziehung ist hier ein wesentliches Erfordernis.[458]

Ist es aus verhaltenstherapeutischer Sicht, wie dargelegt, wünschenswert, den Therapeuten in das Anstaltsgeschehen und in Entscheidungsabläufe der Anstalt einzubinden, so sind grundsätzlich alle Maßnahmen zu begrüßen, die dem Verhaltenstherapeuten einen stärkeren diesbezüglichen Einfluß verschaffen.
Insofern ließe sich folgern, daß die Neuregelung des § 182 Abs. 2 StVollzG aus verhaltenstherapeutischer Sicht nicht nur weniger bedenklich erscheint,[459] sondern bestimmte verhaltenstherapeutische Vorgehensweisen sogar erst möglich macht bzw. rechtlich absichert.
Eine Offenbarungsbefugnis erlaubt es dem Therapeuten, das Umfeld in den Behandlungsprozeß einzubeziehen. Die Möglichkeit zur Abgabe von Stellungnahmen zu strafvollzuglichen Entscheidungen erweitert seine Auswahl an operant konditionierenden Verstärkern. Die Einflußnahme, die er hierdurch beispielsweise auf die Frage der Gewährung von Haftlockerungen erhält, ermöglicht es ihm, diese gezielt als Verstärker einzusetzen.[460]
Freilich wäre hierfür eine Offenbarungs*pflicht*, wie sie § 182 Abs. 2 StVollzG statuiert, nicht erforderlich gewesen.

Wie bereits angesprochen, ist zu bedenken, daß gerade wegen des verhaltenstherapeutischen Erfordernisses der Umweltbezogenheit insbesondere bei auf der

---

[456] Vgl. *Davison/Neale* 1988, S. 646; *Freese* 1998, S. 213 f.; *Kury* 1983, S. 264.
[457] *Davison/Neale* 1988, S. 646; vgl. *Schneider* 2001, S. 424.
[458] Vgl. *Parfy/Wagner* 1998, S. 368.
[459] So *Thorwart* 1999, S. 12; *Volckart* 1998, S. 194.
[460] *Gretenkord* 1998, S. 71; vgl. *Schleusener* 1977, S. 158 f.; *Schneider* 2001, S. 429.

operanten Konditionierung aufbauenden Programmen des Kontingenzmanagements als Rahmen eine ganz nach therapeutischen Gesichtspunkten ausgerichtete Institution wünschenswert erscheint, innerhalb derer sich der therapeutische Prozeß unter Anleitung und Kontrolle des Therapeuten vollziehen kann.[461]
§ 182 Abs. 2 StVollzG verschafft dem Therapeuten nun zwar Möglichkeiten der Einflußnahme, fraglich ist allerdings, ob auch ein entsprechender Rahmen zur Verfügung steht. Auf diese institutionelle Fragestellung wird unten noch einzugehen sein.

IV. Zusammenfassung

Zu Beginn des Teiles C. stand die Frage nach der Bedeutung von Wahrung und Bruch der Verschwiegenheit für die verschiedenen psychotherapeutischen Modelle.
Diese Fragestellung beinhaltete zwei verschiedene Aspekte.
Zum einen war zu untersuchen, wie sich eine aus der Festlegung von Offenbarungspflichten resultierende Öffnung der therapeutischen Beziehung auf die Qualität ebendieser Beziehung auswirkt. Zum anderen war zu klären, welche Folgen die durch Offenbarungsbefugnisse und -pflichten dem Therapeuten faktisch zugewiesene Machtstellung, bei der Entscheidung über vollzugliche Fragen und somit über Fragen der konkreten Lebensgestaltung des betroffenen Gefangenen mitzuwirken, auf das Wirkgefüge und die Mechanismen der jeweiligen therapeutischen Ansätze hat.

Bezüglich des ersten Aspekts war festzustellen, daß vor allem die Befürchtung negativer Auswirkungen auf vollzugliche Entscheidungen, welche die eigene Person betreffen, einen Einfluß auf die therapeutische Beziehung, insbesondere im Hinblick auf die Offenheit des Patienten gegenüber dem Therapeuten, haben kann. Andererseits kann auch gerade der Wunsch, über eine Einflußnahme des Therapeuten unter Umständen gewisse Vergünstigungen zu erlangen, einen wichtigen Motivationsfaktor zur Teilnahme an einer therapeutischen Maßnahme darstellen, die dann möglicherweise doch zu einem positiven Abschluß kommen kann.

Zur Frage der Auswirkungen der sich aus § 182 Abs. 2 StVollzG ergebenden Einflußnahmemöglichkeiten des Therapeuten im Hinblick auf das Wirkgefüge der verschiedenen therapeutischen Modelle ließ sich keine einheitliche Antwort geben.
Erscheint aus klassisch-psychoanalytischer sowie aus klassisch-gesprächspsychotherapeutischer Sicht eine derartige Machtzuweisung an den

---

[461] Vgl. *Davison/Neale* 1988, S. 646; *Pielmaier et al.* 1986, S. 176.

Therapeuten kontraproduktiv, so zeigt sich bei Betrachtung der wegen der besonderen Klientel aus therapeutischen Gründen vielfach notwendigen Modifikationen der jeweiligen therapeutischen Ansätze ein differenzierteres Bild.
Aus verhaltenstherapeutischer Sicht stellt sich die Problematik schon dem Grunde nach anders dar. Da man dort davon ausgeht, daß das menschliche Verhalten wesentlich von Umwelteinflüssen gesteuert wird, ist die Umweltbezogenheit, welche auch eine erhöhte Kommunikation mit der Umwelt bedingt, ein unverzichtbares Prinzip der Verhaltenstherapie.

Ist somit die Neuregelung des § 182 Abs. 2 StVollzG einerseits unter dem Aspekt zu begrüßen, daß nun erstmals eine rechtliche Grundlage für die mitunter aus therapeutischen Gründen notwendige Mitwirkung des Therapeuten an der Vollzugsgestaltung geschaffen wurde, so erscheint sie andererseits aufgrund der Pauschalität der Festlegung von Offenbarungspflichten, die für therapeutische Erwägungen, jedenfalls nach der Intention des Gesetzgebers,[462] keinen Raum lassen, kritikwürdig.
Da dem Therapeuten die Möglichkeit genommen werden soll, nach der jeweiligen Ausrichtung des angewandten Therapiekonzepts und von Fall zu Fall zu entscheiden, ob er sich in das Vollzugsgeschehen integrieren läßt und inwieweit er an der vollzuglichen Entscheidungsfindung teilnimmt, werden Verfahren, die einer strikten Abstinenz des Therapeuten bedürfen, erschwert, wenn nicht gar unmöglich gemacht.
Bezüglich der verhaltenstherapeutischen Ansätze, die einer Integration des Therapeuten in die Entscheidungsabläufe der Anstalt bedürfen, ist anzumerken, daß bloße Mitwirkungsmöglichkeiten hier oft nicht ausreichend sein werden. Diesbezüglich wird in der Literatur vielfach eine ganz nach therapeutischen Gesichtspunkten ausgerichtete Institution als Rahmen für erforderlich angesehen.

D. Bedeutung von Schweigen und Offenbaren für die therapeutische Gemeinschaft

I. Vorbemerkung

Wie sich in der vorangegangenen methodengebundenen Darlegung der Problematik zeigte, erfordern insbesondere verhaltenstherapeutische Maßnahmen ein ganz auf Behandlung ausgerichtetes, therapeutisch durchstrukturiertes Milieu als Umfeld.[463]

---

[462] Vgl. BT-Drucks. 13/11016, S. 27; siehe auch die in der Endfassung des Gesetzes voll berücksichtigte Stellungnahme des Bundesrates zur Frage, ob eine Offenbarungs*befugnis* oder eine Offenbarungs*pflicht* des Therapeuten festgelegt werden sollte (BT-Drucks. 13/10245, S. 35 Nr. 12).

[463] Vgl. *Davison/Neale* 1988, S. 646; *Schneider* 2001, S. 424; *Pielmaier et al.* 1986, S. 176.

Allerdings wird in der Literatur auch schulenunabhängig vielfach die Bedeutung des Umfelds, in welchem die Behandlung stattfindet, hervorgehoben.[464] Es wird betont, daß die jeweiligen therapeutischen Bemühungen im Mittelpunkt des Anstaltslebens stehen und die Anstalt sowie das gesamte Personal ganz dem Ziel der Behandlung verpflichtet sein müßten.

Begründet wird das Erfordernis eines derartigen therapeutischen Milieus zum einen damit, daß eine isolierte therapeutische Behandlung zu einer weitgehend wirkungslosen Sisyphosarbeit würde, wenn der Patient im unveränderten Umfeld der Anstalt weiterhin den unter Umständen den Behandlungszielen entgegenwirkenden sozialisatorischen Einflüssen der Mitinsassen und des Nicht-Fachpersonals ausgesetzt bliebe.[465]
Zudem bestünde die Gefahr, daß die Teilnahme an einer individuellen therapeutischen Maßnahme innerhalb einer nicht umfassend therapeutisch ausgerichteten Anstalt auf den betroffenen Gefangenen stigmatisierende Wirkung haben könnte. Er würde hierdurch innerhalb der Sozialstruktur der Anstalt zum Außenseiter abgestempelt und aus der Insassengemeinschaft ausgestoßen. Dies könnte gerade dann besonders fatale Folgen haben, wenn es in der Behandlung tatsächlich gelingen sollte, eingeschliffene Verhaltensweisen abzubauen und innere Einstellungen zu ändern, da der Patient nun ohne den Schutzpanzer seiner bisherigen Abwehrmechanismen dem unveränderten Anstaltsumfeld gegenüberstünde.[466]

Ein im Strafvollzug tätiger Psychotherapeut sieht sich vor die Entscheidung gestellt, ob er sich voll in die Anstaltshierarchie integrieren läßt, was die Gefahr in sich birgt, daß er von den Insassen der „Gegenseite" zugerechnet wird und somit eine Vertrauensbeziehung nur unter erschwerten Bedingungen zustande kommen kann, oder ob er sich dem alltäglichen Anstaltsbetrieb verschließt, um sich ganz mit den Problemen der ihm anvertrauten Gefangenen zu identifizieren. Entschließt er sich für letzteres (die Neuregelung des § 182 Abs. 2 StVollzG, die ihm diese Möglichkeit nun nicht mehr läßt, sei für diese grundsätzliche Betrachtung einmal außer acht gelassen), wird er für das Anstaltsgetriebe dysfunktional, was das übrige Anstaltspersonal mit Mißtrauen und Kommunikationseinschränkungen bis hin zu Informationsblockade quittieren könnte.
Ein Ausweg aus diesem Dilemma wird in der Umgestaltung des Vollzugs gesehen. Diese müßte dergestalt erfolgen, daß im Mittelpunkt die überschaubare

---

464 Vgl. *Baulitz et al.* 1978, S. 7; *Blackburn* 1993, S. 407 f.; *Göppinger* 1964, S. 254 f.; *Hoeck-Gradenwitz* 1966, S. 62; K/K/S-*Kerner* 1992, § 17 Rn. 18; *Kury* 1986, S. 60; *Mechler/Wilde* 1976, S. 204; *Pielmaier et al.* 1986, S. 233; *Quensel/Quensel* 1971, S. 165; *Strak* 1998, S. 247.

465 Vgl. *Baulitz et al.* 1978, S. 7; *Pielmaier et al.* 1986, S. 233; *Strak* 1998, S. 247.

466 *Quensel/Quensel* 1971, S. 165; vgl. K/K/S-*Kerner* 1992, § 17 Rn. 18.

Gemeinschaft der Behandlungsgruppe mit ständigem persönlichen Kontakt aller Beteiligten stünde.[467]
Als diesbezüglich anzustrebendes Idealmodell wird das der „therapeutischen Gemeinschaft" genannt.[468]

Galten die vorangegangenen Erörterungen der Frage, wie die Dualismen Schweigen – Offenbaren bzw. Mitwirkungsabstinenz und Mitwirkung an vollzuglichen Entscheidungen nach den Wirkmechanismen verschiedener Formen der Individualpsychotherapie zu beurteilen sind, so sind nun die gleichen Fragestellungen aus der Perspektive des therapeutisch wirkenden Umfelds, d. h. hier konkret aus der Perspektive der therapeutischen Gemeinschaft, zu betrachten.
Zunächst allerdings ist das Konzept der therapeutischen Gemeinschaft darzustellen und der Frage nachzugehen, inwieweit Möglichkeiten bestehen, dieses Konzept im Strafvollzug zu implementieren.

II. Das Modell der therapeutischen Gemeinschaft

Das Modell der therapeutischen Gemeinschaft wurde als milieutherapeutischer Bezugsrahmen für die Gesamtheit vielfältiger Behandlungsstrategien einer angewandten sozialen Psychiatrie entwickelt. Es stellt keine neue Behandlungsform im Sinne einer speziellen Methode, sondern vielmehr eine Neugestaltung der Beziehungen zwischen Patienten und Therapeuten dar, was eine Umstrukturierung der jeweiligen Institution, in welcher die Behandlung stattfindet, bedingt.[469]
Obwohl es diesbezüglich verschiedene Vorläufer gab,[470] gilt *Maxwell Jones (1907-1990)* in theoretischer und praktischer Hinsicht als der wesentliche Impulsgeber des Konzepts der therapeutischen Gemeinschaft.[471]
Primäre Quelle für *Jones'* diesbezügliche Erkenntnisse waren die Erfahrungen, die er während des zweiten Weltkriegs bei der Behandlung von britischen Soldaten mit psychosomatischen Störungen sowie später von psychisch gestörten entlassenen britischen Kriegsgefangenen machte. Hier erfuhr *Jones*, wie hilfreich und wichtig es war, die Patienten selbst in die Behandlung der Mitpatienten einzubeziehen.[472]

Wesentliches Fundament des Konzepts der therapeutischen Gemeinschaft ist die Überzeugung, daß die Umgebung, in welcher die Behandlung stattfindet, von

[467] K/K/S-*Kerner* 1992, § 17 Rn. 18.
[468] *Baulitz et al.* 1978, S. 7; *Mechler/Wilde* 1976, S. 204; vgl. *Schneider* 1987, S. 838 f.
[469] *Krüger* 1980, S. 1; vgl. *Jones* 1976, S. 96.
[470] Einen Überblick hierzu bietet *Krüger* (1975, S. 711 f.).
[471] Ausführlich zu *Jones'* Leben und Wirken *Murto* 1991, S. 79 ff.
[472] *Jones* 1976, S. 9 ff.

großer Wichtigkeit ist. Prägender Faktor dieser Umgebung ist die aus Patienten und Personal bestehende Gruppe, welche die therapeutische Gemeinschaft bildet.
Die Bemühungen der Gemeinschaft müssen darauf gerichtet sein, daß die drei Faktoren Behandlung, Ausbildung und Lernen als sozialer Prozeß integriert werden und nicht getrennt nebeneinander herlaufen.[473]
Anders als in herkömmlichen Institutionen verstehen sich alle Mitglieder der therapeutischen Gemeinschaft als Partner, die eine organische Einheit bilden. Die Kranken sehen sich nicht mehr in der Rolle des von der Institution abhängigen, passiv eine Behandlung empfangenden Patienten, sondern als aktive Teilnehmer, die in den Behandlungsplan der Mitpatienten eingebunden und somit vollwertige Mitglieder der Gemeinschaft sind.[474]

Obwohl nicht von einem einheitlichen Modell der therapeutischen Gemeinschaft im Sinne einer feststehenden Methode gesprochen werden kann,[475] gibt es doch verschiedene Prinzipien, die allen auf dem Gedanken der therapeutischen Gemeinschaft aufbauenden Modellen zugrunde liegen.

Es sind dies folgende Punkte:

1. Die herkömmliche Zweierbeziehung Therapeut-Patient ist aufzuheben. Als Voraussetzung hierfür wird die Aufgabe der rein medizinisch objektivierenden Betrachtungsweise des Patienten bzw. der Krankheit und deren Ersatz durch eine therapeutische Grundeinstellung angesehen. Um das therapeutische Handeln zu entmythologisieren, sei die Aufgabe der herkömmlichen Gefühlsneutralität erforderlich.
2. Die personalfixierte hierarchische Ordnung soll durch eine demokratische Organisationsform ersetzt werden. Diese setzt interdisziplinäre Teamarbeit voraus. Nach Überwindung der hierarchischen Pyramide, an deren unteren Ende regelmäßig der Patient steht, wird eine therapeutische Partnerschaft im Sinne einer Solidarität der Kranken untereinander und mit dem therapeutischen Team angestrebt.
3. Die gesamte persönliche zwischenmenschliche Dynamik innerhalb der Gemeinschaft ist zu analysieren. Es ist eine tägliche Reflexion der auftretenden Probleme – sowohl der Patienten als auch der Therapeuten – erforderlich.
4. Das Interaktions- und Kommunikationspotential der Gemeinschaft ist zum Zweck des durch die Auseinandersetzung mit der Realität erfolgenden sozialen Lernens maximal auszuschöpfen.

---

[473] Vgl. *Jones* 1976, S. 18 f.; 14.
[474] *Krüger* 1980, S. 5.
[475] *Krüger* 1980, S. 6; vgl. *Jones* 1976, S. 11.

5. Dies erfordert eine möglichst freie Kommunikation und Information auf allen Ebenen und in jeder Richtung.[476]

Auf die praktische Umsetzung dieser Grundprinzipien ist im folgenden näher einzugehen.

1. Aufhebung der Zweierbeziehung

Betrachtet man die Gemeinschaft als den Wirkraum der Behandlung, so ist die Ausrichtung naturgemäß primär gruppentherapeutisch. Isolierte therapeutische Zweierbeziehungen zwischen Therapeut und Patient erscheinen insofern als störend.[477]

Zu unterscheiden sind im wesentlichen drei verschiedene Formen der Gruppenzusammenkünfte.

Eine herausgehobene Rolle spielt die tägliche Gemeinschaftsversammlung von Patienten und Personal.
Diese Gemeinschaftsversammlungen sollen Raum zur Austragung der Probleme von Patienten und Personal miteinander und untereinander bieten. Zudem sollen in diesem Rahmen Entscheidungen im Sinne einer gemeinschaftlichen demokratischen Führung (hierauf wird noch einzugehen sein) getroffen werden.
Im Rahmen der Gemeinschaftsversammlungen sollen sämtliche emotional angespannten Krisensituationen, in welche Patienten und Personal verwickelt sind, unter gruppenanalytischen Aspekten mit dem Ziel, sie für das soziale Lernen (worauf auch noch einzugehen sein wird) fruchtbar zu machen, ausgewertet werden.

Therapeutisches Arbeiten im engeren Sinne kann in psychotherapeutischen Kleingruppen erfolgen.

Das Personal trifft sich zu täglichen Teamgesprächen. Hier wird versucht, die Vorgänge der vorangegangenen Gemeinschaftssitzung im Sinne einer gruppendynamische Analyse zu erhellen. Neben dem Verhalten der Gruppe wird auch der Stand der Therapie sowie die Diagnostik der einzelnen Patienten diskutiert.[478]

---

476 Vgl. *Krüger* 1975, S. 717 f.; *ders.* 1980, S. 7 f.
477 Vgl. *Jones* 1976, S. 71 f.
478 Vgl. *Krüger* 1975, S. 721 f.; *ders.* 1980, S. 10 f.

2. Demokratisierung der Entscheidungsabläufe

Der Idealvorstellung der therapeutischen Gemeinschaft von einer weitestgehenden Aufhebungen der Rollenunterschiede zwischen Personal und Patienten entspricht eine weitreichende Demokratisierung der Entscheidungsabläufe innerhalb des Gemeinschaftslebens.

Jones sieht einseitige Entscheidungen, seien sie auch noch so vernünftig, als mit der Grundhaltung der therapeutischen Gemeinschaft unvereinbar an. Entscheidungsprozesse sollten nach Möglichkeit durch Konsensus stattfinden, Verantwortung und Autorität des Leiters werden weitgehend an alle Personalebenen und auch an die Patienten delegiert. Sämtliche Mitglieder der Gemeinschaft sollten Verantwortung für die Lebensbedingungen innerhalb der Gemeinschaft tragen. Den Patienten würde es hierdurch ermöglicht, Planung und Durchführung der eigenen Behandlung aktiv mitzugestalten. Orte einer derartigen gemeinschaftlichen Entscheidungsfindung sollen die genannten Gemeinschaftsversammlungen sein.[479]
Trotz der Betonung der demokratisch-egalitären Struktur erkennt *Jones* aber auch, daß die endgültige Verantwortung beim jeweiligen Leiter liegen müsse. Jede Gesellschaft, so auch eine nach den Prinzipien der therapeutischen Gemeinschaft organisierte, brauche das Gefühl, daß es noch letzte Sanktionen gibt, die im Notfall angewandt werden können. Ohne das Wissen hierum bestünde die Gefahr der Entwicklung hin zur Anarchie. Ob der jeweilige Leiter von dieser ihm nun doch zugestandenen latenten Autorität letztendlich Gebrauch macht, ist von den Umständen abhängig. Dies sollte jedenfalls dann geschehen, wenn ein Konflikt auf andere Weise nicht gelöst werden könne.[480]

Dieser Dualismus von egalitärer, nichtautoritärer Struktur einerseits und unter dem Druck der Notwendigkeit dem Therapeuten bzw. Anstaltsleiter doch zugebilligter, bzw. ihm kraft seiner Ausbildung und seines Fachwissens innewohnender latenter Autorität andererseits bietet Anlaß zu einer grundsätzlichen Kritik des dem Konzept der therapeutischen Gemeinschaft innewohnenden Egalitarismus.
Versucht der Therapeut einem Patienten als Selbstdefinition zu vermitteln: „Ich bin Dir gegenüber nur gleichberechtigt", und erlebt der Patient dann wegen des Unterschiedes an Fachwissen und Fachkompetenz sowie aufgrund von auch in der therapeutischen Gemeinschaft vorhandenen Letztentscheidungsbefugnissen notwendigerweise eine andere Wirklichkeit, so ergibt sich hieraus eine paradoxe

---

[479] *Jones* 1976, S. 46, 51, 61, 66. *Jones* geht sogar soweit, daß er in einem konkreten Fall die Frage der Medikamentenverabreichung an eine aggressiv agierende Patientin einer Gruppenentscheidung unter Beteiligung der Mitpatienten unterwerfen möchte (S. 92).
[480] *Jones* 1976, S. 80; vgl. *Krüger* 1975, S. 730.

Situation. Der an den Patienten von Seiten des Therapeuten bzw. der Institution gerichtete Appell lautet: „Du bist gleichberechtigt und sollst eigenverantwortlich sein, aber die Verantwortung für Dich hat der Arzt/Therapeut bzw. die Gemeinschaft."

Dieser Appell entspricht in kommunikationstheoretischer Hinsicht einer sogenannten „paradoxen Handlungsaufforderung", der schon aus Gründen der Logik nicht nachgekommen werden kann.[481] Eine sich dergestalt widersprechende Handlungsaufforderung, deren Befolgung gleichzeitig eine Mißachtung (und umgekehrt) mit sich bringt, kann als Doppelbindung beschrieben werden. Weist eine in dieser Doppelbindung gefangene Person darauf hin, daß zwischen ihren tatsächlichen Wahrnehmungen und dem, was sie wahrnehmen sollte, ein Widerspruch besteht, so läuft sie nach *Watzlawick et al.* Gefahr, als böswillig oder verrückt bezeichnet zu werden.[482]

Die Organisationsform der therapeutischen Gemeinschaft birgt somit die Gefahr in sich, ihre Patienten pathologischen Beziehungsstrukturen auszusetzen, die einem Heilungsprozeß jedenfalls nicht förderlich sind.

Will man dies vermeiden, ohne zu klassischen hierarchisch-kustodialen Modellen zurückzukehren, so gibt es für die therapeutische Arbeit innerhalb geschlossener Institutionen als Ausweg nur die Aufgabe des Dogmas der völligen Egalität. Situationen, in denen schon die Tatsache der stationären Behandlung Abhängigkeiten vom Therapeuten mit sich bringt, dürfen nicht geleugnet, sondern müssen, ebenso wie Bereiche, in denen tatsächlich Gleichberechtigung und Mitbestimmung praktiziert werden können, klar als solche benannt werden.[483]

3. Therapeutische Gemeinschaft als Feld des sozialen Lernens

Die therapeutische Gemeinschaft ist als ein Umfeld zu sehen, welches soziales Lernen ermöglichen und fördern soll.

Der Begriff des sozialen Lernens ist nach *Jones* mit dem der Behandlung im wesentlichen gleichzusetzen.[484] Er bezeichnet den *„Veränderungsprozeß, der sich aus zwischenmenschlichen Interaktionen ergeben kann, wenn ein bestimmter Konflikt oder eine Krise in einer Gruppensituation unter Einsatz aller zur Verfügung stehenden psychodynamischen Fachkenntnisse analysiert wird."* Sozia-

---

[481] *Simon et al.* 1977, S. 40 f.; vgl. *Watzlawick et al.* 1969, S. 178 ff. Weitere derartige paradoxe Handlungsaufforderungen, die sich aus dem Widerspruch des theoretischen Konzepts der therapeutischen Gemeinschaft und der Realität der institutionellen bzw. gesamtgesellschaftlichen Verhältnisse ergeben, lassen sich etwa folgendermaßen formulieren: „Ich befehle Dir, gleichberechtigt zu sein!", oder „Du entscheidest, aber die Gemeinschaft bestimmt, wie Du entscheiden sollst!" (*Simon et al.* 1977, S. 41).

[482] *Watzlawick et al.* 1969, S. 196; vgl. *Simon et al.* 1977, S. 41.

[483] Vgl. *Simon et al.* 1977, S. 42.

[484] *Jones* 1976, S. 100.

les Lernen basiert somit auf einer durch innere Bedürfnisse oder inneren Streß motivierten wechselseitigen Kommunikation, die zu einem offenen Ausdruck der Gefühle führt und kognitive Prozesse sowie erkenntnismäßiges Lernen beinhaltet.[485]

Sich aus dem gemeinschaftlichen Miteinander und der gegenseitigen Interaktion ergebende Alltagsprobleme bis hin zu unter Umständen krisenhaften Situationen werden als lebendige Lerngelegenheiten begriffen, die einen Reifungsprozeß auslösen sollen. Die Gemeinschaft stellt somit eine Art Laboratorium dar, in dem verschiedene Methoden zur erfolgreichen Bewältigung von Krisen erprobt werden können.
Zur Nutzbarmachung von Krisensituationen und Alltagsproblemen für das soziale Lernen ist die allseitige Bereitschaft zur offenen Kommunikation und zur Konfrontation unbedingt erforderlich.[486]
Entsprechend der geforderten Aufhebung der starren Rollentrennung von Personal und Patienten soll der Prozeß des sozialen Lernens bei beiden Gruppen gleichermaßen stattfinden.[487]

---

[485] *Jones* 1976, S. 83.

[486] *Jones* 1976, S. 87 f., 97 f. Als Beispiel einer lebendigen Lerngelegenheit nennt *Jones* (S. 74 f.) etwa das unerwartete Auftreten einer Schwangerschaft bei einer Angehörigen des Pflegepersonals. Würde diese Angelegenheit in einer herkömmlichen Klinik (der damaligen Zeit) wegen des potentiellen Imageschadens möglichst speditiv und unauffällig erledigt und verheimlicht, so solle diese Situation in einer therapeutischen Gemeinschaft vom Personal und den Patienten ausführlich besprochen werden. Ein Ignorieren von offizieller Seite würde bedeuten, daß es etwas zu verbergen gebe, zudem würde der Gemeinschaft eine Situation des Lebens und lebendigen Lernens vorenthalten.

[487] *Jones* 1976, S. 100 ff. Auch an diesem Punkt setzt Kritik am Konzept der therapeutischen Gemeinschaft an.
Mißt man der Behandlung und dem sozialen Lernen des Personals die gleiche Bedeutung zu wie der Behandlung der Patienten, so besteht die Gefahr, daß sich das Personal mehr und mehr auf die Bewältigung der eigenen Probleme konzentriert und somit die eigentliche Zielgruppe des therapeutischen Handelns aus den Augen verliert (vgl. *Krüger* 1975, S. 734; *ders.* 1980, S. 24; *Rasch* 1977, S. 64).
Diesbezüglich symptomatisch erscheint folgende Passage bei *Jones*, in der er über Erfahrungen bezüglich der Übertragung der Prinzipien der therapeutischen Gemeinschaft und des sozialen Lernens auf das öffentliche Bildungssystem berichtet. Während eines derartigen Projekts der Unterrichtung von Schülern durch etwa gleichaltrige Kinder ergab sich die Situation, daß der die Lehrerrolle ausübende zwölfjährige Jimmy mit einem seiner Schüler, dem zehnjährigen ruhelosen und sich aggressiv verhaltenden Ken, nicht zurecht kam. *Jones* (1976, S. 110 f.) schildert die Bewältigung dieses Problems durch die Gemeinschaft in einer Nachbesprechung folgendermaßen: *„Der erwachsene Lehrer, der Jimmys Niedergeschlagenheit über sein Versagen spürte, schlug alsdann vor: „Kommt, wir machen ein Spiel". Er sagte, er würde Jimmy spielen, und Jimmy solle Ken darstellen. Dann wiederholten sie die von Jimmy geschilderte Situation im Spiel. Die Älteren beteiligten sich mit Eifer daran und konfrontierten „Ken" mit seinem Verhalten. „Ken" sagte,*

4. Hohe Informationsdichte und freier Informationsfluß

Will man die Entscheidungsfindung innerhalb der Institution weitgehend demokratisieren, so erfordert dies notwendigerweise eine stärkere Kommunikation und einen höheren Informationsfluß als dies in herkömmlichen Einrichtungen der Fall ist.
Auch der Wunsch, Alltagssituationen der inneranstaltlichen Interaktion zu Zwecken des allseitigen sozialen Lernens nutzbar zu machen, bringt das Bedürfnis nach allgemeiner Bekanntmachung und Diskussion der jeweiligen „lebendigen Lerngelegenheit" mit sich.

Werden in herkömmlichen Institutionen Informationen regelmäßig in der Form von Anordnungen von oben nach unten weitergegeben, so zeichnet sich die therapeutische Gemeinschaft dadurch aus, daß Möglichkeiten für eine umfangreiche Rückkopplung von Informationen (feed back) geschaffen werden. Eine wesentliche Funktion für das Informations- und Kommunikationsgeschehen kommt der Gemeinschaftsversammlung zu.[488]

Wie dargelegt wurde, ist eines der Grundprinzipien der therapeutischen Gemeinschaft die Aufhebung der Zweierbeziehung zugunsten einer Stärkung der Teamarbeit.[489]

---

daß es ihm nur darum gehe, sich zu vergnügen, und daß er am Lesen nicht interessiert sei. Als man ihm jedoch vorschlug, daß er jeweils nach Beendigung der Lektüre spielen dürfe, änderte sich seine Einstellung. Die Älteren diskutierten dann über die Bedeutung der Motivation für die Arbeit und wie wichtig Belohnung sei, vorausgesetzt, daß sie in gewissen Grenzen gehalten wurde. Jimmy wurde merklich heiterer, als sich herausstellte, daß es nicht nur ihm allein nicht gelungen war, Ken zu unterrichten. Einer der Älteren bemerkte dazu, daß Ken einem unglücklichen Zuhause entstammte. Die Älteren ließen es anscheinend gelten, daß dies etwas mit Kens gestörtem Verhalten zu tun hatte, doch äußerten sie sich nicht weiter darüber. Als die Sprache auf Jimmys Gefühl des Versagens kam, erzählte ein anderer Junge, daß es ihm ähnlich ergangen war. [...] Hätte ein Beobachter auf der eben erwähnten Sitzung festgestellt, daß Jimmy an dem Tag einen lausigen Lehrer abgegeben habe, würde dies als Meinung oder Werturteil aufgefaßt und als solches von der Gruppe nicht sehr ernst genommen. Hätte der Beobachter aber gesagt: „Ich glaube, Jimmy hatte Mitgefühl mit Ken, und er hat dies durch seine Niedergeschlagenheit über sein eigenes Versagen beim Unterricht gezeigt", würde dies als eine sensible Reaktion empfunden, und Jimmy wäre in einer geeigneten Verfassung, um von der Diskussion zu profitieren und aus seiner Erfahrung zu lernen."
Das sich sozial auffällig verhaltende Kind ist Ken. Anstatt aber die Frage nach Ursache und Behandlungsmöglichkeit der Probleme von Ken in den Mittelpunkt zu stellen, konzentrieren sich die Bemühungen der Gemeinschaft auf den sich sozial adäquat verhaltenden Jimmy und die Frage, wie diesem über die Frustration hinwegzuhelfen ist, mit Ken nicht zurechtgekommen zu sein.

[488] *Kayser et al.* 1980, S. 178.

[489] Vgl. *Jones* 1976, S. 71.

Als wesentlicher Pluspunkt der Teamarbeit werden gerade die besseren Voraussetzungen für einen freieren Informationsfluß gesehen.
Da jeder Mitarbeiter den Patienten in unterschiedlichen Relevanzbereichen erfährt (die mit der Pflege oder Aufsicht betrauten Bediensteten sehen das Verhalten auf der Station und zu den Mitpatienten, dem Sozialarbeiter verdeutlicht sich die sozioökonomische Situation, der Beschäftigungstherapeut verfügt über Informationen zu Leistungsmöglichkeiten und Interessen, der Arzt erfährt im Rahmen von Untersuchungen etwas von der körperlichen Verfassung und der Psychologe im therapeutischen Gespräch von belastenden inneren Erlebnissen und der lebensgeschichtlichen Entwicklung usw.), wird ein Zusammentragen sämtlicher Informationen innerhalb des Teams für erforderlich erachtet. Nur durch diese Integration komplementären Wissens könne ein umfassendes Bild des Patienten im Hinblick auf seine Störungen, aber auch seine Möglichkeiten entstehen und das therapeutische Handeln hierauf abgestimmt werden.[490]

Auch eine Aufklärung der Angehörigen des Patienten über Art und Fortgang der Therapie, die Prognose usw. wird als wünschenswert angesehen. Hier könnten den Angehörigen Informationen darüber vermittelt werden, wie sie dem betroffenen Familienmitglied begegnen können, wie bestimmte Verhaltensweisen zu interpretieren sind und mit welchen Mitteln sie den ehemaligen Patienten nach der Entlassung unterstützen und seinen Alltag optimal gestalten können.[491]

III. Bedeutung der Schweigepflicht für die therapeutische Gemeinschaft

Jones sieht die Schweigepflicht als ein Konzept aus der Phase der herkömmlichen dyadischen Beziehung zwischen Arzt und Patient an, das einer modifizierenden Anpassung im Hinblick auf die Erfordernisse einer therapeutischen Gemeinschaft bedürfe. Er führt hierzu aus: *„In einer therapeutischen Gemeinschaft, in der die Patienten mit der Zeit immer mehr voneinander wissen und die Beziehungen zwischen Patienten und Personal mit zunehmender Offenheit diskutiert werden, hat das Problem der Schweigepflicht eine weit geringere Bedeutung als in der herkömmlichen Praxis.* [...] *Das mit modernen Methoden ausgebildete Pflegepersonal hat erkannt, daß spezielle Beziehungen zu Patienten – und insbesondere vertrauliche Mitteilungen – vermieden werden müssen. Die Mitglieder des Pflegepersonals machen es dem Patienten klar, daß sie zwar gerne bereit sind zuzuhören, daß sie aber dem Arzt und anderen Mitarbeitern keine Informationen vorenthalten dürfen, welche zum Vorteil des Patienten ausgewertet werden können."*[492]

---

[490] *Rose* 1980, S. 85 f.; vgl. *Zumpe* 1980, S. 122 f.
[491] *Zumpe* 1980, S. 122 f.
[492] *Jones* 1976, S. 71 f.

Diese geringe Bedeutung, die dem Prinzip der Diskretion beigemessen wird, hat ihre Ursachen in dem oben dargelegten hohen Kommunikationsbedürfnis innerhalb der therapeutischen Gemeinschaft. *Jones* hebt diesbezüglich die Bedeutung des allseitigen Feedback hervor. Eventuell auftretende Mißstimmigkeiten als Reaktion auf Informationsweitergaben seien durch die Gemeinschaft aufzufangen und als Situationen lebendigen Lernens zu nutzen. Dem Vorgang des Feedback müsse der negative Ruf des „Verpetzens" genommen werden.[493]

Es ist somit festzuhalten, daß innerhalb der therapeutischen Gemeinschaft eine große Offenheit herrscht und der Schweigepflicht nur insoweit Bedeutung zuzukommen scheint, als es sich um Offenbarungen handelt, die sich an außerhalb der Gemeinschaft stehende Personen richten.[494]

IV. Anwendbarkeit des Modells der therapeutischen Gemeinschaft im Bereich des Strafvollzugs

Wie eingangs erwähnt, empfehlen verschiedene Stimmen der Literatur auf der Grundlage der Erkenntnis von der Bedeutung des jeweiligen Behandlungsumfeldes eine Übertragung der Grundsätze der therapeutischen Gemeinschaft auf die Arbeit mit Strafgefangenen.[495]
Maxwell Jones selbst hielt das Modell der therapeutischen Gemeinschaft auch im Bereich des Strafvollzugs für sinnvoll und praktikabel.[496]

Institutionell betrachtet ist zu unterscheiden zwischen Bestrebungen, den Vollzug insgesamt, d. h. auch den Regelvollzug, in Anlehnung an die Prinzipien der therapeutischen Gemeinschaft zu gestalten sowie Stimmen, welche dies für ausgewählte Einrichtungen, wie etwa die sozialtherapeutischen Anstalten, vorschlagen.

1. Regelvollzug

In dieser Hinsicht sehr weitreichend war der „Alternativentwurf eines Strafvollzugsgesetzes" (AE-StVollzG), der im Jahre 1973 von einem Arbeitskreis deut-

---

493 *Jones* 1976, S. 70 ff. Als gewisses, aber durch die Gemeinschaft zu bewältigendes Risiko sieht *Jones* insbesondere das Feedback von Patienten andere Mitpatienten betreffend an. Eine derartige Informationsweitergabe von Patienten bezüglich anderer Patienten wird dann für hilfreich und nötig erachtet, wenn den Betroffenen selbst das entsprechende Feedback die eigene Person betreffend noch nicht gelingt (S. 72).

494 Vgl. *Ploeger* 1972, S. 116. Evtl. noch mit weiteren Einschränkungen im Hinblick auf Angehörige (siehe oben II.4.).

495 Siehe oben unter I. Kritisch *Mrozynski* 1984, S. 140. Dies jedenfalls im Bereich des Regelvollzugs für nicht realisierbar haltend AK-StVollzG-*Feest/Lesting* 2000, § 4 Rn. 2.

496 *Jones* 1962; *ders.* 1980; vgl. *Schneider* 1987, S. 838 f.

scher und schweizerischer Strafrechtslehrer vorgelegt wurde. Dieser Alternativentwurf strebte die Umgestaltung des gesamten Regelvollzugs in Richtung auf einen therapeutischen Vollzug hin an.[497]

Auch wenn dort der Begriff der „therapeutischen Gemeinschaft“ dem Maßregelvollzug vorbehalten bleibt und für den Regelvollzug statt dessen der Begriff der „problemlösenden Gemeinschaft“ verwendet wird,[498] ist eine Orientierung an den *Jones*'schen Prinzipien der therapeutischen Gemeinschaft deutlich erkennbar.[499] Vollzugsform ist der Wohngruppenvollzug (§§ 9, 19 AE-StVollzG); das Abteilungspersonal verfügt ausnahmslos, sofern es sich nicht schon um therapeutische Fachkräfte handelt, über eine therapeutische Zusatzausbildung (§ 16 AE-StVollzG); jedem Gefangenen ist ein für ihn zuständiges Behandlungsteam zugeordnet, welches gemeinsam mit diesem bezüglich sämtlicher die Behandlung betreffender Angelegenheiten entscheidet (§§ 17 f. AE-StVollzG); neben der Anstaltsleitung bestehen Abteilungsräte (§§ 20 f. AE-StVollzG) sowie ein Anstaltsrat (§§ 26 ff. AE-StVollzG) als Kollegialorgane, in denen jeweils auch Gefangene vertreten sind und denen Entscheidungsbefugnisse bezüglich des Anstaltslebens zukommen. Die therapeutische Behandlung im engeren Sinne wird in den §§ 76 ff. AE-StVollzG ausführlich geregelt, der Gefangene erhält einen Anspruch auf ein umfangreiches Angebot an Behandlungstechniken (Individual- und Gruppentherapie sowie lern- und arbeitstherapeutischen Behandlung).

In den Erläuterungen des Entwurfs wird ausgeführt:
„Der AE stellt [..] *den äußeren Rahmen für die Verwirklichung des Vollzugszieles an den Anfang. Er läßt sich bei der Festlegung dieses Rahmens von dem Gedanken der „problemlösenden Gemeinschaft“ zwischen allen Anstaltsangehörigen, d. h. zwischen den Insassen und dem gesamtem Anstaltspersonal leiten.* [...] *Eine solche problemlösende Gemeinschaft kann nur existieren, wenn die folgenden Voraussetzungen erfüllt sind:*

---

[497] Die Verfasser des Alternativentwurfs bemängelten, daß der damalige Regierungsentwurf des Strafvollzugsgesetzes ausschließlich einer Tendenz zur Humanisierung und Liberalisierung des Vollzugs verhaftet bliebe. So anerkennenswert diese Ziele auch grundsätzlich seien, sah sich der Arbeitskreis geleitet von der Erkenntnis, daß diese Tendenzen nicht genügten, um dem Strafgefangenen die Fähigkeit zu einem Leben in Freiheit, das ihn nicht mehr in Konflikt mit dem Gesetz bringt, zu vermitteln. Dazu bedürfe es vielmehr eines umfassenden Angebots an Hilfe in Gestalt intensiver, an den neuesten Erkenntnissen der Verhaltenswissenschaften orientierter Einwirkung auch auf die in der Person des Rechtsbrechers liegenden Ursachen der Kriminalität (Vorwort AE-StVollzG, S. 3).

[498] AE-StVollzG, Vorbem. 2. Abschnitt (S. 59). Der Begriff der „problemlösenden Gemeinschaft“ wird in der Literatur allerdings vielfach synonym mit dem der „therapeutischen Gemeinschaft“ gebraucht.

[499] K/K/S-*Kerner* 1992, § 16 Rn. 7 f.; vgl. *Calliess* 1992, S. 131.

1. Dezentralisierung der Entscheidungskompetenz auf kleine, weitgehend selbständige Einheiten an Stelle hierarchisch-einliniger Kommunikations- und Kommandostrukturen;
2. gemischte Entscheidungsgremien, an denen Insassen und verschiedene Personalgruppierungen beteiligt sind, um status- sowie berufsorientierte Subsysteme und die damit verbundenen isolierten und informellen Machtzentren zu verhindern;
3. Durchsichtigkeit und Öffentlichkeit der Entscheidungsprozesse, um Mißtrauensbarrieren abzubauen;
4. interne, sich selbst regulierende Kontrollmöglichkeiten, um vorschnelle externe, nicht problemzentrierte Eingriffe überflüssig zu machen;
5. externe Hilfen, die möglichen Krisen vorbeugen und eine adäquate Konfliktlösung garantieren, sowie
6. in das System eingebaute Regelmechanismen, die das Erstarren der Organisationsstruktur zugunsten einer dynamischen Fortentwicklung vermeiden.
Daher schlägt der AE den folgenden organisatorischen Rahmen vor:
Als elementare Einheit gilt nicht der einzelne Insasse, sondern zusammen mit ihm sein Behandlungsteam. Diese Einheit wird integriert in die Wohngruppe (mit weitgehender Selbstverwaltung der Insassen). Diese ist Teil einer übergreifenden Abteilung, die mit ihrem Abteilungsrat die Basis der Selbstverwaltung in der Anstalt bildet. Die Abteilungen werden zusammen mit dem weiteren Anstaltspersonal einschließlich der Anstaltsleitung im Anstaltsrat als höchstem Selbstverwaltungsorgan der Anstalt zusammengefaßt. Die Anstaltsleitung ist kollegial. Die Verwaltung muß bei Behandlungsfragen zurückstehen. Anstelle des klassischen Aufsichtsdienstes treten Gruppenbeamte in den Wohngruppen, bestimmte Funktionsbeamte – etwa in der Krankenpflege, im Küchen- und Pfortendienst – sowie Werkbeamte. In Einzelfällen kann der Außenschutz durch reguläre Polizeibeamte übernommen werden.“[500]

Zum Verhältnis zwischen dem Regelvollzug und der Unterbringung in einer sozialtherapeutischen Anstalt (hier dem Maßregelvollzug zugeordnet) heißt es:
„Nach der Konzeption des AE unterscheiden sich der Vollzug der Unterbringung in der sozialtherapeutischen Anstalt von dem der Freiheitsstrafe im Ziel gar nicht, in der Methode nur durch die größere Intensität der resozialisierenden Behandlung. Auch die Strafanstalt ist nach dem AE als „sozialtherapeutische“ Anstalt konzipiert und auf eine problemlösende Gemeinschaft hin organisiert. Doch werden die rückfallfördernden Persönlichkeitsstörungen bei den Insassen der sozialtherapeutischen Anstalten häufig bei weitem ausgeprägter sein, so daß eine besonders intensive Behandlung hier die Regel, im Strafvollzug dagegen die Ausnahme sein wird.“[501]

---

[500] AE-StVollzG, Vorbem. 2. Abschnitt (S. 59/61).
[501] AE-StVollzG, Vorbem. § 162 (S. 225).

Die letztendlich verabschiedete Version des Strafvollzugsgesetzes ist dem Alternativentwurf in der Eindeutigkeit und Unbedingtheit, mit welcher dieser durch Übernahme von Prinzipien der therapeutischen Gemeinschaft die gesamte Organisationsstruktur des Strafvollzugs auf das Behandlungsziel ausrichten wollte, nicht gefolgt.
Dennoch kam es in § 2 Satz 1 StVollzG zu einer ausdrücklichen Festlegung der Behandlung als Vollzugsziel.
Explizit in Richtung auf eine therapeutische Gemeinschaft im Rahmen des Regelvollzugs weisende Normen enthält das Gesetz nicht, es sind (neben dem Vollzugsziel) jedoch gewisse Anklänge vorhanden, die in dieser Hinsicht deutbar wären. *Bock* schließt aus der in § 4 Abs. 1 StVollzG enthaltenen Verpflichtung, die Mitwirkungsbereitschaft des Gefangenen an der Behandlung zu fördern, auf die Vorgabe des Gesetzgebers, daß Behandlung ein kommunikativer Vorgang in einer Art von therapeutischer Gemeinschaft sein solle.[502]
Mit dem Prinzip der therapeutischen Gemeinschaft von einer weitgehenden Auflösung starrer Rollenverteilungen, die zum Ziel hat, Therapie und Behandlung zur Aufgabe aller Bediensteten zu machen, ist das Gebot der Zusammenarbeit des § 154 Abs. 1 StVollzG – sicherlich nicht im Hinblick auf die Nachdrücklichkeit, aber wohl doch in der Zielsetzung – vergleichbar. Alle Bediensteten sind demnach dem Vollzugsziel der Behandlung verpflichtet und haben diesbezüglich zusammenzuarbeiten. Somit sind nicht nur die Angehörigen der jeweiligen Fachdienste, sondern das gesamte Personal vom allgemeinen Vollzugsdienst bis zur Anstaltsleitung als Behandler zu verstehen.[503]
Analog hierzu ist die Forderung von *Steller* zu sehen, auch im Regelvollzug alle Interaktionserfahrungen eines Gefangenen mit dem Anstaltspersonal als therapeutisch im Sinne eines sozialen Lernprozesses zu gestalten.[504]

Der Wunsch nach einer Implementierung des Modells der therapeutischen Gemeinschaft im Regelvollzug bedarf aber unter dem Aspekt der Zwangsbehandlung einer kritischen Betrachtung.
Durch die Absolutheit, mit der das Modell der therapeutischen Gemeinschaft sämtliche Lebensbereiche und die gesamte zwischenmenschliche Interaktion dem Grundsatz des therapeutischen Wirkens unterwirft, verbleibt dem einzelnen

---

502 *Bock* 2000, Rn. 865.

503 Vgl. *Calliess* 1992, S. 49; *Calliess/Müller-Dietz* 2002, § 154 Rn. 1. Kritisch zur Anwendbarkeit des § 154 Abs. 1 StVollzG im therapeutischen Bereich *Böllinger*, der im Zusammenhang mit der Problematik der Verschwiegenheit ausführt, das aus § 154 Abs. 1 StVollzG abgeleitete Gebot der Zusammenarbeit träfe auf die therapeutische Konstellation nicht zu. Auch das klassisch-psychiatrische Konsiliardenken, welches dem Kontrollimperativ der totalen Institution Strafvollzug entgegenkäme, sei bei den zumeist zugrundeliegenden Persönlichkeitsstörungen kontraproduktiv (1999, S. 149).

504 *Steller* 1993, S. 297; Vgl. *Wagner* 1998, S. 193.

Insassen nicht mehr die Möglichkeit, sich in irgendeinem Bereich der therapeutischen Einwirkung zu entziehen.[505] Einweisungen in derartig ausgestaltete Anstalten des Regelvollzugs kämen somit einer wahllos, d. h. ohne Rücksicht auf Behandlungsbedürftigkeit und Behandlungsfähigkeit, erfolgenden Vornahme einer Zwangstherapie gleich.
Auf jeden Fall bedürfte eine derartige Umgestaltung des gesamten Regelvollzugs einer gesetzlichen Absicherung. Durch § 9 StVollzG hat der Gesetzgeber deutlich gemacht, daß eine Aufnahme in ein therapeutisch gestaltetes Umfeld innerhalb des Strafvollzugs (hier die sozialtherapeutische Anstalt) grundsätzlich nur freiwillig (Abs. 2) bzw. zwangsweise (Abs. 1) nur im Falle der Verurteilung wegen Straftaten nach den §§ 174 bis 180 sowie 182 StGB erfolgen kann.[506] Hieraus ist zu folgern, daß die gegenwärtige Gesetzeslage eine umfassende therapeutische Durchstrukturierung des Regelvollzugs nicht zuläßt.

2. Sozialtherapie

Häufiger als für den Regelvollzug wird für den Bereich der Sozialtherapie die Übernahme des Konzepts der therapeutischen Gemeinschaft empfohlen.[507]

Verschiedene Modellentwürfe und Organisationsvorschläge zur sozialtherapeutischen Behandlung berufen sich entweder ausdrücklich auf *Jones*[508] oder zeigen zumindest eine deutliche Beeinflussung durch die Prinzipien der therapeutischen Gemeinschaft.[509]
So liegt der Schwerpunkt des therapeutischen Arbeitens bei der Gruppentherapie. Exklusive, auf einem persönlichen Vertrauensverhältnis aufbauende Zweierbeziehungen zwischen Patienten und Therapeuten werden unter sozialtherapeutischen Gesichtspunkten als verfehlt angesehen.[510]
Analog den Bestrebungen der therapeutischen Gemeinschaft wird für die Sozialtherapie verlangt, starre Rollenverteilungen aufzubrechen. Betont wird die Einbindung des *gesamten* Anstaltspersonals in den Behandlungsprozeß. Ebenso wie etwa die Aufsichtsbeamten sich als therapeutisch oder sozialarbeiterisch tätig

---

505 Vgl. *Mrozynski* 1984, S. 218 f.

506 Zur kriminalpolitischen und pönologischen Verfehltheit der Neufassung des § 9 StVollzG siehe Schwind/Böhm-*Rotthaus* 1999, § 9 Rn. 1a.

507 So etwa *Baulitz et al.* 1978, S. 7; *Mechler/Wilde* 1976, S. 204; *Mergen* 1995, S. 402; *Stratenwerth* 1979, S. 913 f.. Kritisch diesbezüglich *Eisenberg* 2000, § 36 Rn. 99.

508 So *Rasch* 1977, S. 35 ff.

509 Siehe etwa *Egg* 1995, S. 58 ff.; *Einsele* 1971, S. 150 ff.; *Kury* 1986, S. 32 f.; *Mauch/Mauch* 1971, S. 29 ff.; *Rehn* 1995a, S. 81 ff.; *Rotthaus* 1977, S. 35 ff.; Vgl. *Lesky/Mohr* 1978, S. 21 f.

510 *Rasch* 1977, S. 68; *Rehn* 1995a, S. 83; vgl. *Einsele* 1971, S. 156. Hingegen der Einzeltherapie neben der Gruppentherapie eine wichtige Bedeutung beimessend *Mauch/Mauch* (1971, S. 46).

betrachten sollen sei es aber auch notwendig, daß Psychologen, Sozialarbeiter etc., d. h. Personen, die nach herkömmlicher Betrachtung zum Behandlungspersonal gezählt werden, Verantwortung für organisatorische Abläufe und die Fluchtverhinderung übernehmen.[511]
Neben dieser Auflockerung der Trennung zwischen therapeutischen und kustodialen Aufgaben innerhalb des Personals wird auch Wert auf den Abbau der Distanz zwischen Bediensteten und Insassen gelegt. Letztere müßten aus ihrer Passivität gelöst und nicht nur als Zu-Behandelnde gesehen werden, damit sie ihre Kräfte in den für alle wirksamen therapeutischen Prozeß einbringen könnten.[512]
Wie bei *Jones* auch findet sich neben dem Erfordernis der Teamarbeit[513] ebenfalls der Gedanke, daß auch das Personal therapiert werden müsse.[514]
Als wichtig empfunden wird die Delegation von Entscheidungsbefugnissen an sämtliche Personalebenen sowie die Einräumung von Mitbestimmungs- und Mitwirkungsrechten gegenüber den Insassen, um diesen die Möglichkeit der Mitverantwortung für das Anstalts- und Behandlungsgeschehen zukommen zu lassen.[515]
Praktischer Rahmen hierfür ist die Einrichtung einer ausdifferenzierten Konferenzstruktur.[516]
Als unabdingbar für das Gelingen sozialtherapeutischer Bemühungen wird ein freier Informationsfluß angesehen.[517]

---

[511] *Kury* 1986, S. 33; *Mauch/Mauch* 1971, S. 71; *Rasch* 1977, S. 38 f.; *Rehn* 1995a, S. 81; *Rotthaus* 1977, S. 36.

[512] *Rasch* 1977, S. 37 f.; vgl. *Mauch/Mauch* 1971, S. 55.

[513] *Mauch/Mauch* 1971, S. 30 f.; *Rotthaus* 1977, S. 35 ff.

[514] *Mauch/Mauch* 1971, S. 35.

[515] *Einsele* 1971, S. 157; *Mauch/Mauch* 1971, S. 56; *Rasch* 1977, S. 45. Als eher mißglückt erscheint jedoch das von *Mauch/Mauch* diesbezüglich angeführte Beispiel (1971, S. 56 f.). Es wird vorgeschlagen, daß ein Insasse durchaus *„an der Kontrolle seiner Zellengitter beteiligt werden sollte. Wird festgestellt, daß er das Gitter beschädigt hat, muß er sofort zur Rede gestellt werden. In einer Aussprache muß versucht werden, die Notwendigkeit eines intakten Gitters gerade in seinem Fall zu erklären und ihm begreiflich zu machen. Er muß lernen, auch an seiner eigenen Sicherung Mitverantwortung zu tragen. Die bisher übliche reine Sicherungsmaßnahme (Kontrolle der Gitter in Abwesenheit des Insassen) ist in eine therapeutische Maßnahme zu verwandeln.“* Ist der zugrundeliegende Gedanke, daß die Insassen lernen müssen, die Notwendigkeit ihrer Behandlung zu erkennen und sich hieran verantwortungsvoll zu beteiligen, sinnvoll und nachvollziehbar, so würde doch die praktische Umsetzung dieses Vorschlags an eine groteske Inszenierung erinnern, die vom Betroffenen eher als entwürdigend denn als bereichernd empfunden werden dürfte.
Im Gegensatz hierzu praktikabler, wenn auch etwas pittoresk, erscheint der die Delegation von Verantwortlichkeiten auf untere Personalebenen betreffende Vorschlag, die Entscheidungsbefugnis über verschiedene Fragen des Alltagslebens, wie beispielsweise die der Herstellung weihnachtlichen Backwerks, dem Betreuungsbeamten der jeweiligen Wohngemeinschaft zu überlassen (S. 56).

[516] *Egg* 1995, S. 59; *Rasch* 1977, S. 44 ff.; *Rotthaus* 1977, S. 39 ff.

3. Evaluation

Während *Lobos-Wild* der eigenen Arbeit mit borderlinegestörten Delinquenten im Rahmen einer therapeutischen Gemeinschaft eine hohe Rückfallfreiheit attestiert,[518] sind die Ergebnisse der allgemeineren internationalen Evaluation nicht ganz so positiv, allerdings auch nicht ganz eindeutig.
Zwar gelten gewisse positive Wirkungen wie der Abbau von Ängsten und Depressionen sowie die Steigerung des Selbstwertgefühls als belegt, im Hinblick auf die Rückfälligkeit ergibt sich jedoch ein zwiespältiges Bild. Für bestimmte Straftäter können demnach therapeutische Gemeinschaften durchaus erfolgreich sein, für dissozial-persönlichkeits-gestörte Täter erscheinen sie aber eher kontraindiziert. Dies wird wiederum als von der Intensität der Durchstrukturierung des Anstaltslebens abhängig angesehen. Therapeutische Gemeinschaften mit einem stärker strukturierten Tagesablauf und mehr Reglementierung sowie einer hierarchischen Organisation der Arbeit und der sozialen Rollen (einer therapeutischen Gemeinschaft eigentlich wesensfremd), sukzessiver Verstärkung positiven Verhaltens durch mehr Selbstverantwortung und Vergünstigungen wiesen bessere Ergebnisse auf als Gemeinschaften mit geringerer Strukturierung und größerer Permissivität.[519]

Bezüglich der Legalbewährung ehemaliger Insassen sozialtherapeutischer Anstalten ergeben sich in der Evaluation signifikant bessere Ergebnisse als im Regelvollzug.[520] In diesem Zusammenhang sei allerdings abermals auf die methodische Problematik der Erfolgsbeurteilung, im Hinblick auf die Sozialtherapie insbesondere auf das Problem der selektiven Vorauswahl, verwiesen.[521]

V. Problematik der Verschwiegenheit im Hinblick auf therapeutische Gemeinschaften innerhalb des Strafvollzugs

War nach dem *Jones'*schen Konzept das Beharren auf Verschwiegenheitspflichten innerhalb der therapeutischen Gemeinschaft, wie oben dargelegt wurde, als kontraproduktiv anzusehen, ist nun zu untersuchen, inwieweit die diesbezüglich getroffenen Feststellungen auch auf die spezielle Konstellation der Straftäterbehandlung in therapeutischen Gemeinschaften bzw. der therapeutischen Gemeinschaften innerhalb des Strafvollzugs übertragbar sind.
Es sind hier zwei verschiedene Ebenen dieser Fragestellung zu unterscheiden. Einmal geht es um die Frage, ob es *innerhalb* der Gemeinschaft oder zur Ge-

---

517 *Rasch* 1977, S. 44; *Rotthaus* 1977, S. 35.
518 *Lobos-Wild* 1993, S. 100.
519 *Lösel/Bender* 1997, S. 178 ff.; vgl. *Blackburn* 1993, S. 386 ff.
520 *Egg* 1997, S. 168.
521 Siehe Anm. 388.

meinschaft hin irgendwelche Kommunikations- und Informationsbarrieren gibt oder ob ein freier Informationsfluß stattfindet. Getrennt hiervon zu betrachten ist die Frage, ob und inwieweit sich die Gemeinschaft *nach außen* abschottet und wo überhaupt die Grenzen zwischen Gemeinschaft und Außenwelt zu ziehen sind.

Schon bezüglich des ersten Punktes ist keine einheitliche Linie ersichtlich. Es sind, grob eingeteilt, zwei verschiedene Modelle erkennbar.
Auf der einen Seite gibt es das Modell, bei dem praktisch überhaupt keine Verschwiegenheit mehr innerhalb der Gemeinschaft existiert und das Team dem Patienten als ganzes gegenübersteht. Auf der anderen Seite gibt es auch therapeutische Gemeinschaften, in denen mehrgleisig verfahren wird, so daß es neben Gruppenaktivitäten auch Einzeltherapiesitzungen gibt, bei denen der Einzeltherapeut in Teamentscheidungen nicht eingebunden ist.[522]

In die erstgenannte Richtung geht beispielsweise das sozialtherapeutische Konzept von *Rotthaus*, der betont, daß alle Teammitglieder der Sozialtherapie lernen müßten, Beobachtungen und Informationen für die Entscheidungsfindung offen darzulegen. Das Beharren auf therapeutischen Geheimnissen wird aus therapeutischen Gründen für problematisch erachtet.[523]
Eine ähnliche Einstellung im Hinblick auf die Bedeutung der innergemeinschaftlichen Kommunikation findet sich bei *Rasch*.[524]
Der Gedanke der Wichtigkeit interner Kommunikation und allumfassender Information fand auch Eingang in den schon erwähnten Alternativentwurf eines Strafvollzugsgesetzes, und zwar ebenfalls auf Kosten der therapeutischen Verschwiegenheit. In § 17 AE-StVollzG war geregelt, daß bezüglich jedes Insassen ein Behandlungsteam, bestehend aus einem Gruppenbeamten, einem Sozialarbeiter sowie dem zuständigen Abteilungspsychologen oder Diplompädagogen, zu bilden sei. In den Erläuterungen wird ausgeführt, es sei entscheidend, daß das Team die Zusammenarbeit ernst nehme und regelmäßig über das weitere Vorgehen berate.[525] Sollten Behandlungsmaßnahmen bei einem externen Therapeuten außerhalb der Anstalt stattfinden (diese Möglichkeit sah § 80 Abs. 1 AE-StVollzG vor), statuierte § 80 Abs. 2 AE-StVollzG die Verpflichtung, die therapeutische Behandlung mit dem Behandlungsteam abzusprechen. Der allgemeine Verlauf und besondere Krisen seien dem Behandlungsteam vom externen Therapeuten mitzuteilen.
In den Erläuterungen hierzu heißt es: *„Der AE versucht hier, den Konflikt zwischen der Geheimhaltungspflicht des Therapeuten und der kontinuierlichen Be-*

[522] *Berner/Bolterauer* 1998, S. 163 f.
[523] *Rotthaus* 1977, S. 36 f.
[524] *Rasch* 1977, sie etwa S. 43 ff.; 61 f.; 68.
[525] AE-StVollzG, Anm. zu § 17 (S. 79).

handlungsarbeit des Behandlungsteams dadurch zu lösen, daß der Therapeut in jedem Falle das Behandlungsteam über äußeren Verlauf, besondere Krisen und die Notwendigkeit zusätzlicher Hilfen zu informieren hat [...]. *Eine derartige Benachrichtigungspflicht ist im Interesse des Insassen unabdingbar, um die Behandlung zu unterstützen und dem Insassen weder Ausweichmanöver zu gestatten noch seine Entwicklung durch falsche Maßnahmen zu gefährden.*"[526]

Gegen das Verständnis der therapeutischen Gemeinschaft als eines ganzheitlichen allumfassenden Raumes wenden sich *Leky/Mohr*.
Ihnen zufolge muß der in therapeutischen Gemeinschaften zur Straftäterbehandlung tätige Psychotherapeut von allen nicht originär zur Psychotherapie gehörenden Rollen entbunden werden und sollte nicht in die therapeutische Gemeinschaft integriert sein, d. h. gewissermaßen eine Insel innerhalb der Gemeinschaft bilden. Nach *Leky/Mohr* bestünde bei unveränderter Übertragung der *Jones'*schen Prinzipien von der therapeutischen Gemeinschaft auf sozialtherapeutische Institutionen der Straftäterbehandlung die Gefahr, daß es durch die gleichmäßige Neuverteilung der administrativen, ursprünglich positionsbedingten Macht zu Unklarheiten darüber kommen würde, wer in welchem Maße fachliche Kompetenz besitzt und somit wie welche Funktionen ausübt. Dies würde zu erheblichen Spannungen führen, deren Auflösung allenfalls schwer möglich wäre, da das Konzept der therapeutischen Gemeinschaft gerade den Anspruch mit sich bringt, auf hierarchische Autoritätsstrukturen zu verzichten, und somit einer klärenden Diskussion über Machtbedürfnisse und tatsächliche Machtausübung konzeptbedingte Hemmnisse entgegenstünden. Die Folge wären Desorganisation und Rollenkonfusion mit negativen Auswirkungen auf die Anstaltssituation, so daß aus diesen Erfahrungen heraus die Gefahr eines Umkippens von einer völlig libertären Institution wiederum hin zu einer traditionellen hierarchisch-organisierten Vollzugsanstalt bestünde.
Dies alles, so *Leky/Mohr*, sei ein spezifisches Problem der Sozialtherapie, welches sich wegen des unterschiedlichen Selbstverständnisses der jeweils dort tätigen Berufsgruppen in nach den Prinzipien der therapeutischen Gemeinschaft organisierten psychiatrischen Kliniken so nicht ergeben könne. Dort sind im Gegensatz zur Sozialtherapie Ärzte als Therapeuten tätig, die zwar administrative Macht abgeben, aber deren fachliche Kompetenz unbestritten bliebe.
Um die dargelegte Entwicklung zu vermeiden, empfehlen *Leky/Mohr* eine Rollenformalisierung innerhalb des therapeutischen Teams.
Kommen den Psychotherapeuten innerhalb einer therapeutischen Gemeinschaft üblicherweise behandlerische, diagnostische, administrative und kustodiale Aufgaben zu, so sind diese Aufgabebereiche zu entflechten. Das Konzept der therapeutischen Gemeinschaft sei insoweit zu modifizieren, daß der Psychotherapeut

---

[526] AE-StVollzG, Anm. zu § 80 Abs. 2 (S. 145).

aus ihr herauszunehmen und von sämtlichen Aufgaben, die nicht originär Psychotherapie sind (wie etwa auch die Abgabe von Stellungnahmen), zu entbinden sei.
Zur Kompensation der sich hieraus ergebenden Defizite sei jedem Insassen ein zusätzlicher „Soziotherapeut" an die Seite zu stellen, der keine Psychotherapie im herkömmlichen Sinne durchführt, sondern die Aufgabe hat, als Organisator und Garant der therapeutischen Gemeinschaft ein behandlungseffektives Umfeld zu schaffen. Ihm käme es zu, zwischen den verschiedenen Interessen innerhalb des Anstaltsgeschehens zu vermitteln und in den verschiedenen Bereichen der Anstalt, wie etwa der Verwaltung, der Arbeit und Freizeit, gestaltend mitzuwirken.[527]
Die hierdurch zu erreichende größere Klarheit der Rollen würde die therapeutische Gemeinschaft ehrlicher und realitätsgerechter werden lassen. Durch die Entbindung des Psychotherapeuten von sämtlichen Aufgaben, die mit einer Einwirkung auf die Umwelt zusammenhängen, würde diesem jegliche gestalterische Macht entzogen, die auch, wie oben bereits dargelegt wurde, in therapeutischen Gemeinschaften latent vorhanden ist. Dies würde die Chance mit sich bringen, daß auch in kommunikationstheoretischer Hinsicht paradoxe Kommunikationsmuster und pathologische Strukturen aufgelöst werden könnten.[528]

Entgegen den Erwartungen von *Leky/Mohr* befürchtet *Schmitt* bei Entbindung des Psychotherapeuten von sämtlichen über die eigentliche Therapie hinausgehenden Aufgaben und der Zuweisung eines neu zu schaffenden Soziotherapeuten das Entstehen von sich negativ auswirkenden Machtkämpfen.[529]
Auf die Problematik der sich aus einer derartigen Rollentrennung möglicherweise ergebenden Spaltungsübertragung wurde oben schon hingewiesen.[530]

Trotz Betonung des Gemeinschafts- bzw. des Teamerfordernisses weisen auch *Baulitz et al.* sowie *Mauch/Mauch* der therapeutischen Verschwiegenheit einen Platz innerhalb der Gemeinschaft zu.
Obgleich nach *Baulitz et al.* die Psychotherapeuten an Entscheidungen bezüglich ihrer Klienten mitwirken und Erkenntnisse aus therapeutischen Veranstaltungen als Entscheidungshilfe für die Therapieplanung, d. h. auch im Hinblick auf Aus

[527] *Leky/Mohr* 1978, S. 23 ff. Ein ähnliches Modell im Hinblick auf eine Aufgabenteilung zwischen Psychotherapeut und Betreuer (bezogen auf psychoanalytisch orientierte einzeltherapeutische Arbeit mit Strafgefangenen) findet sich bei *Mechler/Wilde* (1976, S. 199 ff.). Siehe hierzu oben C.III.2.1.3.2. Auch *Egg* schlägt vor, spezifisch-psychotherapeutische Angebote in der Sozialtherapie von externen Therapeuten durchführen zu lassen (1984, S. 173).
[528] Siehe hierzu oben II.2.; vgl. *Leky/Mohr* 1978, S. 26.
[529] *Schmitt* 1981, S. 93.
[530] Siehe hierzu oben C.III.2.1.3.2.1.

gang und Urlaub, genutzt werden, wird betont, daß die *Inhalte* der Gesprächspsychotherapie (als Einzeltherapie) *„immer tabu für die Gemeinschaft"* blieben.[531]
Mauch/Mauch, die zwar feststellen, daß der Therapeut in der sozialtherapeutischen Anstalt an allen seine Patienten betreffenden Maßnahmen teilhaben müsse, mahnen dennoch an, daß die Geheimhaltungspflicht bezüglich der Bearbeitung höchstpersönlicher Konflikte streng zu beachten sei.[532]

Es ist somit festzuhalten, daß die Stimmen und Modelle im Hinblick auf die Frage nach der Reichweite der Kommunikation und der Existenz von Inseln der Verschwiegenheit *innerhalb* der therapeutischen Gemeinschaft bzw. von Kommunikationsbarrieren *zur Gemeinschaft hin* uneinheitlich und vielfältig sind.

Ähnlich stellt sich dies bezüglich der zweiten Ebene der Problematik, d. h. der Frage der Abgrenzung der Gemeinschaft *nach außen* durch Kommunikationsbarrieren, dar.
Hier ist insbesondere zu fragen, ob, bei grundsätzlicher Bejahung des freien Informationsflusses innerhalb der Gemeinschaft, die Entscheidungsträger, die beispielsweise über Haftlockerungen oder vorzeitige Entlassungen zu befinden haben, in die Gemeinschaft einbezogen sind oder außerhalb dieser stehen.
Sind sie Teil der Gemeinschaft, so stehen ihnen sämtliche Informationen des Therapie- und Gemeinschaftsgeschehens zur Verfügung. Möchte man aber die Weitergabe von derartigen Informationen und Erkenntnissen an diese Entscheidungsträger vermeiden, so ist es erforderlich, daß sich die Gemeinschaft gegenüber diesen Personen abschottet.

Aus der Praxis der „Therapeutischen Gemeinschaft Arxhof", einer schweizerischen Institution zur Behandlung delinquenter Jugendlicher, berichtet *Lobos-Wild*, daß Entscheidungen bezüglich Ausgangs- und Urlaubsgewährungen etc. im Rahmen von Plenarsitzungen unter Teilnahme sämtlicher Eingewiesener und Mitarbeiter gefällt wurden.[533] Die Entscheidungen über Vergünstigungen fielen hier somit innerhalb der Gemeinschaft.
Auch nach *Mauch/Mauch* soll über Haftlockerungen innerhalb der Gemeinschaft entschieden werden. Ihnen zufolge soll das therapeutische Team über Maßnahmen der stufenweisen Entlassung, d. h. der Vornahme von aufeinander aufbauenden Schritten der Haftlockerung, befinden.[534]

---

[531] *Baulitz et al.* 1978, S. 8 f.
[532] *Mauch/Mauch* 1971, S. 44. Desgleichen *Rehn* im Hinblick auf *„intime Mitteilungen"* (1995a, S. 83). Bezüglich des Standpunktes von *Mauch/Mauch* ist die psychoanalytische Gesamtausrichtung zu beachten.
[533] *Lobos-Wild* 1993, S. 90.
[534] *Mauch/Mauch* 1971, S. 38.

Andere Stimmen sprechen sogar davon, den Vollstreckungsrichter in die therapeutische Gemeinschaft mit der Möglichkeit der Teilhabe am allgemeinen Informationsfluß zu integrieren.[535]

Eine diesbezüglich andere Konzeption findet sich bei *Strak*. Bei dem von ihm beschriebenen aus dem Konzept der therapeutischen Gemeinschaft entwickelten Modell des group counselling innerhalb des österreichischen Strafvollzugs stellt sich die counselling-Gruppe als eine therapeutische Insel innerhalb der Strafvollzugsanstalt dar. Der Gruppe kommen Entscheidungsmöglichkeiten über Art und Gestaltung der Gruppensitzungen, aber keine direkten Wirkungsmöglichkeiten über die Gruppe hinaus zu. Der group counsellor soll nach *Strak* kein Entscheidungsträger sein. Die Verschwiegenheit nach außen und die daraus resultierende informationelle Abgeschlossenheit der Gruppe wird als möglicher Grund dafür angesehen, daß eine derartige Gemeinschaft innerhalb des Strafvollzugs überhaupt überleben könne.[536]
Nach *Rasch* sind zwar Fragen wie etwa die Entlassungsreife von Insassen auf Gesamtkonferenzen unter Mitwirkung des gesamten Personals und eines Insassenrates zu erörtern,[537] die Effizienz der jeweiligen therapeutischen Bemühungen, d. h. das Eintreten oder Nichteintreten der angestrebten psychischen Veränderungen, sollte allerdings durch nicht an der Behandlung der jeweiligen Patienten beteiligte Fachkräfte kontrolliert werden, um als Entscheidungsgrundlage bezüglich des weitern Schicksals der Insassen zu dienen.[538] Ob es sich bei diesen Fachkräften um externe, d. h. außerhalb der Gemeinschaft stehende, Gutachter handelt oder um Mitglieder der Gemeinschaft, die in das inneranstaltliche Informations- und Kommunikationsgeschehen eingebunden sind, ohne aber mit der direkten Betreuung der von ihnen begutachteten Gefangenen betraut zu sein,[539] wird hier jedoch nicht deutlich.

Maxwell Jones stellt im Rahmen seiner Ausführungen bezüglich der Schaffung von therapeutischen Gemeinschaften innerhalb des Strafvollzugs fest, daß es von großer Bedeutung sei, die Vertraulichkeit über alles in der Gemeinschaft zutage Getretene zu wahren.[540] Die Gemeinschaften sollen demnach Inseln in-

---

[535] *Blau* 1974, S. 116; vgl. *Rittmann* 1984, S. 172; *Roth* 1995, S. 31.

[536] *Strak* 1998, S. 253 f., 259. Anders als bei dem oben dargestellten Konzept von *Leky/Mohr*, bei dem der Therapeut eine nicht zur therapeutischen Gemeinschaft gehörende Insel innerhalb der Gemeinschaft darstellt, bildet hier die Therapiegruppe als therapeutische Gemeinschaft ein Insel innerhalb der nicht als therapeutische Gemeinschaft organisierten Anstalt. Zu beachten ist allerdings, daß group counselling hier nicht als Psychotherapie im eigentlichen Sinne verstanden wird (S. 251).

[537] *Rasch* 1977, S. 46

[538] *Rasch* 1977, S. 68 f.

[539] So etwa bei *Egg* 1995, S. 59.

[540] *Jones* 1980, S. 34.

nerhalb des Gesamtsystems Strafvollzug sein, deren Eigenleben von der Außenwelt (etwa den Aufsichtsbehörden) respektiert werden müsse.
Gerade aus dem für die therapeutische Gemeinschaft wichtigen Prinzip der allseitigen freien Kommunikation ergeben sich nach *Jones* Probleme, das Konzepts der therapeutischen Gemeinschaft auf den Strafvollzug zu adaptieren. Gilt für therapeutische Gemeinschaften der Grundsatz „Reden ist gut", so stünde dem die Ansicht vieler Gefangener gegenüber, daß freies Reden eine höchst gefährliche und somit schlechte Sache sei. Es müsse somit durch zahlreiche informelle Kontakte erst eine Vertrauensbasis geschaffen werden, bevor Gespräche über persönliche Probleme möglich würden.
Die Möglichkeit der Kontaktaufnahme des Personals der Institution mit der außerhalb der Gemeinschaft stehenden und für Angelegenheiten wie etwa die Haftentlassung zuständigen Aufsichtsbehörde sieht *Jones* äußerst kritisch. Käme innerhalb der Gemeinschaft der Eindruck auf, Inhalte der Gruppengespräche könnten an die Aufsichtsbehörde weitergeleitet werden und zu längerem Fortdauern der Inhaftierung führen, könne dies schädlich für das Funktionieren der Gemeinschaft sein.[541]
Demnach zieht *Jones* für den Bereich des Strafvollzugs eine klare Trennlinie zwischen der Gemeinschaft (mit einem hohen Bedarf an Informationsaustausch) und denjenigen Entscheidungsträgern, die über den Gefangenenstatus zu befinden haben.

Auch im Alternativentwurf eines Strafvollzugsgesetzes, der, wie oben dargelegt wurde, den Strafvollzug als problemlösende Gemeinschaft mit einem hohen Maß an interner Kommunikation, auch im Hinblick auf Therapieinhalte, gestalten wollte, finden sich Anklänge an eine Ausgliederung von Entscheidungskompetenzen im Hinblick auf Haftlockerungen. Im Gegensatz zur tatsächlich verabschiedeten Fassung des Strafvollzugsgesetzes, welche die Entscheidungsbefugnis über die Gewährung von Lockerungen in vollem Maße (von der gerichtlichen Überprüfbarkeit einmal abgesehen) der Anstalt zukommen läßt, findet sich diesbezüglich im Alternativentwurf eine Aufgaben- und Kompetenzenteilung zwischen der Anstalt und dem Vollstreckungsgericht.
Nach § 57 Abs. 3 AE-StVollzG bestimmt das Vollstreckungsgericht *„allgemein, ob und welche Lockerungen zulässig sind.* [...] *In diesem Rahmen werden die Lockerungen im Einzelfall von der Anstaltsleitung angeordnet."* Unter diesen „allgemeinen" Anordnungen, die durch das Vollstreckungsgericht zu erfolgen haben, sind nach den Erläuterungen des Entwurfs abstrakte, aber dennoch für jeden Insassen gesondert erfolgende Vorgaben zu verstehen, die der Anstaltsleitung aber jeweils genügend Raum für Abwägungen im Einzelfall lassen sollen.

---

541 *Jones* 1962, S. 93.

Begründet wird diese hierdurch geschaffene Arbeitsteilung mit dem Wunsch, die Anstalt von zahlreichen diffizilen Grundsatzerwägungen zu entlasten, sowie der Überlegung, daß nicht die Anstaltsleitung allein mit der Aufgabe der Prognosestellung über die jeweiligen Lockerungsrisiken beschwert werden sollte.[542]
Daß bei dieser Ausgliederung von Verantwortungsanteilen aus der Gemeinschaft an das Vollstreckungsgericht ähnliche Erwägungen eine Rolle gespielt haben wie bei *Jones*, der in einem Hineinwirken von Gemeinschaftsmitgliedern in möglicherweise von dem Gefangenen als negativ empfundene Entscheidungen eine Gefahr für das Funktionieren der Gemeinschaft sah, ist aber nicht anzunehmen. Im Gegenteil lassen die Regelungen des Alternativentwurfs gerade den Wunsch nach möglichst sach- und behandlungsnahen Einzelfallentscheidungen erkennen.
Gemäß § 57 Abs. 4 AE-StVollzG sind Lockerungen außer bei Flucht- und Mißbrauchsgefahr auch in den Fällen zu versagen, in denen durch sie eine Gefährdung des Vollzugsziels befürchtet wird. Es wäre somit jeweils zu prüfen, ob Behandlungsgründe gegen die Gewährung von Vollzugslockerungen sprechen. Da gemäß § 18 Abs. 3 AE-StVollzG Vollzugsentscheidungen, die nicht nach der subsidiären Regelung des § 18 Abs. 2 AE-StVollzG ohnehin in die Kompetenz des Behandlungsteams fallen, mit diesem Team zu besprechen sind, wäre von einem Wirksamwerden der innerhalb des Behandlungsgeschehens zu Tage getretenen Erkenntnisse im Hinblick auf die zu erfolgende Lockerungsentscheidung auszugehen. Somit zieht der Alternativentwurf gerade keine Trennlinie zwischen therapeutischer Gemeinschaft und Entscheidungsträgern bzw. zwischen Therapie und vollzuglichen Entscheidungen

Festzuhalten bleibt also, daß auch bezüglich der Frage der Einbindung von Entscheidungsinstanzen in die Gemeinschaft und somit in den gemeinschaftlichen Informationsfluß verschiedene Modelle und Haltungen erkennbar sind, die jeweils unterschiedliche Schlußfolgerungen bezüglich der Erkenntnisweitergabe an die jeweiligen Instanzen zulassen.

VI. Schlußfolgerungen

Wie gezeigt wurde, bedingt das Konzept der therapeutischen Gemeinschaft ein erhöhtes Maß an inneranstaltlicher Kommunikation bezüglich vielfältiger Dinge, seien es nun Fragen des Therapieverlaufs oder des sonstigen Alltagslebens. Dies gilt grundsätzlich auch für strafvollzugliche Konzepte, die sich am Modell der therapeutischen Gemeinschaft orientieren.
Insofern ist zunächst nicht zu beanstanden, daß § 182 Abs. 2 StVollzG eine rechtliche Grundlage für den verstärkten inneranstaltlichen Erkenntnisaustausch

---

[542] AE-StVollzG, Anm. zu § 57 Abs. 3 u. Abs. 4 (S. 123).

schafft. Bei dem Gedanken, die Weitergabe therapeutischer Erkenntnisse an Entscheidungsträger innerhalb der Anstalt gesetzlich zu regeln, handelt es sich nicht um ein Novum. Wie die Betrachtung des Alternativentwurfs des Strafvollzugsgesetzes zeigte (siehe etwa §§ 18 Abs. 2 und 3 sowie 80 Abs. 2 AE-StVollzG), waren auch dort schon rechtliche Vorkehrungen getroffen, welche es zugelassen hätten, therapeutische Erkenntnisse bei der Entscheidung strafvollzuglicher Fragen zu verwerten.
Diese Regelungen waren jedoch in ein therapeutisches Gesamtkonzept eingepaßt.
Das Strafvollzugsgesetz hingegen, dessen Bestandteil § 182 Abs. 2 StVollzG nun geworden ist, versucht nicht, ein bestimmtes Modell des therapeutischen Strafvollzugs zu normieren. Konsequenterweise wäre es also aus therapeutischer Perspektive dann ideal formuliert, wenn es einen Rahmen bilden würde, innerhalb dessen verschiedene therapeutische Konzepte realisiert werden könnten.

Wie die vorangegangen Ausführungen zeigten, kann auch für therapeutische Gemeinschaften zur Straftäterbehandlung trotz des allseitigen Kommunikationsbedürfnisses keine einheitliche und allgemeingültige Antwort auf die Frage gegeben werden, welche Erkenntnisse an wen weiterzugeben sind. Die einzelnen Ansätze sind hierfür zu unterschiedlich. Dieser Vielfalt trägt § 182 Abs. 2 StVollzG nicht Rechnung. Die Tatsache der Festlegung einer Offenbarungs*pflicht* bei Vorliegen der Tatbestandsvoraussetzung der Erforderlichkeit zur Aufgabenerfüllung der Vollzugsbehörde zeigt, daß dem Gesetzgeber nicht daran gelegen war, Rücksicht auf die Verschiedenartigkeit der therapeutischen Konzepte zu nehmen.

E. Abschließende Bemerkungen zu den therapeutischen Erfordernissen von Schweigen und Offenbaren und ihrer rechtlichen Umsetzung durch § 182 Abs. 2 StVollzG

Am Anfang dieses Kapitels stand die Frage nach der Bedeutung von Wahrung und Bruch der Verschwiegenheit für therapeutisches Arbeiten innerhalb des Strafvollzugs.
Es hat sich gezeigt, daß es sich hierbei um eine äußerst facettenreiche Problematik mit einer großen Vielfalt von relevanten Gesichtspunkten handelt, die keine pauschalen und allgemeingültigen Antworten zuläßt.
Wurde der Neuregelung des § 182 Abs. 2 StVollzG von Teilen der Literatur vor allem das recht allgemein formulierte Argument entgegengehalten, eine Durchbrechung der Verschwiegenheit zerstöre das Vertrauensverhältnis zwischen Patient und Therapeut, was schädliche Auswirkungen auf Durchführbarkeit und

Erfolg von Psychotherapie im Strafvollzug habe,[543] so war es wesentliche Aufgabe dieser Arbeit, unter Zugrundelegung der Erkenntnisse der Kriminologie und der Psychologie einen möglichst breitgefächerten Einblick in die für diesen Problemkreis relevanten Gesichtspunkte zu schaffen.

Die wichtigste Erkenntnis insgesamt gesehen ist zunächst die Tatsache der außerordentlichen Vielschichtigkeit der Fragestellung. Ebensowenig wie es *die* Geheimnisoffenbarung in einer feststehenden Form gibt, gibt es *die* allgemeingültige Bewertung derselben.
Eine Geheimnisoffenbarung kann dergestalt erfolgen, daß dem Anstaltsleiter vom Psychotherapeuten explizit Inhalte des therapeutischen Gesprächs mitgeteilt werden. Im weiteren Sinne ist aber jede Stellungnahme zu irgendeiner konkret im Raume stehenden Fragestellung bezüglich eines bestimmten Gefangenen oder ein diesbezüglicher Ratschlag gegenüber der Anstaltsleitung als Offenbarung anzusehen, sofern sich der Therapeut hierbei auf Erkenntnisse stützt, die er im Rahmen therapeutischer Maßnahmen gewonnen hat.
Aus therapeutischer Sicht betrachtet können derartige, nun durch § 182 Abs. 2 StVollzG vielfach gebotene Handlungen schädlich, nützlich, erforderlich oder auch schlicht unerheblich sein. Dies ist jeweils von einer Vielzahl von Faktoren abhängig: vom jeweiligen therapeutischen Konzept; von der Struktur des Umfelds, in welchem die Behandlung stattfindet; von der Art der konkreten Fragestellung, zu welcher eine Offenbarung erfolgen soll sowie von der Persönlichkeit des Patienten, von der des Therapeuten und deren Verhältnis zueinander.

Regelungen, welche pauschal und allgemeingültig eine bestimmte Handhabung der Fragen von Offenbarung und Mitwirkung des Therapeuten zu erreichen versuchen, gehen an den tatsächlichen Erfordernissen vorbei. Letzten Endes kann am ehesten der Therapeut abschätzen, ob seine Mitwirkung an Entscheidungen der Anstalt (sowohl mit vom Patienten als positiv als auch als negativ empfundenen Auswirkungen)[544] vorteilhaft ist, um den Behandlungserfolg zu erreichen, oder ob er sich dessen enthalten sollte.[545]
Gesetzesnormen, die sich dieser Problematik annehmen, sollten demgemäß so beschaffen sein, daß sie eine gewisse Flexibilität in der Handhabung von Verschweigen und Offenbaren zulassen.

[543] So etwa *Hartmann* 1999, S. 49; *ders.* 1999a, S. 71; *Kamann* 1998, S. 321 f.; *Deutsche Gesellschaft für Sexualforschung* 1999, S. 340.
[544] Auf ein diesbezüglich bisweilen feststellbares Ungleichgewicht machen *Werdenich/Wagner* aufmerksam. So hätten viele Psychotherapeuten, die grundsätzlich für strikte Verschwiegenheit plädieren und sich einer Integration in Entscheidungsabläufe verweigern, widersprüchlicherweise dann keine Bedenken, wenn es sich um den Wünschen der Gefangenen entsprechende Interventionen handelt (1998, S. 46).
[545] *Frottier/Frühwald* 1998, S. 89; vgl. *Berner/Bolterauer* 1998, S. 163.

Diese Flexibilität weist § 182 Abs. 2 StVollzG nicht auf. Bei Vorliegen der Tatbestandsvoraussetzungen hat in jedem Fall eine Offenbarung zu erfolgen. Eigene Ermessens- oder Beurteilungsspielräume werden dem Therapeuten nicht zugestanden.[546] Zwar kommt ihm jeweils die Einschätzungsprärogative zu, über das Vorliegen der Tatbestandsmerkmale zu entscheiden,[547] diese Entscheidung ist aber im nachhinein gerichtlich voll überprüfbar. Wie oben dargelegt wurde, sind insbesondere unter die Tatbestandsalternative der Erforderlichkeit für die Aufgabenerfüllung der Vollzugsbehörde eine Vielzahl von Konstellationen subsumierbar. Zudem ist zu erwarten, daß die Gefahr disziplinarrechtlicher und strafrechtlicher Sanktionen einen einseitigen Druck auf die jeweiligen Fachkräfte hin zu freimütigem Offenbaren erzeugt.[548]

Obgleich der in einigen Literaturreaktionen auf § 182 Abs. 2 StVollzG erkennbare Hang zur Katastrophisierung[549] vor dem Hintergrund der im Rahmen dieser Arbeit festgestellten Tatsache der großen Ambivalenz der Offenbarungsproblematik überzogen erscheint, sind Psychologie und Rechtswissenschaft dennoch aufgefordert, über Alternativen zur gegenwärtigen Regelung des § 182 Abs. 2 StVollzG nachzudenken, die unter Berücksichtigung der hier herausgearbeiteten Gesichtspunkte einen besseren und reibungsärmeren, was heißen muß flexibleren Umgang mit dem Dualismus Verschweigen / Offenbaren des Psychotherapeuten im Strafvollzug erlauben.

Ein Gedanke wäre etwa die Festlegung einer grundsätzlichen personellen Trennung zwischen Therapie und Begutachtung. Gleichzeitig könnte den Psychotherapeuten eine Offenbarungsbefugnis für die Fälle eingeräumt werden, in denen es aus therapeutischer Sicht sinnvoll oder notwendig erscheint, daß sie an der

---

546 BT-Drucks. 13/11016, S. 27; Schwind/Böhm-*Schmid* 1999, § 182 Rn. 9; *Rösch* 2000, S. 2; *Schöch* 1999, S. 262 f..

547 Sehr weitreichend diesbezüglich *Preusker/Rosemeier*, welche die Möglichkeit sehen, über die Prüfung des Merkmals der „Erforderlichkeit“ therapeutische Erwägung einfließen zu lassen (1998, S. 324 f.; siehe auch *Calliess/Müller-Dietz* 2002, § 182 Rn. 6). Der Wille des Gesetzgebers, hier keinen Beurteilungsspielraum zu gewähren, ist jedoch ausdrücklich zu Tage getreten (BT-Drucks. 13/11016, S. 27; vgl. auch BT-Drucks. 13/10245, S. 35 Nr. 12). Zwar sieht auch das Bundesverfassungsgericht gewisse Möglichkeiten, bei einer Entscheidung über eine Offenbarung nach § 182 Abs. 2 StVollzG die *„besondere Angewiesenheit auf eine psychologische Betreuung“* zu berücksichtigen, ohne diese aber näher zu definieren (BVerfG NStZ 2000, S. 55, siehe hierzu auch *Laubenthal* 2003, Rn. 923). Da die Entscheidung des Therapeuten gerichtlich voll überprüfbar ist (*Calliess/Müller-Dietz* 2002, § 182 Rn. 6; *Schöch* 1999, S. 263) und über seinem Haupt das Damoklesschwert der disziplinar- bzw. eventuell sogar der strafrechtlichen Sanktionierung schon bei leichter Fahrlässigkeit hängt (vgl. Schwind/Böhm-*Schmid* 1999, § 182 Rn. 9; *Schöch* 1999, S. 263), kann sich hier aber faktisch kein großer Spielraum ergeben.

548 Siehe hierzu oben Kapitel 1. A.

549 So insbesondere bei *Kamann* 1998.

Gestaltung der Lebenswelt der Patienten, etwa durch Stellungnahmen, mitwirken. Die Art und Weise der Handhabung dieser Offenbarungsbefugnis im konkreten Behandlungssetting könnte dann jeweils bei Beginn der Behandlung mit dem Patienten abgesprochen werden, wobei aber eine gewisse Einheitlichkeit innerhalb ein- und derselben Anstalt ratsam erscheint.
Tendenziell werden verhaltenstherapeutische Konzepte sowie Modelle, die auf dem Gedanken der therapeutischen Gemeinschaft aufbauen, die Möglichkeit zur Offenbarung stärker in Anspruch nehmen, als dies bei anderen psychotherapeutischen Maßnahmen im Strafvollzug der Fall sein wird. Im Hinblick auf die Verhaltenstherapie folgt dies aus den dort erforderlichen Einwirkungsmöglichkeiten des Therapeuten auf die Alltagsgestaltung des Patienten; bei therapeutischen Gemeinschaften sind Offenbarungen aufgrund des Prinzips der allseitigen Kommunikation zur Förderung des sozialen Lernens notwendig.
Da therapeutische Gemeinschaften idealerweise die gesamte Institution umfassen und auch verhaltenstherapeutische Modelle, wie oben dargelegt wurde, dann optimal funktionieren, wenn innerhalb der ganzen Anstalt die gleichen Prinzipien von Verstärkung und Bestrafung gelten, dürfte die einheitliche Handhabung der Offenbarungsproblematik innerhalb der jeweiligen Anstalten realisierbar sein.
Das Konzept der therapeutischen Gemeinschaft und auch die verhaltenstherapeutische Durchstrukturierung bietet sich für sozialtherapeutische Anstalten an. Erfolgen therapeutische Maßnahmen im Regelvollzug, so sind diese im Gegensatz zu den gemeinschaftsbezogenen Methoden innerhalb der Sozialtherapie eher als Psychotherapie im Sinne individueller Dienstleistung zu qualifizieren.[550] Hier könnte eine stärkere Abgrenzung zur Anstalt, unter Umständen auch der Einsatz externer Therapeuten, ratsam sein.

Daß bei befürchteten Gefahren für Leib oder Leben das therapeutische Geheimnis hintanstehen und eine Offenbarung erfolgen *muß*, ist selbstverständlich und unbestritten. Es ist insofern natürlich nicht zu beanstanden, daß § 182 Abs. 2 StVollzG diese Ausnahmekonstellation regelt, erforderlich gewesen wäre diese explizite Regelung allerdings nicht. Für diese (und weitere) Fälle ergaben sich schon aus dem allgemeinen Strafrecht (§§ 34, 138 StGB, Prinzipien der Garantenstellung) entsprechende Folgerungen, die Offenbarungen zuließen und geboten.[551]

---

[550] Vgl. *Werdenich/Wagner* 1998, S. 45 ff.
[551] *Hartmann* 1999a, S. 78; *Thorwart* 1999, S. 12.

Teil III: Auswirkungen des § 182 Abs. 2 StVollzG auf die von Literatur und Rechtsprechung nach alter Rechtslage problematisierten Fallkonstellationen

Wie in Teil I. dargelegt wurde, waren es bestimmte Fallkonstellationen, die Literatur und Rechtsprechung dazu veranlaßten, außerordentliche Offenbarungsbefugnisse „aus der Gesamtverantwortung der Vollzugsbehörde" zu konstruieren bzw. nach gesetzlichen Neuregelungen zu verlangen.
Dies betraf vor allem vier Bereiche. Im Hinblick auf die Anstaltsärzte waren dies die Problemkreise der HIV-Infektion, der medizinischen Zwangsmaßnahmen sowie der Feststellung der Arbeitsunfähigkeit. Im wesentlichen auf die Anstaltspsychologen, aber unter Teilaspekten auch auf die anderen Berufsgruppen bezogen sich die Überlegungen im Hinblick auf die Mitwirkung an Lockerungsentscheidungen.

Es ist nicht Aufgabe dieser Arbeit, Fragen der Anwendung bzw. Auswirkungen des § 182 Abs. 2 StVollzG auf alle erdenklichen Sachverhalte des Strafvollzugs zu diskutieren. Da es aber gerade die genannten Konstellationen waren, die von der Literatur nach alter Rechtslage als ergänzungsbedürftig benannt worden sind und deren Regelung sich der Gesetzgeber auch teilweise ausdrücklich zum Ziel gesetzt hat, soll nun, im Anschluß an die schwerpunktmäßige Betrachtung der Problematik der psychotherapeutischen Behandlung im nun der Neuregelung unterworfenen Strafvollzug, noch kurz auf die Frage eingegangen werden, inwieweit es mit § 182 Abs. 2 StVollzG gelungen ist, diese übrigen Bereiche sinnvoll zu regeln.

1. Kapitel: AIDS-Problematik

Wie oben gezeigt wurde, gab es nach alter Rechtslage bezüglich der Frage der Offenbarung festgestellter HIV-Infektionen gegenüber dem Anstaltsleiter im wesentlichen zwei verschiedene Ansichten. Zum einen wurde, basierend auf dem Notstandsgedanken, vertreten, es sei in jedem Einzelfall eine Abwägung des Arztes im Hinblick auf die von der jeweiligen Person eventuell ausgehenden Gefahren der Weiterübertragung erforderlich. Andererseits befürworteten weite Teile der Literatur eine generelle Befugnis, jede festgestellte HIV-Infektion an den Anstaltsleiter zu melden. Um dies rechtlich zu untermauern, bediente man sich der, wie gezeigt wurde fragwürdigen, Konstruktion der Offenbarungsbefugnis aus der Gesamtverantwortung der Vollzugsbehörde.[552]
Die Unklarheit der Rechtslage war mit ein Grund für die Empfehlung der Enquete-Kommission des 11. Deutschen Bundestages „Gefahren von AIDS und

[552] Ausführlich oben Teil I. 2. Kapitel B.IV.1.

wirksame Wege zu ihrer Eindämmung“ aus dem Jahre 1990, eine eindeutige gesetzliche Regelung zur Handhabung der Schweigepflicht des Anstaltsarztes in diesem Bereich zu schaffen. Als diesbezügliche Leitlinie wurde dem Gesetzgeber der Grundsatz nahegelegt, daß Anstaltsärzte das Arztgeheimnis nur durchbrechen sollten, wenn dies nach individueller Betrachtung des Einzelfalles geboten erschiene.[553] Demgegenüber wies der Abgeordnete *Geis* in einem Sondervotum darauf hin, daß gewisse Situationen im Strafvollzug genereller Regelungen bedürften.[554]

Auch in dieser Arbeit wurde festgestellt, daß unter dem Gesichtspunkt der Praktikabilität einiges für eine generelle Offenbarung von festgestellten HIV-Infektionen gegenüber dem Anstaltsleiter spricht. Ansonsten wäre bei jedweder einen Gefangenen betreffenden Maßnahme, die im Falle einer theoretisch bestehenden HIV-Infektion zu übertragungsrelevanten Situationen führen könnte (d. h. bei sämtlichen Haftlockerungen mit Ausnahme der Ausführung sowie bei Zuweisung einer mit Übertragungsrisiken verbundenen Arbeit) eine Konsultation des Anstaltsarztes erforderlich, um diesem die Möglichkeit zu geben, im Falle einer eventuell zu einem früheren Zeitpunkt diagnostizierten HIV-Infektion erneut darüber zu befinden, ob nun eine Offenbarung bzw. eine irgendwie geartete Stellungnahme angezeigt sei oder nicht.[555]

Wie dies auch nach alter Rechtslage im Hinblick auf den Notstandsgedanken der Fall war, kann § 182 Abs. 2 StVollzG unter dem Aspekt der Abwehr von Gefahren für Leib oder Leben eine *generelle* Offenbarung von HIV-Infektionen nicht rechtfertigen.[556] Die dargelegten Zweckmäßigkeitserwägungen werden aber bezüglich der Tatbestandsalternative der „Aufgabenerfüllung der Vollzugsbehörde“ eine Rolle spielen.
Hier führt die gesetzliche Neuregelung nun zu einigen Unklarheiten, welche auf die unterschiedlichen Maßstäbe zurückzuführen sind, die an die Offenbarungsmöglichkeit bzw. Offenbarungspflicht des Arztes angelegt werden, je nachdem, ob er eine Tatsache im Rahmen der allgemeinen Gesundheitsfürsorge oder aber bei einer anderen Gelegenheit, d. h. bei der Mitwirkung an vollzugsspezifischen Maßnahmen oder Untersuchungen, erfahren hat.
Wird dem Anstaltsarzt im Zuge der ärztlichen Aufnahmeuntersuchung nach § 5 Abs. 3 StVollzG das Vorliegen einer HIV-Infektion durch Befragung oder Untersuchung bekannt, so hat er davon im Rahmen seiner gesetzlichen Einbindung

---

553 BT-Drucks. 11/7200, S. 152.
554 BT-Drucks. 11/7200, S. 362.
555 Siehe hierzu oben Teil I. 2. Kapitel B.IV.1.3.1.
556 Schwind/Böhm-*Schmid* 1999, § 182 Rn. 12.

in den allgemeinen Vollzugsablauf erfahren.[557] Er *muß* die HIV-Infektion somit offenbaren, falls er dies für die Aufgabenerfüllung der Vollzugsbehörde für *erforderlich* hält, was aus den oben dargelegten Gründen durchaus vertretbar erscheint.
Sucht allerdings der Gefangene zu einem späteren Zeitpunkt den Arzt auf, um sich auf eine HIV-Infektion untersuchen zu lassen, so handelt es sich um eine Maßnahme der allgemeinen Gesundheitsfürsorge. Ist das Ergebnis positiv, besteht keine Verpflichtung des Arztes, den Befund zu offenbaren, sondern nur ein Recht hierzu, falls er dies (den Aspekt der Gefahrenabwehr jetzt außer Betracht gelassen) im Hinblick auf die Aufgabenerfüllung der Vollzugsbehörde für *unerläßlich* hält. Die Schwelle der Unerläßlichkeit ist erst dann als erreicht anzusehen, wenn ohne eine Offenbarung die Aufrechterhaltung zentraler Funktionszusammenhänge der Anstalt auf dem Spiel stünde[558] bzw., in Anlehnung an eine Formulierung des Bundesverfassungsgerichts, entweder die Gefahr des Zusammenbrechens des gesamten Strafvollzugs oder eine ernsthafte Gefährdung des Vollzugsziels im konkreten Vollzugsverhältnis zu befürchten sei.[559] Einen derartigen Schluß lassen die genannten Praktikabilitätserwägungen jedenfalls nicht zu, etwaige Lästigkeiten auf seiten der Vollzugsverwaltung müssen in grundrechtsrelevanten Bereichen grundsätzlich hingenommen und können nicht zur Begründung einer „Unerläßlichkeit" herangezogen werden.[560] Demnach wäre die Offenbarung einer im Rahmen einer Untersuchung der allgemeinen Gesundheitsfürsorge festgestellten HIV-Infektion unzulässig, solange keine anderweitigen Anhaltspunkte vorliegen.

Man käme somit zu dem Ergebnis, daß der gleiche Lebenssachverhalt, je nachdem in welcher Untersuchungssituation er zu Tage tritt, entweder eine Pflicht zur Offenbarung oder das Verbot derselben nach sich ziehen kann. Dieses Ergebnis erscheint willkürlich und wird wohl auch kaum den betroffenen Gefangenen verständlich zu machen sein.

Anders sähe es aus, wenn man die Aufnahmeuntersuchung nach § 5 Abs. 3 StVollzG ebenfalls der allgemeinen Gesundheitsfürsorge zuordnen würde.[561] Unter gesetzessystematischen Gesichtspunkten erscheint dies allerdings fragwürdig. Die Regelung bezüglich der ärztlichen Aufnahmeuntersuchung findet sich am Beginn des Zweiten Titels des Zweiten Abschnitts des Strafvollzugsge-

---

[557] Vgl. AK-StVollzG-Feest/*Weichert* 2000, § 182 Rn. 32; *Calliess/Müller-Dietz* 2002, § 182 Rn. 5; *Laubenthal* 2003, Rn. 922; Schwind/Böhm-*Schmid* 1999, § 182 Rn. 10.
[558] AK-StVollzG-Feest/*Weichert* 2000, § 182 Rn. 39.
[559] BVerfGE 40, S. 276, 284; vgl. Schwind/Böhm-*Schmid* 1999, § 182 Rn. 14 i. V. m. Schwind/Böhm-*Schwind* 1999, § 68 Rn. 2.
[560] Vgl. *Frielinghaus* 1979, S. 5.
[561] So *Riekenbrauck* (2000, S. 280).

setzes unter der Überschrift „Planung des Vollzugs". Demnach wäre also primär von einer Untersuchung im vollzuglichen Interesse auszugehen.[562] Tatsächlich wird sich aber in der Praxis eine eindeutige Trennlinie zwischen Erkenntnisgewinnung zur Vollzugsplanung auf der einen und Diagnostizierung von gesundheitlichen Störungen im Hinblick auf eine spätere medizinische Heilbehandlung auf der anderen Seite nicht ziehen lassen. Die Aufnahmeuntersuchung dient neben der Klärung von Fragen wie der Vollzugstauglichkeit, Arbeitsfähigkeit, Sporttauglichkeit, Eignung für die Einzelunterbringung sowie der Protokollierung des Gesundheitszustands im Hinblick auf etwaige spätere Schadensersatzansprüche wegen Haftfolgeschäden auch der Abklärung der Erforderlichkeit medizinischer Behandlung.[563] An diesem Beispiel zeigt sich somit, daß die vom Gesetzgeber vorausgesetzte und § 182 Abs. 2 StVollzG zugrundegelegte Aufteilbarkeit sämtlicher ärztlicher Maßnahmen in solche der allgemeinen Gesundheitsfürsorge und solche aus allgemeinem vollzuglichen Interesse in der Praxis so nicht immer gegeben ist.

Hatte die schon erwähnte Enquete-Kommission des 11. Deutschen Bundestags „Gefahren von AIDS und wirksame Wege zu ihrer Eindämmung" die Unklarheit der Rechtslage im Hinblick auf die Frage der Offenbarung von durch den Anstaltsarzt festgestellten HIV-Infektionen bemängelt[564] und wurde diese Kritik im Gesetzgebungsverfahren ausdrücklich aufgegriffen,[565] so ist nun festzustellen, daß es der Neuregelung nicht gelungen ist, in diesem Bereich Rechtsklarheit zu schaffen.[566]
War man, wie oben dargelegt wurde, vor Erlaß des § 182 Abs. 2 StVollzG nicht in der Lage, einem Anstaltsarzt auf die Frage, ob er eine HIV-Infektion auch in den Fällen, in denen er keine gegenwärtige Bedrohung für Leib oder Leben gegeben sah, offenbaren dürfe oder gar müsse, eine klare Antwort zu geben, so müßte die Antwort nun lauten: „Es kommt zunächst darauf an, wann und unter welchen Umständen Sie von der Infektion erfahren haben und welche Ansicht Sie über die rechtliche Einordnung diese Anlasses vertreten. Je nachdem zu welchem Ergebnis Sie dabei kommen, müssen Sie nun entscheiden, ob eine Offenbarung für die Aufgabenerfüllung der Vollzugsbehörde erforderlich bzw. unerläßlich ist."
Auch diese Antwort erscheint wenig befriedigend.

---

562 So im Ergebnis auch *Laubenthal* (2003, Rn. 922) mit dem Argument, die ärztliche Untersuchung im Aufnahmeverfahren stelle keine in Freiheit übliche ärztliche Leistung dar.

563 Siehe etwa AK-StVollzG-*Feest/Joester* 2000, § 5 Rn. 13; *Calliess/Müller-Dietz* 2002, § 5 Rn. 4; *Grunau/Tiesler* 1982, § 5 Rn. 4; K/S-*Schöch* 2002, § 13 Rn. 5; *Laubenthal* 2003, Rn. 319.

564 BT-Drucks. 11/7200, S. 152.

565 BT-Drucks. 13/10245, S. 24.

566 So auch *Portius* 2000, S. 273.

Es kann somit nicht davon ausgegangen werden, daß § 182 Abs. 2 StVollzG zu einem einheitlichen und sicheren Umgang der Anstaltsärzte mit dem Wissen um bestehende HIV-Infektionen führen wird.

2. Kapitel: Medizinische Zwangsmaßnahmen gemäß § 101 StVollzG

Eine weitere Konstellation, in der nach alter Rechtslage außerordentliche Offenbarungsbefugnisse aus der Gesamtverantwortung der Vollzugsbehörde angenommen wurden, betraf die Weitergabe der im Rahmen von medizinischen Zwangsmaßnahmen, insbesondere der Zwangsernährung, gewonnenen Erkenntnisse über den aktuellen Gesundheitszustand des Gefangenen.[567]

Obgleich die mit dem Problemkreis der Zwangsernährung zusammenhängenden Fragen vornehmlich in der ersten Hälfte der achtziger Jahre im Blickpunkt der Öffentlichkeit standen und gegenwärtig glücklicherweise für die Praxis von geringerer Relevanz sind, soll dennoch kurz darüber nachgedacht werden, inwieweit § 182 Abs. 2 StVollzG in einer derartigen Konstellation zum Tragen käme.

Auch hier erweist sich wiederum die rechtliche Einordnung des Anlasses der Erkenntnisgewinnung, d. h. der mit der Durchführung der Zwangsernährung zusammenhängenden Untersuchungen und Maßnahmen, entweder in die Rubrik der allgemeinen Gesundheitsfürsorge oder der sonstigen vollzuglichen Maßnahmen als problematisch.
Gesetzessystematisch eingestellt ist § 101 StVollzG in den 12. Titel des 2. Abschnitts „Unmittelbarer Zwang". Unmittelbarer Zwang erfolgt allerdings nie um seiner selbst willen, er dient stets der Durchsetzung eines dahinterstehenden legitimen Zwecks. Dieser Zweck kann etwa die Wahrung der Sicherheit und Ordnung, aber auch die Gesundheitsfürsorge sein. So ist § 101 StVollzG ausdrücklich mit dem Titel „Zwangsmaßnahmen auf dem Gebiet der Gesundheitsfürsorge" überschrieben.

Von der Literatur wird § 101 StVollzG in engem Zusammenhang mit den die allgemeine Gesundheitsfürsorge regelnden §§ 56 ff. StVollzG gesehen[568] bzw. als deren Konkretisierung begriffen.[569]
Auf der Grundlage dieser Überlegungen läge es nahe, die im Zuge medizinischer Zwangsmaßnahmen, wie etwa der Planung, Vorbereitung und Durchführung einer Zwangsernährung, gewonnenen Erkenntnisse in die Rubrik der „im

[567] So *Geppert* 1983, S. 34. Siehe hierzu oben Teil I. 2. Kapitel B.IV.2.
[568] *Calliess/Müller-Dietz* 2002, § 101 Rn. 1; K/S-*Schöch* 2002, § 8 Rn. 16; *Laubenthal* 2003, Rn. 724. Aus diesem Grund kritisiert Schwind/Böhm-*Müller* 1999, § 101 Rn. 4 den gesetzessystematischen Standort im Rahmen der Regelungen des unmittelbaren Zwanges.
[569] *Grunau/Tiesler* 1982, § 101 Rn. 1.

Rahmen der allgemeinen Gesundheitsfürsorge bekanntgewordenen Geheimnisse" im Sinne des § 182 Abs. 2 Satz 3 StVollzG einzuordnen.

Andererseits ist zu bedenken, daß die gesetzgeberische Intention im Hinblick auf die Privilegierung des Arztes durch Herausnahme des Bereichs der allgemeinen Gesundheitsfürsorge aus dem niedrigschwelligen Eingriffstatbestand des § 182 Abs. 2 Satz 2 StVollzG dahin ging, hierdurch eine Kompensation für den Verlust der freien Arztwahl des Strafgefangenen zu schaffen.[570] Es soll somit gewissermaßen die Hausarztfunktion des Anstaltsarztes besonders geschützt werden.[571]
Ein Hausarztbesuch basiert regelmäßig auf Freiwilligkeit. Es fällt schwer, hinter einer Zwangsernährung den die Hausarztfunktion ausübenden Anstaltsarzt zu erkennen.[572]

Es bleibt somit festzuhalten, daß auch diese Konstellation in das Tatbestandsraster des § 182 Abs. 2 StVollzG nicht klar eingeordnet werden kann, so daß unklar bleibt, ob die Frage der Offenbarung im Hinblick auf die Aufgabenerfüllung der Vollzugsbehörde am Kriterium der Erforderlichkeit oder der Unerläßlichkeit zu messen ist.
Die Bekanntgabe von Erkenntnissen des Anstaltsarztes wäre für die Aufgabenerfüllung der Vollzugsbehörde jedenfalls dann von Belang, wenn man im Streitstand bezüglich der Anordnungskompetenz von Zwangsmaßnahmen nach § 101 StVollzG der Ansicht folgt, welche diese Kompetenz beim Anstaltsleiter verortet.[573] Hat der Anstaltsleiter über die Vornahme und das Andauern medizinischer Zwangsmaßnahmen zu entscheiden, so bedarf er hierfür notwendigerweise der Inkenntnissetzung über den gesundheitlichen Zustand des betroffenen Gefangenen durch den Anstaltsarzt. Insoweit wäre auch die Schwelle der Unerläßlichkeit des § 182 Abs. 2 Satz 3 StVollzG als erreicht anzusehen.
Geht man hingegen davon aus, daß die Anordnungskompetenz im Einzelfall dem Anstaltsarzt zukommt, bliebe als Argument für das Bedürfnis einer Offenbarung medizinischer Erkenntnisse gegenüber dem Anstaltsleiter zur Aufgaben-

---

570 BT-Drucks. 13/11016, S. 27.

571 *Riekenbrauck* 2000, S. 280.

572 Wobei auch hier wieder unterschiedliche Situationen vorliegen können. So kommt es vor, daß Gefangene, die einen Hungerstreik beginnen, um für oder gegen etwas zu demonstrieren, einer künstlichen Ernährung keinen Widerstand entgegensetzen. Der künstlichen Ernährung kann somit u. U. eine Absprache zwischen Gefangenem und Anstaltsarzt zugrunde liegen. Sie dient dann dazu, dem betr. Gefangenen zu ermöglichen, vor seinen Mitgefangenen das Gesicht zu wahren und den Hungerstreik nicht abbrechen zu müssen (*Böhm* 2003, Rn 353). Fraglich ist jedoch, ob eine solchen Maßnahme, die dann durchaus hausärztlichen Charakter haben kann, noch eine Zwangsmaßnahme i. S. d. § 101 StVollzG darstellt. Sie ist dies allenfalls noch in der Außendarstellung.

573 Zu diesem Problem siehe oben Teil I. 2. Kapitel B.IV.2.

erfüllung der Vollzugsbehörde nur noch dessen Außenvertretungsrecht gemäß § 156 Abs. 2 Satz 1 StVollzG mit der damit zusammenhängenden Notwendigkeit, über die Geschehnisse in der Anstalt auch im Hinblick auf durchgeführte medizinische Zwangsmaßnahmen umfassend informiert zu sein.
Hält man in diesem Zusammenhang § 182 Abs. 2 Satz 2 StVollzG für einschlägig, wird man unter diesem Aspekt möglicherweise das Kriterium der *Erforderlichkeit* als erfüllt ansehen können. Ordnet man die Maßnahme allerdings dem Bereich der allgemeinen Gesundheitsfürsorge und somit § 182 Abs. 2 Satz 3 StVollzG zu, wird eine Offenbarungsbefugnis im Hinblick auf medizinische Details nicht mehr zu rechtfertigen sein, da eine Kenntnis hierüber wohl nicht als *unerläßlich* für eine regelgerechte Außenvertretung der Anstalt anzusehen ist. Anders aussehen wird dies wohl bezüglich der Offenbarung der Tatsache, *daß* bei einem bestimmten Gefangenen medizinische Zwangsmaßnahmen durchgeführt werden oder durchgeführt worden sind.

Es zeigt sich somit, daß es § 182 Abs. 2 StVollzG auch in diesem Bereich nicht gelungen ist, für Rechtsklarheit zu sorgen.
Faktisch hat sich an der bisherigen Situation nichts geändert. Einen Fortschritt bringt § 182 Abs. 2 StVollzG für diese Konstellation demnach nicht mit sich.

3. Kapitel: Feststellung der Arbeitsunfähigkeit

Auch bezüglich der anstaltsärztlichen Feststellung der Arbeitsunfähigkeit wurde in der Literatur die Forderung nach einer Offenbarungsbefugnis aus der Gesamtverantwortung der Vollzugsbehörde laut. An entsprechender Stelle ist bereits dargelegt worden, daß eine derartige außerordentliche Offenbarungsbefugnis zur zufriedenstellenden Bewältigung dieser Konstellation im Grunde nicht erforderlich war, da auch nach den allgemeinen Regelungen und Prinzipien die Bekanntgabe einer eventuell bestehenden Arbeitsunfähigkeit gegenüber dem Anstaltsleiter in geeigneter Form möglich gewesen wäre.[574]
Nun ließe sich auch hier wiederum trefflich darüber streiten, inwieweit der jeweilige Anlaß der Feststellung der Arbeitsunfähigkeit in die Kategorien der allgemeinen Gesundheitsfürsorge bzw. der Untersuchung aus sonstiger vollzuglicher Notwendigkeit einzuordnen und wie dann im Hinblick auf die Kriterien der Erforderlichkeit bzw. Unerläßlichkeit zur Aufgabenerfüllung der Vollzugsbehörde weiter zu verfahren sei. Weit sinnvoller erscheint es aber, auch nach Erlaß des § 182 Abs. 2 StVollzG zum Umgang mit der dargelegten Problematik nicht auf die Neuregelung zu rekurrieren, sondern es bei den allgemeinen Erwägungen zu belassen.

---

574 Siehe hierzu oben Teil I. 2. Kapitel B.IV.3.

Sucht ein Gefangener wegen einer Erkrankung, die ihn nach seinem Empfinden an der Erfüllung der Arbeitspflicht hindert, den Anstaltsarzt auf, so ist von einer punktuellen Befreiung des Arztes von der Schweigepflicht im Hinblick auf die Mitteilung des Befundes bezüglich der Arbeitsfähigkeit auszugehen. Wesentliche Unterschiede zum Vorgang der Krankmeldung im normalen Erwerbsleben sind hier nicht zu erkennen.

4. Kapitel: Lockerungsentscheidungen

Abgesehen von der Problematik der Mitwirkung des Psychotherapeuten an Lockerungsentscheidungen und der in diesem Zusammenhang wesentlichen Frage nach der Abgabe von Stellungnahmen im Hinblick auf eine eventuelle Flucht- oder Mißbrauchsgefahr im Sinne der §§ 10 Abs. 1, 11 Abs. 2 StVollzG[575] gehört in diesen Zusammenhang auch die einer Entscheidung des Oberlandesgerichts Karlsruhe aus dem Jahre 1993[576] zugrundeliegende Konstellation der Überprüfung der Erforderlichkeit einer Ausführung oder eines Ausgangs im Sinne des § 11 Abs. 1 Nr. 2 StVollzG bei Vorbringen des Gefangenen, er müsse sich einer medizinischen Behandlung unterziehen, die innerhalb der Justizvollzugsanstalt nicht durchgeführt werden könne.
Das Gericht hatte in dieser Konstellation ebenfalls einen Anwendungsfall der von der Literatur entwickelten außerordentlichen Offenbarungsbefugnis aus der Gesamtverantwortung der Vollzugsbehörde gesehen. Wie allerdings oben dargelegt wurde, wäre auch hier die Inanspruchnahme dieses Konstrukts letztlich nicht erforderlich gewesen, um es zu ermöglichen, die Anstaltsleitung über die als Entscheidungsgrundlage nötigen medizinischen Fakten in Kenntnis zu setzen.[577]

Auch nach neuer Rechtslage erscheint es sinnvoller, an den oben angestellten Überlegungen bezüglich einer punktuellen Befreiung des Anstaltsarztes von der Schweigepflicht bzw. der Vornahme einer explizit der Erforderlichkeit der zur Rede stehenden Maßnahme gewidmeten medizinischen Begutachtung festzuhalten. Liegt eine ausdrückliche Befreiung von der Pflicht zur Verschwiegenheit vor, so ist eine Offenbarung, wie dies von jeher der Fall war, unproblematisch möglich. Erfolgt eine explizit gutachterliche Untersuchung unter der Fragestellung der medizinischen Erforderlichkeit einer Lockerung im Sinne des § 11 Abs. 1 Nr. 2 StVollzG, kann der Arzt die darin gewonnenen und im Hinblick auf den Gutachterauftrag relevanten Erkenntnisse ebenfalls offenbaren. Es ist nun möglich, dieser letzteren Offenbarungsbefugnis bzw. Offenbarungspflicht den Man-

---

575 Hierauf soll an dieser Stelle nicht mehr eingegangen werden. Es sei diesbezüglich auf die Ausführungen in Teil II. verwiesen.

576 NStZ 1993, S. 405 f.

577 Siehe hierzu oben Teil I. 2. Kapitel B.IV.4.

tel des § 182 Abs. 2 Satz 2 StVollzG umzuhängen, eine Offenbarung wäre hier aber auch nach den allgemeinen Grundsätzen möglich gewesen.[578]

Es bleibt somit festzuhalten, daß die gesetzliche Neuregelung des § 182 Abs. 2 StVollzG auch im Hinblick auf die von Seiten der Rechtswissenschaft für regelungsbedürftig erachteten Konstellationen der Offenbarung ärztlicher Geheimnisse als wenig gelungen anzusehen ist.
Bezüglich der Problembereiche der Offenbarung diagnostizierter HIV-Infektionen sowie der im Zusammenhang mit medizinischen Zwangsmaßnahmen erlangten Erkenntnisse erscheint die Gesetzeslage nunmehr eher verwirrend denn erhellend. Für den Umgang mit den beiden übrigen diskutierten Konstellationen ist die Neuregelung schlicht entbehrlich.

[578] Siehe hierzu oben Teil I. 2. Kapitel B.IV.4.

Fazit

Wurde in den Sankelmarker Thesen zur Psychotherapie mit Straffälligen die gesetzliche und wissenschaftliche Ungeklärtheit des Problems der therapeutischen Verschwiegenheit im Strafvollzug bemängelt[579] und erhob *Hartmann* infolge der mittlerweile durch § 182 Abs. 2 StVollzG erfolgten gesetzlichen Regelungsvornahme den Vorwurf, die Rechtswissenschaft würde sich einer Diskussion der Fragen nach den Bedingungen, unter denen psychologisch-psychotherapeutisches Arbeiten im Strafvollzug gelingen könne, verweigern,[580] so war es wesentliche Aufgabe dieser Arbeit, psychotherapeutische Wirkmuster im Hinblick auf die Bedeutung von Schweigen und Offenbaren des Therapeuten unter den Bedingungen des Strafvollzugs zu untersuchen und vor diesem Hintergrund die Regelung des § 182 Abs. 2 StVollzG zu hinterfragen.

Die diesbezüglichen Ergebnisse seien hier noch einmal kurz zusammengefaßt:

Durch § 182 Abs. 2 StVollzG wird es nun ermöglicht, den Anstaltspsychotherapeuten zur Abgabe von Stellungnahmen zu verschiedenerlei Fragen heranzuziehen, wobei dieser während einer Therapie erlangte Erkenntnisse verwenden kann.
Infolgedessen wird der Therapeut in die Lage versetzt, mittelbar Einfluß auf Fragen der Durchführung des Vollzugs im Einzelfall und somit auf die Lebensgestaltung des jeweiligen gefangenen Patienten zu nehmen bzw. nehmen zu müssen.
Eine einheitliche Bewertung dieser Machtzuweisung aus therapeutischer Sicht ist nicht möglich. Die Beurteilung ist im wesentlichen abhängig vom jeweils angewandten therapeutischen Konzept.
Ebenso wie es Methoden und Settings gibt, die eine völlige Abstinenz des Therapeuten im Hinblick auf Beurteilungen erforderlich oder angeraten erscheinen lassen, gibt es auch solche, bei denen das Gegenteil der Fall ist.
Eine gesetzliche Regelung der Verschwiegenheit des Therapeuten im Strafvollzug bedürfte somit einer gewissen Flexibilität, um den jeweils unterschiedlichen Anforderungen gerecht werden zu können.
Die Regelung des § 182 Abs. 2 StVollzG ist nach dem Willen des Gesetzgebers nicht auf diese Flexibilität hin angelegt.

Liegt also das Manko des § 182 Abs. 2 StVollzG im Hinblick auf die Bewältigung der mit dem Aufgabenbereich des Psychotherapeuten zusammenhängenden Fragen in einer den verschiedenen Bedürfnissen nicht gerecht werdenden

---

[579] *Beier/Hinrichs* 1995, S. 163.
[580] *Hartmann* 2000, S. 206 f.

Pauschalität, so erscheint bei Betrachtung des Aufgabenfeldes des Anstaltsarztes gerade die Differenziertheit der Norm als problematisch.
Es wurde oben dargelegt, daß ein Bedürfnis nach einer eindeutigen Regelung der Offenbarungsbefugnisse des Anstaltsarztes bestand. Die Systematik des § 182 Abs. 2 StVollzG macht deutlich, daß der Gesetzgeber einerseits die Möglichkeit schaffen wollte, die Anstaltsärzte durch Offenbarungspflichten und Offenbarungsbefugnisse stärker in das Anstaltsgeschehen einzubinden, und sich andererseits bemühte, die Beziehung des gefangenen Patienten zum Anstaltsarzt in dessen Funktion als Hausarzt zu schützen (Satz 3). Insofern lag der Regelung sicherlich eine gute Absicht zugrunde. Doch gerade aus dieser Differenzierung zwischen im Rahmen der allgemeinen Gesundheitsfürsorge bekanntgewordenen Tatsachen einerseits und Dingen, die der Anstaltsarzt auf anderem Wege erfahren hat, andererseits sowie der Verknüpfung mit jeweils anderen Tatbestandsvoraussetzungen für eine Offenbarung ergeben sich, wie gezeigt wurde, vor allem auch für die nach alter Rechtslage unzureichend geregelten Problemkonstellationen große Anwendungsschwierigkeiten.
Bezüglich der ärztlichen Verschwiegenheit wäre wohl eine einheitliche Regelung ohne Differenzierung nach Anlaß des Bekanntwerdens des jeweiligen Geheimnisses praktikabler. Ob man für die dann einheitlichen Offenbarungstatbestände zur Aufgabenerfüllung der Vollzugsbehörde als Eingriffsschwelle die Erforderlichkeit oder die Unerläßlichkeit vorsieht, ist eine Wertentscheidung, die der Gesetzgeber unter der Berücksichtigung des Stellenwertes, welchen er dem Arztgeheimnis beimißt, zu fällen hat.

Gewiß handelt es sich hier um eine schwer zu regelnde Materie. Wenn *Kutz* im Hinblick auf die ärztliche Schweigepflicht im Strafvollzug ausführt, daß es im menschlichen Zusammenleben Bereiche gebe, die vielleicht rechtlich gar nicht geordnet werden könnten und man doch irgendwie in oder mit ihnen leben müsse,[581] so liegt diese Befürchtung erst recht für den ungleich komplexeren Problemkreis der therapeutischen Verschwiegenheit nahe.
Wenn sich aber der Gesetzgeber komplexer Materien regelnd annimmt, so hat die Wissenschaft die Aufgabe, diese Bemühungen kritisch zu begleiten und sie im Hinblick auf ihre Funktionalität zu hinterfragen.
Sehr zu warnen ist davor, in diesem Zusammenhang den Sicherheitsgedanken gegen den Behandlungsgedanken auszuspielen. In Fällen manifester Leib- und Lebensgefahren ist es, wie schon gesagt, geboten, daß der Therapeut durch Offenbarung der Situation einschreitet. Therapeutische Überlegungen sind dann zweitrangig. In den meisten anderen Fällen aber besteht kein Widerspruch zwischen Sicherheit und Behandlung. Vielmehr ist die Durchführung einer fachgerechten, dem Einzelfall auch im Hinblick auf die Handhabung der therapeuti-

[581] *Kutz* 1983, S. 13 f.; vgl. *Bock* 1988, S. 13 f.

schen Verschwiegenheit oder Offenheit angemessenen Behandlung ein Faktor, der zu mehr Sicherheit führt.
Zu wünschen wäre, daß auch derartige Überlegungen stärkeren Eingang in die Berichterstattung der Massenmedien fänden. Vertreter ausgewogener Positionen haben es in der Öffentlichkeit freilich schwer, wenn selbst führende Politiker, der allgemeinen Erregung über die vermeintlich sprunghaft gestiegene Rate der Sexualdelinquenz gegenüber Kindern erliegend oder diese ausnutzend, mit undifferenzierten Äußerungen an die Öffentlichkeit treten, in denen blindlings vermeintliche Patentrezepte vorgeschlagen werden.[582]

Das Zwangssystem des Strafvollzugs als geeignetes Umfeld für Psychotherapie und Resozialisierung anzusehen, erscheint zunächst paradox. Dennoch darf nicht übersehen werden, daß für viele Straftäter die Tatsache der Inhaftierung ein Anlaß sein kann, sich erstmals ernsthaft mit den zur Straffälligkeit führenden Defiziten der eigenen Lebenssituation auseinanderzusetzen. Es ist somit die große Chance des Strafvollzugs, einerseits durch die Inhaftierung an sich für eine Zäsur im Leben des Betroffenen zu sorgen, die ihn zu der Erkenntnis „so darf es nicht weitergehen" führen kann, und andererseits einen Schonraum bereitzustellen, in dem Behandlung und Therapie – abgegrenzt von den bisherigen sozialisatorischen Einflüssen, die sich offensichtlich nicht positiv auswirken konnten – durchgeführt werden kann.[583]
Um derartige Wirkungen erzielbar zu machen, muß freilich auch das Umfeld entsprechend ausgestaltet sein und ein geeigneter rechtlicher Rahmen zur Verfügung stehen. Daß durch § 182 Abs. 2 StVollzG im Hinblick auf die Problematik von Schweigen und Offenbaren im Strafvollzug als einem Mosaikstein in den Belangen des gesamten Behandlungsgeschehens die bestmögliche Regelung erfolgt ist, erscheint nach dem bisher Gesagten jedenfalls fraglich.
Diese Arbeit soll als Aufforderung an den Gesetzgeber und die Wissenschaft verstanden werden, erneut über eventuell bessere Möglichkeiten der Regelung dieses Problemkreises, insbesondere bezüglich des Teilaspekts der therapeutischen Verschwiegenheit, nachzudenken.

---

582 So etwa die Feststellung des Bundeskanzlers *Gerhard Schröder*: *„Ich komme mehr und mehr zu der Auffassung, daß erwachsene Männer, die sich an kleinen Mädchen vergehen, nicht therapierbar sind. Deswegen kann es da nur eine Lösung geben: wegschließen – und zwar für immer"* (FAZ vom 09.07.01, S. 2). Eine sehr differenzierte und insofern als positives Ausnahmebeispiel zu begrüßende Darstellung der Problematik des Umgangs mit Sexualdelinquenz findet sich in der Wochenzeitung „Die Zeit" v. 13.02.2003 („Wird er es wieder tun?", S. 11 ff.).
Zum Verhältnis zwischen dem Thema Kindesmißbrauch als Medienphänomen und der tatsächlichen Entwicklung siehe *Rüther* 1998, S. 246 ff.

583 Vgl. *Böhm* 1980, S. 93 f.; *ders.* 2003, Rn. 16, 18; *Quensel/Quensel* 1971, S. 162 f.

Das Bemühen um Resozialisierung ist, wie das Bundesverfassungsgericht festgestellt hat, eine Forderung, die der Grundsatz der Menschenwürde an die Gesellschaft zum Umgang mit ihren Straftätern stellt. Daraus ergibt sich aber nicht nur die Verpflichtung des Staates zu einer entsprechenden rechtlichen und tatsächlichen Ausgestaltung des Strafvollzugs, auch die Gesellschaft selbst muß bereit sein, den Straftäter nach Verbüßung seiner Strafe wieder in ihre Mitte aufzunehmen.[584]

Aufgabe der Politik ist es, hierfür den Boden zu bereiten und für eine stärkere Akzeptanz des Resozialisierungsgedankens in der Öffentlichkeit zu werben. Insbesondere ist es wichtig zu vermitteln, daß auch der Straftäter als ein Mensch angesehen werden muß, der grundsätzlich in der Lage ist, sich zu ändern und aus Fehlern zu lernen.[585]

Einen treffenden Ausdruck für dieses Bild des Menschen fand *Leo N. Tolstoi* in seinem Roman „Auferstehung":[586]

> „Es ist einer der gewöhnlichsten und am weitesten verbreiteten Aberglauben, daß jeder Mensch nur eine einzige bestimmte Eigenschaft habe, die ihm zugehöre, daß ein Mensch entweder gut oder böse oder klug oder dumm oder energisch oder apathisch sei und so weiter. Die Menschen pflegen nicht so zu sein. Wir können von einem Menschen zwar behaupten, er sei öfter gut als böse, öfter klug als dumm, öfter energisch als apathisch oder umgekehrt, aber es trifft einfach nicht zu, wenn wir von einem Menschen behaupten, daß er gut oder klug sei, und von einem anderen, daß er böse oder dumm sei. Und doch teilen wir die Menschen immer so ein. Das ist falsch. Die Menschen sind wie Flüsse: das Wasser ist überall gleich, überall dasselbe, aber jeder Fluß ist bald schmal und rasch, bald breit und still, bald rein und kalt, bald trübe und warm. Ebenso ist es auch mit den Menschen. Jeder Mensch trägt in sich die Keime aller menschlichen Eigenschaften, und das eine Mal stellt er die einen heraus, das andere Mal die anderen, und oft scheint er sich selber überhaupt nicht mehr ähnlich zu sein, während er doch immer derselbe Mensch bleibt."

---

[584] BVerfGE 35, S. 202, 235 f.

[585] Vgl. *Böhm* 1980, S. 95.

[586] Zu Beginn des 60. Kapitels des Ersten Teiles (S. 257) der verwendeten Edition (München 1994), Kapitelzählung nicht einheitlich. Den Hinweis auf *Tolstoi* verdankt der Verfasser dem Vorwort zu *Lösel* 1983.

Kolibri 360 GmbH
Ferdinand-Jühlke-Straße 7
99095 Erfurt, Deutschland
produktsicherheit@kolibri360.de

Druck:
CPI Druckdienstleistungen GmbH
im Auftrag der
Kolibri 360 GmbH
Ferdinand-Jühlke-Str. 7
99095 Erfurt